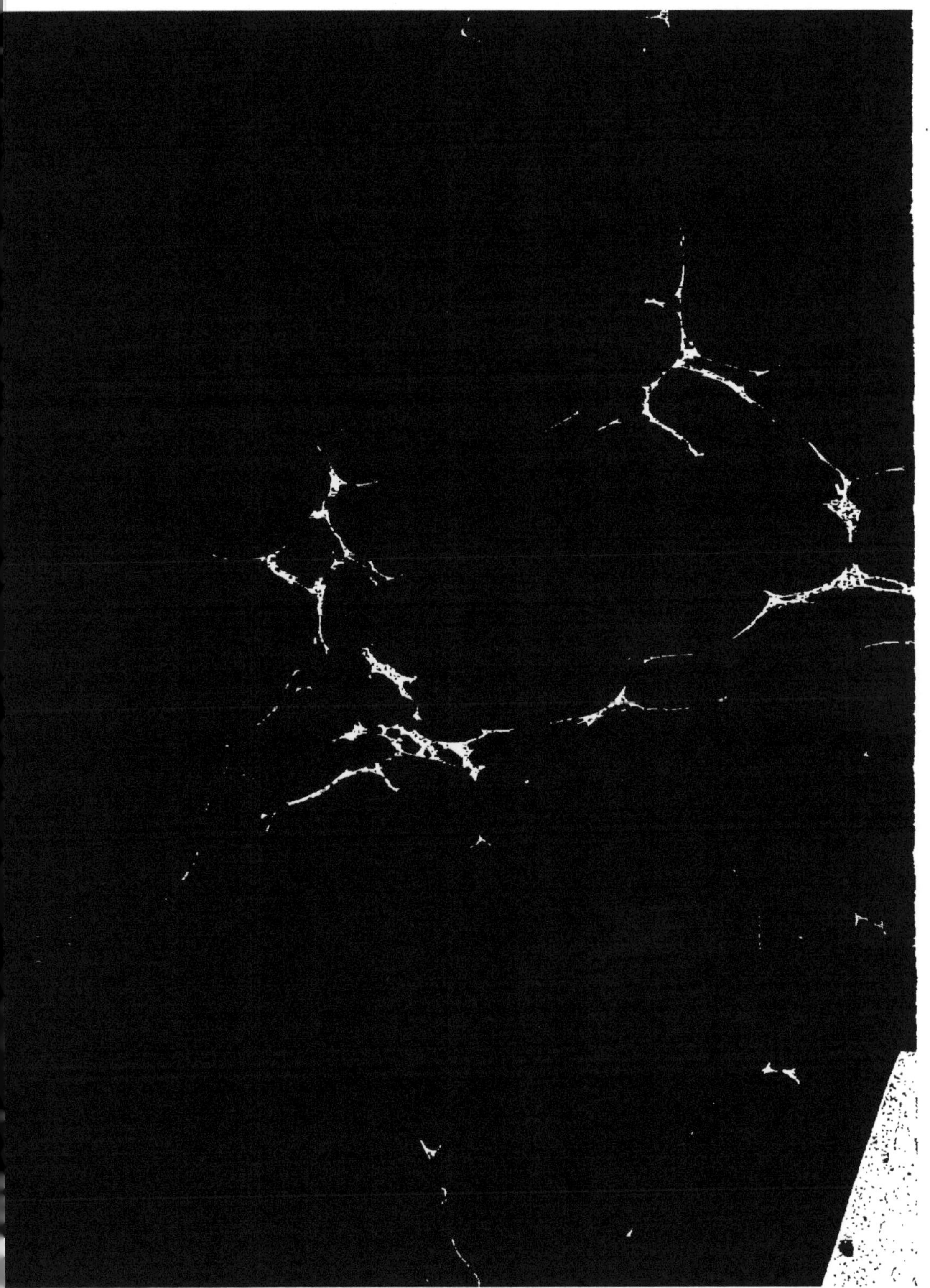

# BIBLIOTHÈQUE

# DES MÉMOIRES

RELATIFS A L'HISTOIRE DE FRANCE

## PENDANT LE 18e SIÈCLE

---

NOUVELLE SÉRIE

AVEC INTRODUCTIONS, NOTICES ET NOTES

PAR M. DE LESCURE

---

TOME XXX

TYPOGRAPHIE FIRMIN-DIDOT. — MESNIL (EURE).

# MÉMOIRES

SUR LES

# JOURNÉES RÉVOLUTIONNAIRES

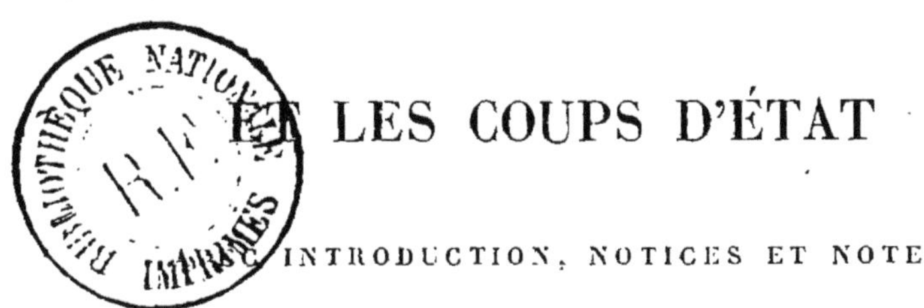


## ET LES COUPS D'ÉTAT

AVEC INTRODUCTION, NOTICES ET NOTES

PAR M. DE LESCURE

---

TOME SECOND

PARIS

LIBRAIRIE DE FIRMIN-DIDOT ET Cie

IMPRIMEURS DE L'INSTITUT, RUE JACOB, 56

1875

I

---

# RELATION

DE

# L'ADJUDANT GÉNÉRAL RAMEL.

# I

## RELATION

DE

# L'ADJUDANT GÉNÉRAL RAMEL.

## LE COUP D'ÉTAT.

J'étais, depuis 1792, adjudant général de l'armée du Rhin, sous les ordres du général Moreau [1], et spéciale-

1 J'ai jugé, comme le général Moreau, la conduite du Conseil des Cinq-Cents avant le 18 fructidor; elle n'était point du tout rassurante pour les amis de la liberté. Je ne me cachais point pour dire que tels et tels députés étaient déplacés dans le Corps législatif; j'ai plusieurs fois annoncé à différents représentants, au directeur Carnot surtout: j'avais promis aux officiers du corps que je commandais, que le jour où le Corps législatif violerait ouvertement la constitution, je marcherais contre lui à la tête des grenadiers..... Et comment n'avoir point conçu d'inquiétudes? Le représentant Dumas, mon ami, membre du Conseil des Anciens, ayant adressé au Corps législatif une pétition tendante à obtenir pour l'ex-ministre de la guerre Duportail, sa radiation de la liste des émigrés, jamais on n'a daigné s'en occuper. M. Duportail était sorti de France en 1793, pour passer en Amérique et fuir l'échafaud. Certes, M. Duportail avait donné assez de preuves de son patriotisme, son sang avait coulé pour l'indépendance du nord de l'Amérique; et les services qu'il a rendus à son pays, son dévouement à la cause de la liberté, sont assez authentiques. Le Conseil n'avait qu'à parler, et il s'est tu.

A cette même époque, je saisis l'occasion pour parler à la commission des inspecteurs du Conseil des Cinq-Cents, où étaient rassemblés plusieurs députés du général Lafayette et de ses compagnons d'infortune. Quoique je n'aie aucune obligation particulière à ce trop malheureux général, je n'ai cessé de manifester mon indignation contre l'ingratitude de la ville de Paris. J'osai dire « qu'il était

ment chargé du commandement du fort de Kehl, assiégé par le prince Charles, lorsque je reçus du Directoire l'ordre de me rendre à Paris pour y prendre le commandement de la garde du Corps législatif, auquel le choix des deux Conseils m'avait appelé. Ce corps de grenadiers, d'abord composé d'un bataillon de huit cents hommes, venait d'être porté à deux bataillons de six cents hommes chacun. Le fond de ce corps était celui des grenadiers de la Convention. Il suffit de se rappeler l'époque à laquelle il fut formé pour juger de l'esprit qui y régnait, et de la nécessité d'une réforme; j'y travaillai sans relâche. La nouvelle formation, et le complétement par d'excellents grenadiers choisis dans toutes les armées, m'en donnèrent les moyens. Je fus si bien secondé par le zèle des deux commissions et par les ministres, qu'en dépit des cabales des jacobins, je parvins à rétablir la discipline dans le service, et l'ordre dans l'administration. Souvent attaqué, j'ai eu plus d'une occasion de faire connaître ma fidélité à la constitution, aux amis et aux ennemis du gouvernement; il en résulta ce à quoi je devais

« temps enfin de s'occuper de cet infortuné détenu, prisonnier contre le droit des « gens, proscrit par le fanatisme de la liberté, et que les partisans de l'ancien « régime ne cessent de désigner sous la qualification de grand coupable; que sa « captivite était, sous tous les rapports, un déshonneur pour la nation fran- « çaise et un outrage à la liberté; que le général Lafayette, si odieux à Louis « XVIII, à ses courtisans, et en même temps aux hommes de 1793 et 1794, « devait enfin trouver des amis parmi ceux de la constitution de l'an 3. » On croira difficilement qu'il n'y eut que deux conventionnels qui ne partagèrent point mon avis : ces deux législateurs, que j'aurais bien envie de nommer, sont assez connus par leurs excès révolutionnaires; par une fatalité inconcevable, ils sont proscrits..... je m'arrête.

Les triumvirs et les représentants proscripteurs me diront peut-être que j'avoue moi-même que la liberté a été en danger, à l'époque du 18 fructidor : je suis bien loin de vouloir le nier; mais la constitution était une sauve-garde; il fallait citer les coupables devant la haute-cour nationale, et non les déporter arbitrairement; il fallait surtout ne pas confondre ceux qui ne s'étaient jamais vus et diamétralement opposés d'opinion...

Qu'avais-je de commun avec MM. Brothier et Lavilheurnois? A Londres, l'on dit que c'est moi qui les ai dénoncés; dans ce temps, vous me faites conspirer avec eux; et la vérité est que je n'ai vu ces messieurs, pour la première fois, que dans la voiture qui nous déporta à Cayenne.

m'attendre ; je déplus également aux deux partis extrêmes; tant que la marche des affaires fut dirigée par des hommes sensés, je n'eus à me défendre que contre d'obscurs scélérats qui travaillaient sans cesse à corrompre les grenadiers, et s'efforçaient vainement de me rendre suspect; mais après le dernier renouvellement du Corps législatif, à mesure que les discussions s'animèrent, et surtout lorsque le Directoire porta le feu partout, par l'intervention des adresses de l'armée d'Italie, je fus tourmenté de toutes parts, et les factieux surent profiter de l'agitation générale, si favorable à leurs desseins; ils ne cachèrent plus leurs trames. Je surpris leurs émissaires dans les casernes, dans les rangs; tous les moyens de séduction étaient employés. En songeant aujourd'hui à la conduite que je tins dans ces circonstances difficiles, je ne peux m'en repentir, puisqu'elle m'a valu la haine des méchants, et me servait à tenir en bride les hommes trop ardents. Quelques-uns auraient bien voulu m'éloigner, et le Directoire me fit offrir, peu de temps avant le 18 fructidor, un autre poste et de l'avancement, si je voulais donner ma démission, par cela seul que j'étais résolu de rester fidèle à mon devoir. J'étais certain de finir par être victime de mon dévouement, et je ne pouvais attendre de justice d'aucun des partis qui s'attaquaient sans ménagement, mais seulement du petit nombre de ceux qui devaient finir par être immolés à leur fureur. Content de l'estime des vrais patriotes, c'est à tous les hommes raisonnables qu'il appartient de juger si je l'ai méritée.

Déjà depuis plusieurs jours, sur les avis qu'avaient reçus les commissions d'inspection du palais des deux Conseils, une plus grande vigilance m'avait été recommandée ; j'avais pris toutes les précautions nécessaires pour n'être point surpris par la seule attaque qu'on parût craindre, celle des anarchistes qui depuis quelque temps remplissaient tous les lieux publics, et menaçaient hautement le Corps législatif jusque dans l'enceinte confiée à ma garde. Le 17 au soir, lorsqu'après avoir visité mes postes, j'allai prendre les ordres des membres de la commission, ils me parurent aussi peu disposés que les jours précédents à croire que le Directoire voulût entreprendre de détruire le Corps législatif, et qu'il osât diriger contre lui la force armée. J'entendis plusieurs députés, entre autres, Emery, Dumas, Vaublanc, Tronçon-Ducoudray, Thibaudeau, s'indigner de cette supposition, et de l'espèce de terreur qu'elle servait à répandre dans le public. Leur sécurité fut telle qu'ils se retirèrent avant minuit et furent suivis par ceux de leurs collègues que des avis particuliers avaient engagés à venir leur faire part de leurs craintes. Je retournai à mon quartier et m'assurai que mes grenadiers étaient prêts à prendre les armes. Le 18, à une heure du matin, je reçus du ministre de la guerre l'ordre de me rendre chez lui; j'allai d'abord à la salle des commissions; un seul des inspecteurs, Rovère, que je trouvai couché, y était resté; je lui rendis compte de l'ordre que je venais de recevoir; j'ajoutai qu'on m'avait assuré que plusieurs colonnes de troupes entraient dans Paris, et que le commandant du poste de cavalerie auprès des conseils venait de me faire prévenir qu'il avait retiré ses vedettes, et fait passer sa troupe au delà des ponts ainsi que les deux pièces de canon qui étaient dans la grande cour des Tuileries. Il faut observer que c'était d'après les ordres du commandant en chef Augereau, que l'officier de cavalerie refusait de reconnaître les miens, et avait fait passer les ponts à sa troupe. Rovère me répondit que tous ces mouvements de troupes ne signifiaient rien, qu'il était prévenu que plusieurs corps devaient défiler de bonne heure sur les ponts pour aller manœuvrer, que je devais être tranquille, qu'il avait des rapports très-fidèles, et qu'il ne voyait aucun inconvénient à ce que je me rendisse chez le ministre de la guerre; ce que je ne jugeai pas à propos de faire, dans la crainte de me trouver séparé de ma troupe.

Retiré chez moi, à trois heures et demie du matin, le général de brigade Poinçot, ancien garde du corps, avec lequel j'avais été très-lié à l'armée des Pyrénées, se fit annoncer de la part du général Lemoine, et me remit un billet conçu en ces termes : « Le général Lemoine somme, au « nom du directoire, le commandant des grenadiers du « Corps législatif, de donner passage par le Pont-Tournant « à une colonne de quinze cents hommes chargée d'exécuter « les ordres du gouvernement. » Je répondis à Poinçot que j'étais étonné qu'un ancien camarade qui devait me connaître se fût chargé de m'intimer un ordre que je ne pouvais exécuter sans me déshonorer. Il m'assura que toute résistance serait inutile, et que mes huit cents grenadiers étaient déjà enveloppés par douze mille hommes avec quarante pièces de canon. Je répliquai que les forces dirigées contre le poste qui m'etait confié, ne me forceraient pas à rien faire contre mon devoir ; que je n'avais d'ordre à recevoir que du Corps législatif, et que j'allais les prendre. Dans l'instant j'entendis un coup de canon si près de moi, que je crus qu'on attaquait mes postes ; mais ce n'était qu'un signal. Je fis prendre les armes à mes grenadiers, et me rendis aux Tuileries, accompagné des chefs de bataillons Poussard et Pleichard, excellents officiers, en qui j'avais une juste confiance. Je trouvai à la commission des Inspecteurs les généraux Pichegru et Villot. J'envoyai des ordonnances chez le général Dumas, chez les présidents des deux Conseils, Lafond-Ladebat pour les Anciens, et Siméon pour les Cinq-Cents. Je fis aussi prévenir les députés dont les logements m'étaient connus dans le voisinage des Tuileries ; j'engageai le général Pichegru à venir reconnaître l'investissement, que nous trouvâmes déjà formé. Je renouvelai au capitaine Vallière, commandant le poste du Carrousel, et au lieutenant Leroi, commandant celui du Pont Tournant, l'ordre de tenir ferme, et de ne se retirer que sur un ordre signé de moi. Nous rentrâmes à la Commission ; et lorsque je demandais des ordres pour la disposition de ma réserve, une ordonnance vint rendre compte que la grille du Pont-Tournant était forcée ; au même instant les divisions d'Angereau et de Lemoine se réunirent, le jardin fut rempli de troupes des deux armes. On dirigea une batterie sur la salle du Conseil des Anciens ; toutes les avenues furent fermées, tous les postes doublés et masqués par des forces supérieures; le seul poste de la salle du Conseil des Cinq-Cents, commandé par le brave lieutenant Blot, avait refusé d'ouvrir les grilles et de se mêler avec les troupes d'Augereau. Dans cette extrémité, je demandai positivement l'ordre de dégager la réserve des grenadiers, et de repousser la force par la force. Les députés me répondirent que toute résistance serait inutile, et me défendirent de faire feu : il était alors quatre heures et demie. Le général Verdière vint signifier aux députés déjà réunis, qu'il avait ordre de les faire sortir du palais, et d'en emporter les clefs au Directoire. Le refus excita de vives altercations; Verdière insista et engagea l'un d'eux à descendre dans le jardin, pour parler au général Lemoine. Rovère descendit aussi, et je l'accompagnai avec mes deux chefs de bataillon. Mais nous ne trouvâmes pas le général Lemoine sur la terrasse; cependant Verdière conseilla aux députés de se retirer, *pour leur sûreté*; et sur leur refus, il ferma toutes les issues, et fut prendre, dit-il, les ordres du Directoire.

Je retournai à mon poste à la réserve des grenadiers, d'où j'envoyai un homme de confiance à la rencontre du général Dumas, pour le prévenir de songer à sa sûreté. Il reçut cet avis au moment où il se présentait dans la cour de la caserne des grenadiers, et j'ai appris par mes compagnons d'infortune les efforts qu'il fit pour se réunir à eux. Il pénétra jusque sur la terrasse, au pied du pavillon, où les troupes d'Augereau étaient en bataille, et après avoir reconnu que les inspecteurs étaient arrêtés, il allait monter dans la salle pour partager leur sort, lorsque ses collègues lui jetèrent un billet pour l'engager à se sauver; il eut le bonheur de ramasser ce billet sans être aperçu, et celui d'échapper aux sentinelles, dont la consigne était de ne laisser sortir personne de l'enceinte. A cinq heures et demie, un aide de camp du général Augereau m'apporta l'ordre suivant : « Il « est ordonné au commandant des grenadiers du Corps lé« gislatif de se rendre avec son corps sur le quai d'Orsay, « où il attendra de nouveaux ordres : *signé* AUGEREAU. » Je refusai d'obéir : je ne pouvais plus avoir de communication avec les commissions bloquées et arrêtées dans le palais ; j'attendais avec ma troupe les ordres des deux Conseils. Je dois rendre cette justice à mes grenadiers ; jusqu'à ce moment, malgré la position critique où nous nous trouvions, les rangs furent gardés avec le plus grand calme, et je n'entendis pas un seul murmure : je crois que bien loin d'être entraînés à la défection par un petit nombre de factieux obscurs, la saine majorité des grenadiers eût forcé ceux-ci de combattre glorieusement avec eux, si ma bonne fortune m'eût fait recevoir l'ordre de repousser la violence par les armes. J'avais fait former le cercle à mes officiers, pour leur communiquer l'ordre d'Augereau ; presque tous approuvèrent ma conduite ; ce fut l'instant que prirent quelques factieux pour éclater. Le capitaine Tortel s'écria : « Nous ne « sommes pas des Suisses ! » Le lieutenant Ménéguin osa se vanter d'avoir le plus contribué à la révolte des Gardes-françaises. Le sous-lieutenant Devaux dit : « Je me suis battu « et j'ai été blessé le 13 vendémiaire en combattant contre « Louis XVIII, et je ne veux pas aujourd'hui me battre « pour lui. » Un autre cria tout haut : « Les conseils travail-« lent pour le roi, ce sont des gueux à exterminer. » Pendant ces discours et les disputes qu'ils occasionnaient entre les officiers, le désordre commença à gagner dans les rangs. Le chef de brigade Blanchard, qui commandait sous moi, et qui depuis deux mois n'avait osé se montrer, parce que j'avais mis à découvert ses intrigues, ses liaisons avec des hommes de sang, et ses rapines dans l'administration du corps [1], parut tout à coup, et me somma, à cause, disait-il,

[1] Ce Blanchard est puissamment protégé par Reveillère et Rewbell ; c'est chez ce premier qu'il passa la nuit du 17 au 18 fructidor. Ce Blanchard n'a jamais servi aux armées ; il n'a vu d'autre feu que celui du 13 vendémiaire ; et cependant cet homme, aussi fourbe que vil, commande les douze cents grenadiers de la garde du Corps législatif ! Je suis certain qu'il est généralement méprisé des officiers, et notamment des grenadiers venus des armées. Cet officier ne connaît aucun principe de l'état militaire.

Je ne puis terminer cette note sans y ajouter une réflexion que je n'ai cessé d'offrir aux législateurs, pendant le temps que j'ai commandé à Paris La garde du danger où nous étions, de faire distribuer des cartouches.

Je fus indigné de sa lâche impudence, et comme je me laissai emporter jusqu'à le lui témoigner vivement, j'observai que les grenadiers partageaient mon indignation, ces mêmes grenadiers qui, une heure après, marchèrent sous les ordres d'un officier qu'ils méprisaient et le suivirent au directoire... Quelle leçon pour les chefs de troupes !... Peu d'instants après cette scène, je fis ouvrir les rangs pour inspecter ma troupe qui faisait encore bonne contenance. J'arrivais à la troisième compagnie, lorsqu'aux cris redoublés de *Vive la République !* Augereau parut à la tête d'un état-major si nombreux, que la première cour de la caserne en était remplie. Plus de quatre cents officiers de tout grade parmi lesquels je reconnus des hommes justement fameux, tels que Santerre, Tunck, Ton, Rossignol, Pujet-Barbantane, Chateauneuf-Randon, Bessière, Fournier, Pâche, la veuve Ronsin en habit d'amazone, Dutertre et Peyron tous deux échappés des galères, en un mot l'écume des braves armées françaises, et tous les chefs des bandes révolutionnaires pénétrèrent en un moment dans les rangs de mes grenadiers, en répétant le cri de *Vive la République !* En cet instant, Augereau vint droit à moi, et dans son cortége qui me sépara de ma troupe, j'aperçus Blanchard excitant ses dignes amis, et se mêlant avec eux dans les rangs. Parmi plusieurs cris sinistres, je distinguai celui-ci : « Soldats, on veut faire de vous comme des Suisses au 10 Août. » — Commandant Ramel ! s'écria alors Augereau, pourquoi n'avez-vous pas obéi aux ordres du ministre et aux miens ? — Parce que j'en avais reçu de contraires du Corps législatif. — Vous vous êtes mis dans le cas d'être traduit au conseil de guerre, et d'être fusillé. — J'ai fait mon devoir. — Me reconnaissez-vous comme commandant en chef de

du Corps législatif se forme de douze cents grenadiers : si c'est une garde de sûreté contre le directoire, elle est trop faible ; si c'est une garde d'honneur, elle est trop forte. Un corps de troupes d'élite ne saurait être que très-dangereux à Paris, même à tous les partis. J'ai souvent proposé son licenciement ; on a dû en trouver la proposition réitérée dans les papiers de la commission des inspecteurs.

la division ? — Oui. — Eh bien, je vous ordonne de vous rendre aux arrêts. — J'y vais. Je traversais la galerie de communication du quartier des grenadiers à mon logement, lorsque j'entendis qu'Augereau me suivait avec une partie de son état-major : parmi plusieurs menaces, je distinguai ces paroles : « Tu souffriras autant que tu as fait souffrir les autres. » Je n'ai fait souffrir personne, mais j'ai su punir les brigands qui le méritaient. Comme en cet instant, il me serrait de près, je portai la main sur la garde de mon épée ; mais toute la bande fondit sur moi, mon arme fut brisée ; je fus traîné, déchiré. Le plus acharné de mes assassins était un sous-lieutenant de grenadiers, appelé Viel, que j'avais envoyé aux arrêts quelques jours auparavant : il cherchait dans la mêlée à me plonger son sabre dans le corps. Ce fut à Augereau lui-même que je dus de n'être pas égorgé ; il parvint à me dégager en criant avec force : « Laissez, lais-« sez, ne le tuez pas, je vous promets qu'il sera fusillé de-« main. » Ces brigands déchirèrent mon chapeau qui était tombé dans cette lutte, mais non pas comme on l'a dit, les marques distinctives de mon grade ; c'est de sang qu'ils étaient altérés. Un domestique fidèle accourant au-devant de moi, fut sabré au visage, et se sauva couvert de blessures dans la chambre de ma femme. Parvenu chez moi, on ne me permit pas d'arranger mes affaires ; je fus conduit presque immédiatement au Temple avec mon frère Henri, qui demanda et obtint la permission de m'accompagner.

Le geôlier de cette prison dit en nous recevant : En voilà donc un ; il faut mettre monsieur dans la chambre des *opinions.* » C'était celle qu'avait occupée l'infortuné Louis XVI, et je n'espérais pas d'en sortir autrement que lui. A huit heures et demie le geôlier vint m'annoncer qu'on venait d'amener les députés arrêtés à la commission des inspecteurs. On les fit aussi monter dans l'appartement du roi, et on laissa libre la communication avec les chambres qu'avaient autrefois occupées la reine et les princesses. Les représentants arrêtés étaient : Pichegru, Villot, Dauchy de Loire, Jarry, Lamettrie, Larue, Bourdon de l'Oise et Durumas. Nous trouvâmes au Temple le commodore Smith, La Vilheurnois, Brottier et Duvergne de Presle ; mais ce dernier fut transféré à la Force au moment de notre arrivée. A midi on amena le député Aubry ; à trois heures et demie, Lafond-Ladébat, président du Conseil des Anciens, Tronçon Ducoudray, Marbois, Goupil de Préfeln, tous du même Conseil. Ces derniers furent arrêtés dans la maison de Lafond-Ladébat, sous prétexte qu'ils formaient un rassemblement séditieux. On les conduisit d'abord chez le ministre de la police Sotin ; ils se plaignirent de la violence exercée sur des représentants de la nation, et ils demandèrent l'exhibition des ordres du Directoire. Sotin leur répondit ironiquement : « Il est fort inutile « que je vous les produise ; vous sentez bien, messieurs, « que quand on en est venu là, il est égal de se compromet- « tre un peu plus ou un peu moins. » Le 19 nous apprîmes les détails des séances de la minorité des deux Conseils tenues sous les yeux du Directoire et la loi qui nous condamnait sans motif, sans jugement, à être déportés dans le lieu fixé par le Directoire lui-même. Ce jugement nous surprit ; nous n'avions pas douté, d'après la violence de notre arrestation, qu'on ne nous préparât, sous des formes militaires, un supplice moins long, et par conséquent plus doux. Ceux des députés emprisonnés, mais non proscrits, furent mis en liberté ; c'étaient Goupil de Préfeln, Lamettrie, Dauchy, Jarry et Durumas. Le 20, le général Augereau donna un ordre conçu en ces termes : « Il est ordonné au général Du- « tertre, commandant au Temple, de ne permettre la com- « munication avec les déportés à aucun homme, quel que « puisse être l'ordre dont il soit porteur et l'autorité qui « l'aurait donné, à moins que ledit ordre ne soit signé de « moi. » ( Ce Dutertre sortait, depuis un mois, des galères de Toulon, où il avait été mis en exécution d'un jugement d'un conseil de guerre pour crime de vol, assassinat et incendie commis dans la Vendée.) Ce jour-là même, il fut permis à nos femmes de venir au Temple. Que de scènes déchirantes ! que de cruelles séparations ! Je ne pus voir la mienne qu'en présence d'un officier qui ne nous permit ni de parler bas, ni de nous servir du patois languedocien, qu'il n'entendait pas. Irrité de cette contrainte, je rompis notre entretien, et je suppliai ma femme de se retirer : elle m'obéit. Mais ses cris et ses sanglots retentissent encore à mon oreille! Le même jour on amena au Temple le général Murinais, l'un des inspecteurs de la salle du Conseil des Anciens. Ce vénérable vieillard avait été arrêté au moment où, dans la plus grande sécurité, il se rendait au Conseil.

Le 21, je me séparai de mon frère Henri ; j'eus beaucoup de peine à le déterminer à me quitter, il s'obstinait à vouloir partager mon malheur, et sans le secours de mes compagnons d'infortune, Tronçon-Ducoudray et Barbé-Marbois, je ne serais jamais parvenu à le convaincre qu'il ferait plus pour moi en devenant l'appui de ma famille qu'en m'aidant à porter mes fers. A minuit le geôlier vint nous annoncer que le ministre de la police venait d'arriver avec le directeur Barthélemy, et que vraisemblablement nous allions partir. On ne nous donna pas un quart d'heure pour rassembler nos effets, quoiqu'aucun de nous ne fût préparé à un départ si précipité. Descendus au bas de la tour, nous trouvâmes Barthélemy entre Augereau et Sotin, qui, en l'amenant au Temple dans sa voiture, lui avait dit : « Voilà ce que c'est « qu'une révolution, nous triomphons aujourd'hui, votre « tour viendra peut-être. » Barthélemy lui demandant s'il n'était arrivé aucun malheur et si la tranquillité publique n'avait pas été troublée : « Non, avait répondu Sotin, la dose « était bonne, elle a bien pris, et le peuple a avalé la pilule. » Le même Sotin nous quitta en affectant beaucoup de gaîté, et en nous disant : « Messieurs, je vous souhaite un bon voyage. » Augereau fit l'appel des condamnés; à mesure que nous étions nommés, une garde nous conduisait aux voitures à travers une haie de soldats qui nous insultaient. Quelques-uns même d'entre nous furent maltraités ; nos domestiques, parmi lesquels était mon pauvre Étienne, le visage balafré de coups de sabre, n'avaient pas quitté la porte de la prison, et ils épiaient le moment de notre départ pour nous dire adieu ; mais ils furent repoussés et frappés par les soldats qui criaient : « Ce n'est pas là ce qu'on nous avait promis ; « pourquoi les laisse-t-on aller? pourquoi emportent-ils des pa- « quets ? » Augereau, voyant notre sérénité, ne pouvait contenir sa rage; il la fit éclater par un trait qui mérite d'être con servé. Le Tellier, domestique de Barthélemy, accourut au moment où l'on nous mettait sur les chariots ; il était porteur d'un ordre du Directoire qui lui permettait de suivre son maître ; il remet cet ordre à Augereau qui lui dit après l'a- voir lu : « Tu veux donc associer ton sort à celui d'hommes « qui sont perdus pour jamais? quels que soient les événe- « mens qui les attendent, sois sûr qu'ils n'en reviendront « pas. » — « Mon parti est pris, répond le Tellier : je suis trop « heureux de partager les malheurs de mon maître. » — « Eh « bien ! va, fanatique, périr avec lui, réplique Augereau, en « ajoutant : soldats, qu'on surveille cet homme d'aussi près « que ces scélérats. » Le Tellier se précipite aux genoux de son maître, trop heureux, dans cet affreux moment, de serrer contre son cœur un tel ami. Cet homme a constamment montré le même dévouement et le même courage ; nous l'a- vons toujours traité et considéré comme l'un de nos compa- gnons. Les quatre voitures dans lesquelles les seize prison- niers furent repartis, sans égard à la mauvaise santé et à la faiblesse de quelques-uns d'entre eux, étaient sur des chariots ou fourgons sur quatre roues à peu près semblables aux voi- tures de transport de l'artillerie, des espèces de cages fermées des quatre côtés avec des barreaux de fer à hauteur d'appui qui nous meurtrissaient au moindre cahot; nous étions quatre dans chaque voiture, plus un gardien chargé de la clef du cadenas qui fermait la grille par laquelle on nous avait fait monter.

Le général Dutertre commandait l'escorte forte d'environ six cents hommes d'infanterie et cavalerie. Ils avaient avec eux deux pièces de canon. Pendant les apprêts et l'arrangement des voitures dans la cour du Temple, nous fûmes accablés d'outrages par un groupe assez considérable d'anarchistes. Nous partîmes à deux heures du matin le 22 fructidor (8 septembre). par un temps affreux. Nous avions à traverser tout

Paris, pour sortir par la barrière d'Enfer, et prendre la route d'Orléans. Au lieu de suivre la rue Saint-Jacques, l'escorte détourna à droite après les ponts, et nous fit passer près du Luxembourg, où notre convoi funèbre fut arrêté plus de trois quarts d'heure. Les appartements étaient éclairés; nous entendîmes, au milieu de la joie bruyante des gardes, appeler le commandant de notre escorte, l'affreux Dutertre, et lui recommander d'*avoir bien soin de ces messieurs*. Quelques membres trop connus de la minorité du Conseil des Cinq-Cents qui tenaient à l'Odéon la fameuse séance permanente, sortirent pour nous voir et nous insultèrent lâchement; ils se mêlaient avec les chasseurs de l'escorte; ils leur versaient à boire, et en s'approchant des charrettes, ils portaient notre santé et nous parlaient de *grâce et de clémence*. La nuit orageuse, la lumière des pots à feu qui brûlaient autour du théâtre de l'Odéon, et les hurlements des terroristes, rendirent cette dernière scène et ces horribles adieux dignes des barbares qui les avaient préparés. Enfin l'escorte défila par la rue d'Enfer et nous sortîmes de Paris......

## II

# L'ÉVASION.

Avant que Tronçon-Ducoudray et Lafond tombassent malades, notre parti était pris. Nous avions, comme je l'ai dit, renoncé à nous réfugier chez les Indiens, et nous étions décidés à nous confier à la mer. Nous savions que les habitants de Surinam prenaient un vif intérêt à notre situation; ils nous l'avaient fait témoigner, ils avaient même adressé au général Pichegru une petite provision de bière et de vivres frais; elle ne nous était pas parvenue; mais l'insolence du caboteur français, qui s'en était chargé et qui vint au fort se vanter, devant nous, d'avoir bu et mangé, avec son équipage, ces provisions qui nous étaient destinées par les généreux

Hollandais de Surinam, nous dévoila ce secret important. Notre espérance en fut d'autant plus fortifiée ; mais nous n'avions aucune connaissance de cette côte immense et inhabitée ; nous n'avions aucun moyen d'y naviguer ; les goëlettes, les seuls bâtiments qui fréquentaient la rivière de Sinnamari, mouillaient à la pointe, à une lieue du fort, et nous ne pouvions espérer de nous soustraire à la vigilance du commandant, ni d'atteindre et d'enlever au mouillage un de ces bâtiments ; point de secours, point d'armes.

Nous nous promenions souvent sur le rempart, le long de la rivière ; nous fixions, en soupirant, la côte de l'ouest. Notre imagination s'épuisait, nos regards se fatiguaient sur cette vue monotone, et nous n'apercevions ni sur les eaux, ni dans les bois, rien qui pût inspirer une idée secourable. Il y avait au pied de ce bastion, en dehors du fort et au bord de la rivière, une petite pirogue, qui servait à transporter à la redoute de la pointe la garde montante et à ramener l'ancienne. Cette petite pirogue avait ses agrès, et était consignée à la sentinelle, qui était posée sur l'angle flanqué du bastion, dans l'intérieur duquel se trouvait le corps de garde. Nous avions souvent regardé la pirogue avec des yeux d'envie ; mais ce ne fut que peu à peu, et poussés par le désespoir, que nous nous accoutumâmes à l'idée de nous hasarder, en pleine mer, sur un si frêle esquif ; aucun de nous ne savait conduire un bateau, et surtout une pirogue, dont la manœuvre est difficile et périlleuse au milieu des flots. Nous n'avions point de boussole ; il fallait nous confier à quelque Indien, ou à quelque matelot.

Notre première tentative échoua ; Pichegru ayant essayé de séduire un Indien qui venait vendre des légumes dans le fort, celui-ci répandit les soupçons que cette demi-ouverture lui avait donnés.

Nous hasardâmes de nous ouvrir sans réserve à une personne qui se trouvait alors dans le fort, et que je ne dois pas nommer ; si cet écrit tombe dans ses mains, qu'il reçoive ici en secret ce témoignage public de ma reconnaissance, et de celle de mes compagnons ; qu'il apprécie les vrais motifs de ma discrétion, et mes regrets de ne pouvoir publier son nom comme je publie sa bonne action.

Cette personne fut sensible à notre confiance, et la justifia ; elle connaissait fort bien la côte, et nous confirma dans l'opinion que nous ne pouvions aller qu'à Surinam ; mais en nous donnant, sur les divers postes des Hollandais, les renseignements dont nous étions avides, elle nous assura qu'il n'était pas possible que cette pirogue si petite et si fragile pût nous conduire jusque-là, que nous avions au moins cent lieues de navigation de la rivière de Sinnamari aux portes du fort Orange et de Mont-Krick ; qu'il n'y aurait aucune sûreté à prendre terre avant ce point-là ; et quand même nous y serions parvenus, il y avait dans cette colonie hollandaise une vigilance si sévère, que nous ne devions pas nous faire connaître ; d'un autre côté, tous les étrangers qui n'avaient pas de bons passe-ports, n'y étaient point admis, et en étaient même repoussés. C'était par cette police et une administration également ferme et paternelle, que l'ancien gouverneur de cette heureuse colonie l'avait conservée à la métropole. M. de Fredericci s'était ainsi maintenu depuis le commencement de la révolution dans une égale indépendance, et des Anglais, dont il avait refusé la protection, tout prêt à défendre la colonie de Surinam contre leurs attaques, et du parti révolutionnaire, auquel il refusait d'abandonner des propriétés si précieuses à ses concitoyens. Combien de nouveaux motifs d'espérance, combien de nouvelles difficultés !

Nous avions un ami à Cayenne : un de ces amis si rares dans les temps où nous vivons, qui ne craignait pas de se compromettre, et qui, si son nom échappait à mon indiscrète gratitude, braverait encore avec courage le ressentiment des tyrans. Nous l'instruisîmes de nos projets. Il ne tarda pas huit jours à nous transmettre par une main amie et sûre, huit passe-ports, tous signés de la main de Jeannet, et en tout conformes à ceux qu'il avait coutume de délivrer aux habitants de la colonie qui allaient pour leurs affaires dans les colonies voisines.

Ils étaient sous les noms supposés suivants :

| | |
|---|---|
| Celui de Barthélemy, sous le nom de | *Gallois.* |
| Pichegru, | *Picard.* |
| Dossonville, | *Daunon.* |
| Aubry, | *Desailleux.* |
| La Rue, | *Delvezai.* |
| Tellier, | *Tollibois.* |
| Villot, | *Toulouse.* |
| Ramel, | *Frédérick.* |

A mesure que notre projet mûrissait, nous redoublions de précautions pour que nos geôliers n'en pussent rien apprendre; mais c'était surtout vis-à-vis de ceux des déportés qui n'étaient pas dans notre secret, que nous étions obligés à une circonspection très-difficile. L'abbé Brottier soupçonna le mystère, mais ne parvint pas à le pénétrer. Il se contentait de répéter souvent : « On se cache de moi, on trame quel« que chose que je sais fort bien, et je ferai prendre les gens « sur le fait. » Il en était capable : nous ne pouvions étendre davantage le cercle de nos confidences sans compromettre le succès. Quand je comptais les conjurés, et que du haut des remparts je mesurais d'un œil furtif cette étroite pirogue, je la trouvais bien insuffisante. Cependant, quoique notre troupe fût déjà trop nombreuse, nous fîmes une dernière tentative pour déterminer Marbois à venir avec nous. Il fut inébranlable dans sa résolution comme dans ses opinions; il n'eût pas d'ailleurs abandonné son collègue malade, son ami Ducoudray, et depuis sa mort, il semblait qu'il fût retenu par la terre qui l'avait reçu.

Ni l'opinion de Marbois, ni la peinture qu'il nous fit des dangers d'une navigation qu'il connaissait mieux que nous, ni la peine que nous avions à nous séparer de lui, rien ne put nous détourner d'achever notre entreprise; tant étaient profonds nos ennuis, nos dégoûts, notre horreur pour la prison de Sinnamari!

Il ne nous manquait plus qu'un pilote; mais où trouver dans ce désert l'homme capable d'un tel dévouement, l'ange qui devait nous sortir de cet enfer? Voici comment la Providence y parvint :

L'ordre, dit-on, donné par le Directoire de courir sur les vaisseaux neutres, fit sortir du port de Cayenne, vers le 20 mai, une foule de petits corsaires, dont Jeannet excita la cupidité. L'un de ces corsaires, commandé par le capitaine Poisvert, captura à la hauteur de Sinnamarin un bâtiment américain commandé par le capitaine Tilly, qui lui-même était propriétaire de la cargaison; elle consistait en farine et en divers comestibles, que le capitaine Tilly apportait précisément à Cayenne; il avait aussi dans sa cargaison une provision précieuse de quarante mille bouteilles de vin de Bordeaux, de vin du Rhin, et de différents vins d'Espagne.

La crainte d'être pris à son tour, par quelque frégate ou corsaire anglais, en louvoyant contre les courants pour remonter jusqu'à Cayenne, détermina le capitaine Poisvert à venir mouiller avec sa prise dans la rade de Sinnamari; peut-être aussi craignait-il pour sa proie, le partage du lion Jeannet.

Poisvert amena lui-même au fort de Sinnamari l'équipage de la prise, et le capitaine Tilly, qu'il traita avec beaucoup d'égards; ce fut un grand événement pour le commandant Aimé, qui attendait quelques profits, et le plaisir de s'enivrer avec du bon vin de Bordeaux; les nègres et une partie de la garnison furent aussi très-contents d'être employés au débarquement de la cargaison américaine; déjà ce mouvement, ce nouvel intérêt étaient pour nous une diversion favorable.

Mais quel fut notre étonnement, quand le capitaine Tilly vint vers nous sans témoins, et nous dit, en fondant en larmes : « Hélas ! c'est vous, infortunés, c'est vous que je « cherchais. Je vous savais ici ; j'ai des nouvelles de vos fa- « milles et de vos amis, des paquets que j'ai cachés dans « des barils de farine auxquels je ne peux plus toucher ; je ne « m'attendais pas à être attaqué par un corsaire français, je « me suis laissé affaler sous le vent de Cayenne, pour avoir « un prétexte de mouiller dans la rade de Sinnamari ou dans « celle de Courou, d'où j'espérais lier avec vous des intelli-

« gences, et parvenir à vous enlever; le ciel en a disposé « autrement; je devais être votre libérateur, je suis prison- « nier avec vous; que puis-je faire encore pour vous ser- « vir? » Qu'on juge de l'impression que durent faire sur nous, dans de telles circonstances, les premières paroles du capitaine Tilly; sa seule présence était pour nous un bienfait du ciel : c'était, depuis notre emprisonnement à Sinnamari, la seule personne qui eût pu communiquer librement avec nous, et nous donner des nouvelles sûres de notre malheureuse patrie et de l'état général des affaires; nous avions appris, sans aucun détail, la paix de Campo Formio. Tilly mit le comble à notre étonnement comme à notre indignation, en nous apprenant l'invasion de la Suisse. Barthélemy en fut surtout très-affecté. Enfin les violences commises envers les Américains, dont il était lui-même la preuve trop évidente, achevèrent de nous convaincre que nos malheureux concitoyens étaient entièrement asservis, et qu'il n'y avait plus de frein aux usurpations du Directoire.

La loyauté du capitaine Tilly, ses manières franches et ouvertes, l'intérêt qu'il nous témoignait, et que nous pouvions supposer partagé par la généreuse et libre nation à laquelle il appartenait, entraînèrent notre confiance. Nous lui communiquâmes notre projet; nous le conduisîmes sur le rempart, en feignant de nous promener. Nous lui montrâmes la pirogue; il frémit : « Non, non, messieurs, non, dit-il, « ne vous hasardez pas jusque-là; vous périrez certaine- « ment. Cette pirogue ne peut ni vous contenir tous, ni « vous conduire jusqu'à Surinam; croyez-en mon expérience, « cela ne se peut pas. » Nous lui répondîmes que nous étions résolus à périr, plutôt que de rester entre les mains des barbares; qu'au reste nous ne faisions qu'aller librement au-devant d'une mort inévitable; que si nous la rencontrions prompte et violente dans le naufrage, le souvenir de la longue agonie de nos amis en adoucirait les horreurs. « Eh « bien, reprit-il, je ne crois pas que vous puissiez échapper « à tant de dangers; mais ne me refusez pas de les parta- « ger, je veux gouverner moi-même la pirogue. J'emmènerai

« mon pilote, mon intrépide Barrick, et peut-être que le ciel « nous protégera, que les vents nous serviront. » Dès ce moment le capitaine Tilly se montra aussi ardent que nous-mêmes à protéger notre fuite. Il mit dans notre confiance le brave Barrick, qui ne balança pas à se dévouer pour notre salut; nous ne voulûmes jamais consentir à ce que le capitaine Tilly s'embarquât avec nous; mais il ne tenait aucun compte de nos refus, ni des craintes qu'il nous avait lui-même inspirées sur la petitesse du canot.

Tout étant prêt, il ne nous restait plus qu'à choisir le moment favorable pour tromper la vigilance du commandant Aimé, échapper à celle de Brottier, attaquer le poste, ou du moins la sentinelle qui veillait sur la pirogue, sortir du fort pour l'enlever, enfin gagner la haute mer, avant que l'alerte fût donnée à la garnison.

En se rappelant ce que j'ai dit des services secrets qui nous furent rendus par quelques personnes, on pourra présumer les soins qu'ils prirent pour nous aider à vaincre ces dernières difficultés, et sans désigner précisement les individus, il suffira qu'on connaisse les moyens qui furent employés.

C'était le 1er juin; nous touchions presque au jour marqué, à la scène préparée pour faciliter notre entreprise; nous approchions du dénouement sous l'augure sinistre des funérailles de notre ami. Sa perte était encore récente lorsque le capitaine Tilly nous annonça que Jeannet avait donné l'ordre de le transférer à Cayenne avec tout son équipage, et qu'il devait être embarqué dès le lendemain. Ce fut pour nous un coup de foudre, nous en fûmes presque abattus; Tilly voulait absolument se sacrifier et se cacher dans les bois jusqu'au lendemain 3 juin, dernier terme de notre cruelle attente, et courir à la pirogue au signal convenu. Nous eûmes beaucoup de peine à obtenir de lui qu'il cédât au brave Barrick l'honneur de cette belle action. Nous lui observâmes que la disparition de Barrick au moment où l'on ferait l'appel de l'équipage de la prise éveillerait moins les soupçons que celle du capitaine, dont les visites aux déportés et les promenades avec eux n'avaient été déjà que trop remarquées. Tilly ne se rendit encore qu'avec peine à cette dernière considération ; il nous quitta pour aller s'exposer à de plus grands dangers que nous, et porter tout le poids de la fureur de Jeannet, soit que nous fussions assez heureux pour nous échapper, soit que nous eussions le malheur d'être découverts et arrêtés avec Barrick. Tilly ne songeait qu'à nous, et s'il nous savait une fois arrivés à Surinam, il lui importait peu ce qu'on ferait de lui. Quels adieux! Qui de nous osa se flatter de te revoir, incomparable Tilly!

Barrick disparut à l'instant, et se cacha dans les bois. Il fut convenu que le surlendemain 3 juin, au coup de neuf heures, il se trouverait au bord de la rivière sous le bastion, et sauterait dans la pirogue au moment où il nous verrait paraître; mais nous étions fort inquiets du sort de Barrick, qui fut presque dévoré par les monstres : il ne put se défendre des serpents et du terrible caïman, qu'en demeurant pendant trente-six heures perché sur un arbre où il n'était point à l'abri des tigres.

Le capitaine Poisvert avait invité le commandant du fort à venir dîner, le 3 juin, à bord de la prise américaine : il voulait témoigner sa reconnaissance du bon accueil et des secours qu'il avait reçus de la garnison, qui, deux jours auparavant, avait fait très-bonne contenance vis-à-vis d'un corsaire anglais, qui s'était approché du mouillage. Pendant qu'il donnait un beau repas, et présentait les vins les plus précieux au commandant, il faisait donner à la garnison du gros vin de Bordeaux. Une jeune fille qui était arrivée de Cayenne depuis quelques jours, en faisait les honneurs, et distribuait les bouteilles de vin avec profusion aux soldats dans leurs casernes, dans le corps de garde, aux nègres dans leurs cases, aux sentinelles à leurs postes, aux déportés dans leur hangar. Ah! que cette journée nous parut longue! Avec quel intérêt nous suivions des yeux cette jeune fille, si joyeuse de verser des rasades aux soldats déjà enivrés; son activité, sa sollicitude nous servirent à souhait.

Tous burent largement, et nous aussi : nous eûmes l'air de prendre part à cette orgie; nous feignîmes une querelle entre nous pendant notre dîner, afin d'éloigner d'autant plus les moindres indices du complot. Aubry et Larue injurièrent Barthélemy, le Tellier s'en mêla, Dossonville et Pichegru se menacèrent, Villot et moi paraissions vouloir pacifier; les verres et les assiettes volaient; le vacarme fut à tel point, que les autres déportés accoururent pour les séparer; l'abbé Brottier lui-même nous engagea à mettre fin à ce scandale, qui s'accrut d'autant plus. Barthélemy fut le plus inhabile à feindre; et dans un faux geste de fureur, cassant froidement son verre, un éclat de rire manqua de le trahir.

La nuit s'approchait, nous vîmes rentrer chez lui le commandant Aimé, tout à fait ivre et qu'on portait comme s'il eût été mort. Le silence avait succédé aux chants, aux cris des buveurs; les soldats et les nègres étaient couchés çà et là, le service oublié, le corps de garde abandonné.

Avant de nous retirer dans nos cases, nous fîmes nos adieux à Marbois, pour qui cette séparation fut un pénible sacrifice, et qui regarda ce moment comme notre dernière heure.

Elle sonna cette dernière heure de notre séjour à Sinnamari ! neuf heures sonnèrent; Dossonville, qui veillait, avertit chacun de nous. Nous sortîmes, et nous nous rassemblâmes vers la porte du fort, dont le pont n'était point encore levé. Tout dormait d'un sommeil profond. Je monte avec Pichegru et Aubry sur le bastion du corps de garde, et je vais droit à la sentinelle (c'était ce misérable tambour qui nous avait tant tourmentés); je lui demande l'heure qu'il est. Il fixe les étoiles. Je lui saute à la gorge, Pichegru le désarme, nous l'entraînons en le serrant pour l'empêcher de crier; nous étions sur le parapet; l'homme se débat fortement, nous échappe, et tombe dans la rivière. Nous rejoignons nos camarades au pied du rempart, et n'apercevant personne dans le corps de garde, nous courons y prendre des armes et des cartouches; nous sortons du fort, nous volons à la pirogue; Barrick était là : il vient au-devant de nous, il nous aide, il nous porte dans la pirogue. Barthélemy, infirme et moins agile que nous, se laisse tomber et s'enfonce dans la vase; Barrick le saisit d'un bras vigoureux, le retire, le met dans la pirogue. Le câble est coupé, Barrick tient le gouvernail; immobiles, silencieux, nous nous laissons aller au fil de l'eau; les courants et la marée entraînent le léger esquif : nous écoutons et n'entendons que le murmure des eaux et la brise de terre, qui bientôt enfle notre petite voile. Nous cessons de voir le tombeau de Sinnamari.

Quand nous approchâmes de la redoute de la pointe qu'il fallait passer, nous amenâmes la voile, afin d'être moins aperçus. Nous savions que les huit hommes qui étaient de garde à la redoute avaient reçu leur bonne part des bienfaits du capitaine Poisvert, et qu'ils devaient s'être enivrés comme leurs camarades. Nous ne fûmes point hélés; la marée nous porta au delà de la barre, nous laissâmes à notre droite le vaisseau de notre brave ami Tilly, nous passâmes tout près de la goëlette *la Victoire*, qui venait d'arriver de Cayenne, et que nous savions être commandée par l'honnête capitaine Brachet, que notre fuite a dû bien réjouir, et qui certainement ne s'y serait point opposé.

La brise fraîchit; la mer était belle, mais en gagnant le large, nous courions le risque de nous égarer, et si nous suivions la côte de trop près, nous pouvions nous briser sur les écueils dont elle est parsemée jusqu'à Iraconbo. La lune parut tout à coup, comme pour éclairer notre marche; ce moment fut délicieux; nous nous félicitâmes, nous remerciâmes la Providence, et notre généreux pilote Barrick, qui était dans un état affreux, enflé et meurtri par les piqûres des moustiques.

Nous voguions heureusement depuis environ deux heures, lorsque nous entendîmes trois coups de canon; deux du fort de Sinnamari, et un de la redoute de la pointe; bientôt après, le poste d'Iraconbo répéta les trois coups de canon; nous ne pûmes douter que notre fuite ne fût découverte; nous ne redoutions déjà plus les poursuites directes de Sinnamari, où il n'y avait pas un seul bateau qui pût être armé;

nous avions d'ailleurs assez d'avance ; les bâtiments que nous avions laissés en rade auraient seuls pu donner la chasse ; mais les capitaines Poisvert et Brachet, auxquels le commandant Aimé ne pouvait donner des ordres, n'auraient point appareillé sans un ordre de Jeannet.

Nous n'avions donc à redouter que le détachement d'Iraconbo, que nous savions n'être composé que de douze hommes ; ils ne pouvaient venir à notre rencontre que dans un bateau à peu près comme le nôtre, avec huit ou dix hommes armés : nous continuâmes à ranger la côte, préparant nos armes, et bien déterminés à nous défendre si nous étions attaqués, ou qu'on cherchât à nous barrer le passage sous le fort d'Iraconbo.

A quatre heures du matin, deux coups de canon se firent entendre dans l'est, et dans la minute il y fut répondu par un coup qui partit presque à nos oreilles. Nous étions devant le fort ; il était nuit encore, rien ne parut ; nous marchions bien, et quand le jour se fit, nous nous trouvâmes sous le vent d'Iraconbo ; nous n'avions plus à craindre d'être poursuivis, il nous restait à vaincre les dangers de la mer.

Notre pirogue était si petite et si rase que les moindres vagues la remplissaient, et nous étions obligés de travailler sans cesse à la vider avec une calebasse. La pirogue était si légère, que le moindre mouvement pouvait la faire chavirer. Nous fûmes au moment de périr de cette manière par une imprudence dont je fus seul coupable. Je ramais ; un faux coup ayant engagé mon aviron, mon chapeau tomba dans la mer ; je me penchai vivement pour le reprendre. Mon poids entraîna si subitement la pirogue hors de son équilibre, qu'elle ne se rétablit que fort difficilement ; elle fut toute remplie d'eau. L'adresse de Barrick et l'activité avec laquelle nous travaillâmes nous releva. Je fus sévèrement réprimandé par Pichegru, que nous avions fait notre capitaine. Barthélemy, encore tout noir de la vase de Sinnamari, profita de cette occasion pour se laver. J'eus le malheur de perdre mon chapeau, et ne pus défendre ma tête des rayons ardents du soleil, qu'en me faisant un turban de feuilles de *bananiers*, que les nègres pêcheurs avaient laissées dans le fond de la pirogue.

Nous n'avions ni boussole ni instrument pour prendre hauteur. Nous pouvions nous égarer dans la nuit; le moindre coup de vent pouvait nous arracher de la côte, lorsque nous étions forcés de tenir le large à cause des rochers ou des courants qui se trouvent aux embouchures des rivières. Il nous avait été impossible de nous charger d'aucune provision; nous n'avions pas même du biscuit ni de l'eau. Le Tellier avait apporté seulement deux bouteilles de rhum. Nous étions persuadés que les vents, qui soufflent constamment d'est en ouest, le long de cette côte, nous porteraient en deux jours à la hauteur de Monte-Krick, et qu'il suffirait de soutenir nos forces jusque-là par une liqueur spiritueuse.

Nous souffrîmes beaucoup de la chaleur pendant la journée du 4 ; cependant la brise était bonne. Nous rangions la côte, et quand la nuit nous en déroba la vue, nous nous estimions déjà par le travers de l'embouchure de la rivière de Marowni, dont les deux rives forment les limites respectives des possessions françaises et hollandaises, et qui n'est guère qu'à quarante lieues au vent du poste de Monte-Krick. A onze heures du soir, au lever de la lune, nous n'aperçûmes ni dans la conformation des terres, ni dans le mouvement des eaux, rien qui nous annonçât l'embouchure d'une grande rivière. Le 5, nous ne fumes pas plus heureux; nous poursuivîmes notre route jusqu'à la nuit sans avoir connaissance de la rivière ni du fort de Marowni. Nous étions vraisemblablement encore un peu au vent et en deçà de la rivière d'Amaribo, partie de la côte qui se relève un peu vers le nord-ouest, et ne permet pas de découvrir fort au loin.

Le 6, un calme plat nous surprit, une faim cruelle nous tourmentait. Nous n'avions rien mangé depuis trois jours, nous étions desséchés par le soleil, dont l'ardeur n'était plus tempérée par la brise. N'étant plus distraits par le mouvement, ni soutenus par l'espoir prochain d'atteindre le terme de notre fatigante navigation, nous vîmes toute l'horreur de notre situation : nous cherchions à relever notre courage;

nous n'avions plus à attendre des secours humains, plus rien de nos efforts trompés par les éléments.

C'est dans ce jour de désespoir que nous nous excitâmes mutuellement à sacrifier nos justes ressentiments, à ne pas nous laisser entraîner par la vengeance; nous jurâmes devant Dieu de ne jamais porter les armes contre notre patrie, nous nous résignâmes à la volonté de la Providence.

Le lendemain 7 juin, quatrième jour de notre navigation, le vent s'éleva et fraîchit un peu vers huit heures du matin; à dix heures nous nous trouvâmes en vue du fort de Marowni, et par le travers de l'embouchure de la rivière, que les bas-fonds, les récifs et les courants rendent très-dangereuse. Nous ne franchîmes ces obstacles qu'avec beaucoup de fatigue et de danger; nous fûmes très-inquiétés par des requins monstrueux, qui entouraient et assaillaient notre pirogue; nous les éloignâmes à coups de fusil.

Nous supportions avec patience le tourment de la faim, jusqu'à nous égayer par des plaisanteries, sur les divers symptômes de nos souffrances; nous cherchions des yeux, mais toujours vainement, le fort et la rivière d'Orange; sur les six heures du soir, nous fûmes encore retenus par le calme.

Le 8, à trois heures du matin, les vents ayant fraîchi de nouveau, nous nous remîmes en route. A une heure, nous aperçûmes le fort Orange; nous le doublâmes, dans l'intention de ne mettre à terre qu'au poste de Monte-Krick, comme on nous l'avait recommandé. Nous nous trouvions vis-à-vis le fort, à une bonne portée de canon, lorsque nous fûmes salués de plusieurs coups à boulet de gros calibre, qui se succédaient si vivement, que nous eussions été infailliblement atteints et coulés bas, si nous n'avions gagné le large. Cette rigueur nous fit redouter encore plus d'accoster la terre. Nous avons su depuis qu'on avait voulu seulement nous forcer d'arborer notre pavillon; nous n'en avions point.

Vers quatre heures après midi, le temps s'obscurcit, le vent augmenta. Nous allions très-vite, et cependant nous avions peine à fuir devant la lame qui nous poussait vers la côte; notre brave pilote espérait pouvoir atteindre Monte-Krick avant l'orage, mais nous ne pûmes tenir plus longtemps, nous risquions à chaque instant d'être engloutis. Barrick dirige la pirogue vers le rivage; au moment où nous l'atteignions, une forte vague se brise et nous fait chavirer; la marée était basse, nous nous enfonçâmes dans la vase, et malgré les efforts qu'il fallut faire pour nous dégager, malgré l'orage affreux qui fondait sur nous, nous n'abandonnâmes point la pirogue, et nous parvînmes à la retourner.

Enfin nous prenons terre, ignorant où nous étions, ni s'il nous serait possible d'aller le long de la côte jusqu'au fort Orange, dont nous nous estimions à huit lieues, quoiqu'il ne fût distant que de quatre.

Nous étions exténués de fatigue et de faim, nos haillons étaient tout mouillés et couverts de fange, nous n'avions d'abri qu'un bois couvert d'insectes et de reptiles; nous avions perdu dans le naufrage nos armes et nos munitions; et comme la nuit s'approchait, nous entendions les hurlements des tigres dans les intervalles du mugissement des vagues.

Quelle horrible nuit! Les vents déchaînés, une pluie de déluge, un froid pénétrant. Nous recueillîmes le reste de nos forces, et nous travaillâmes toute la nuit à retenir notre pirogue que les vagues entraînaient, et qui, malgré nos efforts, fut très-endommagée. Croira-t-on qu'il nous restât assez de forces pour une telle manœuvre, après avoir souffert la faim, et enduré tant de fatigues pendant cinq jours et six nuits? Nous étions tous nus dans la mer, luttant contre les flots qui nous arrachaient notre dernière espérance. Barthélemy, malgré ses infirmités, travaillait avec nous, et nous donna l'exemple de la patience et du courage pendant cette nuit épouvantable.

Au point du jour (c'était le 9 juin, et le sixième depuis notre départ de Sinnamari), nous nous regardions avec une mutuelle pitié, nous étions transis de froid, nous nous sentions tout près de succomber, mais nous nous consolions encore, en disant : « Du moins, nous ne mourrons pas « entre leurs mains. »

Pichegru avait sauvé du naufrage sa pipe et son briquet; nous parvînmes à faire du feu; nous séchâmes nos vêtements, le ciel redevint serein, mais le vent soufflait avec furie.

Nous étions couchés à plat ventre sur le sable, ne pouvant nous défendre de la piqûre des insectes et des morsures des crabes.

Le Tellier avait si bien ménagé la petite provision de rhum, qu'il en restait encore une demi-bouteille. Nous avions le cœur si serré, que nous n'avions pas la force d'avaler; nous nous rafraîchissions seulement la bouche et les lèvres.

Pendant cette journée du 9, Le Tellier, héroïque ami de Barthélemy, lui avait arrangé un petit abri avec des branches d'arbres, et pendant qu'il reposait ou plutôt qu'il s'éteignait, Le Tellier, oubliant ses propres souffrances, chassait les insectes avec un léger rameau, et les écartait du visage et des mains de son maître. Quel dévouement, quelle part glorieuse le Tellier prit à nos malheurs!

Le soir, le temps redevint obscur; nous eûmes encore à travailler une partie de la nuit pendant la marée pour conserver la pirogue, n'ayant aucun autre moyen pour la fixer; comme les tigres nous approchaient beaucoup, nous ranimâmes notre feu, et nous passâmes ainsi le reste de cette seconde nuit depuis notre naufrage, et la septième depuis notre évasion.

Le 10 juin, au point du jour, nous aperçûmes au loin un vaisseau, que Barrick reconnut pour être corsaire anglais.

Nous étions blottis sous des arbres où nous avions fait une espèce de cabane : j'en sortis à six heures du matin pour examiner le temps et notre pirogue. J'avais à peine fait quelques pas en me traînant, que j'aperçois sur le rivage, à environ deux cents pas, deux hommes armés, qui venaient vers nous. J'accours et crie : *voilà des hommes!* Tous nos malheureux se lèvent à la fois. Barrick, qui était le plus malade, à cause des piqûres des moustiques de Sinnamari, Barrick s'élance, je lui montre les deux hommes, il part comme un trait; nous nous cachons pour ne pas effrayer par le nombre.

En voyant accourir le pauvre Barrick, qui n'avait plus figure humaine, les deux soldats s'arrêtent et le couchent en joue. Il tombe à genoux, lève ses mains suppliantes, pousse des cris, fait des signes, montre la pirogue; les soldats l'écoutent, s'approchent de lui; nous les entourons C'étaient deux soldats allemands de la garnison de Monte-Krick. Pichegru leur parla, et nous apprîmes que nous n'étions qu'à trois lieues du fort de Monte-Krick. Ces soldats étaient envoyés en ordonnance au fort Orange, où ils ne pouvaient manquer de rendre compte du nombre et de l'état des naufragés; nous nous décidâmes à députer deux d'entre nous vers le commandant du fort, pour lui demander des secours, exhiber nos passe-ports, et lui cacher qui nous étions.

Barthélemy et La Rue furent choisis. Nous leur fîmes boire le reste du rhum, ils partirent. Au moment où ils arrivèrent au fort Orange, le commandant disposait un piquet de cinquante hommes pour venir nous enlever. Nos envoyés exposèrent les motifs de notre voyage comme marchands, et tous les détails du naufrage dans lequel nous avions perdu toutes nos provisions et nos effets. Ils ajoutèrent que le mauvais état de notre pirogue presque brisée ne nous avait pas permis de nous remettre en mer après la tempête. Le commandant les accueillit avec beaucoup d'humanité, et pendant qu'il leur fit donner à manger, il envoya des ouvriers et des nègres pour réparer notre pirogue, nous aider à la remettre à flot, et tâcher de retrouver nos prétendues marchandises. Nous vîmes arriver de loin cette troupe d'environ vingt personnes, qui ne laissa pas de nous inquiéter jusqu'à ce que deux de ces ouvriers qui parlaient français nous eussent expliqué les ordres qu'ils avaient reçus; nous les menâmes vers la pirogue, ils la tirèrent à terre et se mirent à la réparer avec le plus grand zèle, beaucoup d'adresse et d'activité.

A six heures du soir, Barthélemy et La Rue arrivèrent. Ils étaient si joyeux et si troublés qu'ils ne songèrent pas à nous apporter une bouteille d'eau. Nous ne pouvions comprendre que Barthélemy eût retrouvé assez de forces pour fournir une course de huit lieues sur des sables brûlants.

Notre pirogue était déjà réparée; les flots paraissaient apaisés. Nous aurions bien voulu nous embarquer sur-le-champ; mais il fallait attendre la marée Les ouvriers que nous récompensâmes de notre mieux et que nous étions fâchés de retenir pendant la nuit, avaient ordre de ne pas nous quitter que nous nè fussions en mer. L'état de Barrick empirait; cette nuit que nous devions passer encore au milieu des insectes pouvait être la dernière pour Barrick. Qu'on n'oublie point que ce brave homme, dont la force physique égalait le courage et la vertu, avait souffert un cruel supplice pendant les deux jours qu'il avait passés dans les bois de Sinnamari pour attendre le moment de notre évasion. Nous n'avions plus un instant à perdre pour sauver notre sauveur.

Le 11 juin, au point du jour, Barthélemy, La Rue, Aubry et Dossonville s'acheminèrent à pied le long de la plage, vers le fort de Monte-Krick, pour y demander asile pour les pauvres marchands naufragés, et nous faire préparer à manger.

Quelques heures après, à la haute marée, Pichegru, Willot, Le Tellier et moi, nous remontâmes dans la pirogue, que les ouvriers poussèrent vigoureusement au large en nous disant adieu. Barrick, mourant, reprit le gouvernail, et un peu avant midi, la pirogue entra heureusement dans la petite rivière de Monte-Krick. Nous débarquâmes. Barrick triomphant, reçut, par ce succès, le prix le plus doux de son généreux dévouement. Le commandant du poste de Monte-Krick avait déjà très-bien accueilli nos compagnons, et nous avait fait donner une case vaste, propre et commode sur le bord du crick. Quel moment que celui de notre réunion dans cette case! Nos amis nous avaient préparé deux poules, du riz et du pain : du pain! qui cette fois fut arrosé de larmes de joie et de reconnaissance. Nous vivions, nous avions échappé à nos bourreaux, aux dangers de la mer, à la famine; nous étions libres!

---

II

# MÉMOIRES DE GOHIER.

# MÉMOIRES DE GOHIER.

§ 1.

Madame Bonaparte dînait chez moi le jour qu'une dépêche télégraphique du 17 vendémiaire an VIII (10 octobre 1799) m'annonça que le général son mari était débarqué à Fréjus. S'apercevant que cette nouvelle me causait plus d'étonnement que de joie : « Président, me dit-elle, ne craignez pas « que Bonaparte vienne avec des intentions fatales à la liberté. « Mais il faudra vous réunir pour empêcher que des misé- « rables ne s'en emparent.

« Je vais au-devant de lui ; il est important pour moi que « je ne sois pas prévenue par ses frères, qui m'ont toujours « détestée. Au reste, ajouta-t-elle en regardant ma femme, « je n'ai rien à craindre de la calomnie, quand Bonaparte « apprendra que ma société particulière a été la vôtre, et il « sera aussi flatté que reconnaissant de l'accueil que j'ai « reçu dans votre maison pendant son absence [1]. »

Le 24 vendémiaire au matin, Bonaparte arrive à Paris, sans avoir été rencontré ni par son épouse ni par ses frères ; descend dans sa petite maison rue Chantereine, et se rend de suite chez le président du directoire, avec Monge, mon ancien collègue et mon ami.

— « Que je suis aise, mon cher président, me dit Monge en « m'embrassant, de trouver la république triomphante à « notre arrivée !...

[1] Mme Gohier était en son nom Dumoulin, de la famille du célèbre jurisconsulte ; d'un caractère ferme, d'une vertu austère et proverbiale, honnête femme à l'ombre de laquelle Mme Bonaparte se plaisait à amortir l'éclat de ses succès. (L.)

— « Je m'en réjouis également, dit Bonaparte d'un air un « peu embarrassé. Les nouvelles qui nous sont parvenues en « Égypte étaient tellement alarmantes que je n'ai pas balancé « à quitter mon armée pour venir partager vos périls!...

— « Général, ai-je répondu, ils étaient grands!... mais nous en sommes glorieusement sortis. Vous arrivez à propos « pour célébrer avec nous les nombreux triomphes de vos « compagnons d'armes, et nous consoler de la perte du « jeune guerrier qui, près de vous, apprit à combattre et à « vaincre[1]. »

La visite fut courte. Le compte de l'état dans lequel Bonaparte avait laissé l'Égypte devant être rendu au directoire, en séance particulière, nous fixâmes le jour et l'heure où il devait être reçu.

## § 2.

Le lendemain 25, Bonaparte se rend au directoire, comme nous en étions convenus.

Introduit dans la salle de nos séances, après nous avoir d'abord entretenus de ses victoires en Égypte, du bon esprit qui régnait dans son armée, et nous avoir fait un juste éloge du général auquel il en avait remis le commandement, il chercha à justifier sa désertion par l'annonce de nos défaites successives, par l'indignation qu'il avait éprouvée en apprenant que nos frontières étaient menacées de l'étranger. Ce qui lui fut plus sensible, c'est qu'on attribuait nos malheurs à son absence. Il n'en fallut pas davantage, ajouta-t-il, pour le déterminer à venir partager nos périls, pour décider son embarquement.

« Citoyens directeurs, s'écria-t-il en mettant la main sur « le pommeau de son épée, je jure qu'elle ne sera jamais « tirée que pour la défense de la république et celle de son « gouvernement. »

[1] Joubert. (L.)

Président du Directoire, je lui répondis :

« Citoyen général, le Directoire exécutif a vu votre retour inopiné « avec le plaisir mêlé de surprise qu'il a dû causer à toute la France ! « Les ennemis de votre gloire, que nous regarderons toujours comme « les nôtres, pourraient seuls donner une interprétation contraire « aux motifs patriotiques qui vous ont déterminé à quitter momentanément vos drapeaux et que vous nous avez si énergiquement exprimés...

« Vous veniez, nous n'en pouvons douter, pour partager nos périls, et vous trouvez la France victorieuse ; et, ce qui vous charme « sans doute plus encore, votre présence ranime dans tous les cœurs « français le sentiment glorieux de la liberté !... Elles sont aussi flatteuses que méritées, ces acclamations qui se sont fait entendre à « votre arrivée et sur votre passage. C'est aux cris de *Vive la République !* que Bonaparte a été et devait être reçu !...

« Les triomphes que viennent de remporter vos anciens compagnons « d'armes ont sauvé la république, mais laissent encore des lauriers « à moissonner dans les champs qu'ont illustrés vos mémorables exploits. Le vainqueur d'Italie ne se bornera pas à pleurer avec nous « le jeune héros qu'il jugea lui-même digne de le remplacer.

« Ce n'est que dans la perspective d'une paix honorable que le Directoire fait la guerre, qu'il ambitionne de nouveaux succès. Et il « sait trop, citoyen général, ce qu'il doit à vos anciens services, aux « sentiments républicains qui vous animent, pour ne pas s'empresser « d'associer vos talents à l'entier accomplissement de ses généreux « projets. »

La cérémonie se termina par l'accolade fraternelle, qui ne fut ni donnée ni reçue *très-fraternellement.*

Quelques jours après son arrivée, Bonaparte dîna chez moi avec quelques membres de l'Institut qu'il m'avait prié d'inviter. Je crus ne pouvoir me dispenser d'engager Sieyès, qui en était membre.

— « Qu'avez-vous fait ! me dit madame Bonaparte en l'apercevant dans mon salon. Sieyès est l'homme que Bonaparte « déteste le plus, *c'est sa bête noire !* »

— En effet, Bonaparte ne dit pas un mot à Sieyès, il affecta même de ne pas le regarder.

Sieyès, en se levant de table, sortit furieux.

— « Avez-vous remarqué, me dit-il, la conduite de ce petit « insolent envers le membre d'une autorité qui aurait dû le « faire fusiller? »

§ 3.

Moreau dînait chez Moulins, et vint chez moi après le dîner.

Les deux généraux, qui ne s'étaient encore jamais vus, parurent aussi flattés l'un que l'autre de se rencontrer. Il fut remarqué que, dans cette entrevue, tous les deux, un moment, se contemplèrent en silence. Bonaparte le rompit le premier, témoigna à Moreau le désir qu'il avait depuis longtemps de le connaître.

— « Vous arrivez d'Égypte victorieux, lui répondit Moreau, « et moi d'Italie après une grande défaite. Si Joubert, qui « avait formé la résolution de profiter du premier instant d'en- « thousiasme que causerait sa présence, s'était rendu à l'ar- « mée aussitôt qu'il en fut nommé le chef, il n'est pas douteux « que les Russes et les Autrichiens, avec les seules troupes « qu'ils avaient alors, n'eussent pas été capables de résister « à l'impétuosité de l'attaque de Joubert. Mais *le mois* que « son mariage [1] le retint à Paris leur ayant donné le temps « de réunir toutes leurs forces, et la reddition prématurée « de Mantoue les ayant accrues de quinze mille hommes, arri- « vés la veille du combat, il était impossible que notre brave « armée ne fût pas accablée par tant de forces réunies. « C'est toujours le grand nombre qui bat le petit.

— « Vous avez raison, dit Bonaparte : c'est toujours le grand « nombre qui bat le petit.

— « Cependant, général, avec de petites armées, vous en « avez souvent battu de grandes, dis-je à Bonaparte.

— « Dans ce cas-là même, répliqua-t-il, c'était toujours le « petit nombre qui était battu par le grand. »

1 Avec Mlle de Sémonville. (L.)

Ce qui l'amena à nous développer ainsi sa tactique :

— « Lorsqu'avec de moindres forces j'étais en présence d'une « grande armée, groupant avec rapidité la mienne, je tom- « bais comme la foudre sur l'une de ses ailes et je la culbu- « tais. Je profitais ensuite du désordre que cette manœuvre « ne manquait jamais de mettre dans l'armée ennemie, pour « l'attaquer dans une autre partie, toujours avec toutes mes « forces. Je la battais ainsi en détail; et la victoire, qui en « était le résultat, était toujours, comme vous le voyez, le « triomphe du grand nombre sur le petit. »

Il est bien étonnant que d'après cet entretien remarquable, dont plusieurs témoins existent encore aujourd'hui, Bonaparte ait osé dicter à ses historiens de Sainte-Hélène [1] qu'il n'a vu le général Moreau, *pour la première fois*, qu'au fameux banquet que lui donnèrent les deux Conseils. Non-seulement les deux généraux s'étaient rencontrés au palais directorial, mais Bonaparte, qui voulait s'emparer de Moreau, avait été le voir, à la suite de son entretien avec lui chez moi; mais Bonaparte lui avait fait présent d'un damas [2]; mais Bonaparte lui avait fait témoigner combien il eût été flatté de l'avoir pour son beau-frère.

Bonaparte craignait-il donc de rappeler à l'histoire ces démarches flatteuses envers un général qu'il voulut depuis envoyer à l'échafaud?

## § 4.

En trouvant la république triomphante, si Bonaparte reconnut à regret qu'elle n'avait pas besoin de son secours pour se faire respecter des puissances étrangères, il ne fut pas longtemps à se convaincre que, dans le sein du gouvernement, se trouvait un homme qui semblait n'y être entré que pour y mettre le trouble; que cet homme odieux (le directeur Sieyès), suspect à tous les partis, avait armé contre

1 Gourgaud, tom. I, page 74.

2 « *Paris*, 15 *brumaire*. — Bonaparte a fait présent à Moreau d'un damas « garni de diamants, qu'il a rapporté d'Égypte, et qui est estimé dix mille francs. »

lui, par ses passions haineuses, les républicains les plus énergiques, et qu'à l'exception d'un petit nombre de députés, auxquels sa profonde hypocrisie en imposait encore, la majorité des Conseils se repentait de l'avoir élu.

Bonaparte, qui lui-même détestait Sieyès, forma le projet d'en débarrasser le Directoire, et ne pensa pas d'abord qu'un autre que lui pût le remplacer.

Étant venu me voir quelques jours après son dîner chez moi :

— « J'ai presque, me dit-il, été aussi étonné de rencon-
« trer Sieyès dans votre salon que je le fus, en entrant en
« France, de le trouver au Directoire. En refusant d'y entrer
« lors de son organisation, il s'était rendu justice. Quels
« motifs ont pu déterminer à le nommer une seconde fois?...

« Les liaisons qu'il a formées dans sa mission diplomatique
« ne devaient pas être une grande recommandation auprès
« du Corps législatif?

— « C'est pourtant, lui dis-je, l'importance de ces préten-
« dues liaisons qui a le plus efficacement influé sur son élec-
« tion. Sieyès, disaient partout ses proxénètes, s'est rendu
« tellement agréable au roi de Prusse que sa nomination
« pourrait elle seule nous procurer la paix.

— « Quoi! s'écria Bonaparte, ce sont les liaisons de Sieyès
« avec la maison de Brunswick qui ont pu le porter au Di-
« rectoire!... Mais c'était au contraire ce qui devait à ja-
« mais l'en éloigner.

Je ne pus m'empêcher d'avouer qu'on en convenait aujourd'hui, et que des républicains ombrageux, réfléchissant sur son empressement à se faire nommer ainsi l'un des chefs d'un gouvernement dont il avait d'abord refusé d'être membre, en tiraient les conséquences les plus fâcheuses.

— « Ces républicains ont raison, reprit vivement Bonaparte.
« Si vous n'y prenez garde, président, ce prêtre artificieux
« vous livrera à l'étranger. »

J'étais loin de penser alors que cet étranger serait Bonaparte lui-même.

— « A mon arrivée à Paris, continua-t-il, une foule de bons

« citoyens m'ont assuré qu'à la retraite de Rewbell, on a « regretté que je ne fusse pas en France. Mais si ce fut un « malheur, il serait facile à réparer.

— « Il est certain, lui dis-je, que vous eussiez réuni tous les « suffrages, si un article précis de la constitution n'avait « pas mis obstacle à votre élection. Il n'est pas douteux qu'a- « près avoir glorieusement défendu la république, vous êtes « destiné à être un jour à la tête du gouvernement dont vos « victoires auront assuré invariablement la stabilité. Mais « notre pacte social exige impérieusement quarante ans pour « entrer au Directoire, et vous avez encore d'heureuses an- « nées acquises à la défense de la république, avant que « vous puissiez être appelé à la gouverner.

— « Et vous tiendriez vous-même rigoureusement, continua « Bonaparte, à cette disposition réglementaire, qui pourrait « priver la république d'hommes aussi capables de la gou- « verner que de la défendre?

— « Rien, à mes yeux, général, ne pourrait excuser l'at- « teinte qui y serait portée.

— « Président, c'est vous attacher à la lettre, qui tue!... « Ceux qui ont présidé à la rédaction de l'acte constitu- « tionnel n'ont pas assez réfléchi que la maturité opérée par « la révolution dans tous les esprits est bien autrement essen- « tielle que la maturité de l'âge, qu'il ne fallait pas seule « consulter.

« Au reste, ce ne sont pas des vues ambitieuses qui me « dictent ces observations, mais les alarmes qu'une élection « inconcevable a inspirées aux républicains, et que je ne « puis m'empêcher de partager. »

Moulins, à qui je n'avais pas caché l'entretien singulier que j'avais eu avec notre nouveau débarqué, s'empressa de me faire part de celui qu'il avait eu avec lui quelques jours après sur le même sujet.

— « Il ne tient qu'à nous, me dit-il, mon cher président, « de nous débarrasser de notre mauvais prêtre, mais il « faudrait l'échanger avec Bonaparte; et croyez-vous que « la république gagnerait au change?...

— « Son désir extrême de la gouverner, lui répliquai-je, « décèle une ambition qui n'est pas propre à nous inspirer « une grande confiance.

— « Dès la première entrevue que j'ai eue avec lui, continua « le général Moulins, je ne lui ai point dissimulé la conduite « plus qu'équivoque de Sieyès et le jugement qu'en portent « les amis de la liberté.

« Dans notre nouvelle conférence, Bonaparte a commencé « par m'assurer qu'il avait sérieusement réfléchi sur la po-« sition où l'élection de Sieyès avait placé le Directoire. « Il faut absolument vous défaire de ce prêtre, ajouta-t-il ; « il est temps que ceux qui ont défendu la république prou-« vent qu'ils sont aussi en état de la gouverner.

« Je vais vous parler le langage que vous êtes fait pour « entendre. Après avoir glorieusement combattu pour la ré-« publique, je vous avouerai, avec la franchise d'un soldat, « que je ne serais pas fâché de concourir avec la saine « partie du Directoire et les républicains des deux Conseils « à consolider l'édifice que nous avons soutenu par nos « armes, et que l'anarchie sacerdotale n'est propre qu'à « ébranler. Il faut un gouvernement ferme et qui ait la con-« fiance de tous ceux qui sont intéressés à maintenir la ré-« publique ; et je me flatte que, si j'étais à la place de Sieyès, « le Directoire retrouverait tout à la fois et la force et la « confiance dont il a besoin.

« Gohier, à qui j'en ai parlé, m'y verrait avec plaisir ; « mais un seul scrupule l'arrête : la constitution exige qua-« rante ans pour entrer au Directoire, et son respect pour « l'acte constitutionnel, qui va jusqu'à la superstition, ne lui « permettrait pas, dit-il, de me donner son suffrage; mais « je suis bien sûr qu'il aime trop son pays pour ne pas se « rendre à la majorité, qui croirait assurer le triomphe de « la république en sacrifiant une disposition irréfléchie de la « constitution qui lui sert de base. »

Bonaparte ne fut pas peu surpris lorsque Moulins lui déclara qu'il partageait entièrement les sentiments de Gohier ; qu'il eût également désiré de voir à la place d'un homme dont l'influence ne pouvait être que funeste à la république, un de ses plus glorieux défenseurs, mais qu'il croyait, ainsi que Gohier, qu'aucun danger n'était comparable à la violation du pacte social, que son devoir était de faire respecter dans toutes ses dispositions.

Les démarches réitérées de Bonaparte, son désir si ardent de nous délivrer de Sieyès, en nous faisant connaître comment il entendait venir au secours de la république, n'étaient pas propres à nous rassurer sur les motifs qui avaient déterminé son retour ; mais ce qu'il voulait faire avec nous, il fallait l'empêcher de le faire sans nous ; et ce fut à quoi tendirent nos vains efforts contre la ligue infernale qui ne tarda pas à se former.

Tous les hommes sans place, ou qui ne se croyaient pas dans celle qu'ils estimaient devoir occuper, tous les mécontents sortis de la révolution, et peut-être ensuite trop négligés par elle, se groupèrent autour de Bonaparte et fondèrent leur ambition sur la sienne. Tous ne furent pas également accueillis ; mais les Talleyrand, les Bruix, les Rœderer, les Regnault de Saint-Jean-d'Angely, trop fins pour ne pas le deviner, trop habiles pour ne pas s'insinuer dans sa confiance, furent, à juste titre, distingués de la tourbe qui s'agitait en tous sens auprès de lui, et devinrent les principaux instruments de la révolution du 18 brumaire.

Tant que Bonaparte eut l'espoir de renverser Sieyès, il ne voulut pas entendre parler de lui; mais, se voyant obligé d'abandonner son premier plan, il se rapprocha enfin de ceux qui lui représentèrent qu'au lieu de chercher à se concilier les suffrages des personnes qui s'obstinaient à le tenir éloigné du gouvernement, il devait bien plutôt s'entendre avec le seul membre du Directoire disposé à le servir, avec ce même Sieyès qu'il voulait écarter ; que Sieyès n'était point un prêtre gourmandé par ses scrupules ; que, loin de se croire lié par les serments qu'il avait faits à la constitution, il n'était occupé que du projet de lui substituer un gouvernement de sa façon.

« D'ailleurs, avec Sieyès, vous avez, ajoutèrent-ils, un

« avantage que ne pourrait vous offrir aucun des autres « directeurs, c'est de trouver un parti tout formé. Vous ne « pouvez vous flatter de vous en faire un parmi les républi- « cains; c'est donc parmi ceux qui les traitent de jacobins « qu'il faut le chercher, et c'est précisément le parti de « Sieyès.

« Pour réussir dans une révolution, il faut avoir des mo- « tifs, de grands motifs à faire valoir. Dans la position où « se trouve la république (partout triomphante), vous ne « pouvez supposer qu'elle ait des dangers à craindre de la « part des puissances qu'elle a vaincues... Les commotions « intérieures peuvent donc seules vous fournir un prétexte « imposant. Depuis que Sieyès est dans le Directoire, il ne « cesse de crier contre les jacobins. Avec lui, il vous sera « facile de vous prévaloir des projets qu'il leur suppose. « Grand nombre de bons Français, déjà terrifiés par ses dé- « clamations, qui ne craignent rien tant que le régime de « la terreur, vous regarderont comme leur libérateur. Les « républicains énergiques ne se laisseront pas aveugler par « toutes ces suppositions, mais les hommes faibles, qui ne « se sont faits républicains que parce qu'ils voulaient être « quelque chose, subiront telle métamorphose qui vous con- « viendra; et soyez même certain que les avantages offerts « à tous ceux qui marcheront sous votre bannière feront « passer bien des déserteurs dans votre camp. »

Bonaparte, qui, dans le cours de sa carrière politique, s'est trop souvent montré aussi peu délicat sur le choix de ceux dont il faisait ses agents que sur celui des moyens favorables à son ambition, écouta ces propositions en homme honteux de recourir à ce dernier moyen, et pourtant décidé à l'adopter s'il ne peut faire autrement. Il méprise Sieyès, c'est en le renversant qu'il voudrait se placer à la tête du gouvernement français; mais si ce prêtre se trouve le seul qui puisse l'y porter, l'essentiel pour lui étant de parvenir au but qu'il se propose, il est prêt à s'associer à Sieyès, qu'il méprise, à faire avec lui la révolution du 18 brumaire.

Bonaparte cependant balance encore; l'une des créatures

le plus favorisées de la révolution ne voudrait pas déserter ses drapeaux aussi brusquement que ceux de son armée. Au moment de renverser la république, Bonaparte affecte de s'entourer de républicains; il les accueille, il les invite, il ne cesse de leur donner des preuves d'une attention particulière.

Dînant chez lui en petit comité, quelqu'un ayant parlé de la difficulté de se procurer l'ambre dont les Orientaux forment des embouchures aux tuyaux de leur youka, à l'instant Bonaparte en tire de son secrétaire deux ornées de petites pierreries et d'une assez belle dimension, qu'il avait rapportées d'Égypte, me prie d'en choisir une, et donne l'autre au général représentant du peuple Desaix. « C'est une ba-« gatelle, nous dit-il, que des républicains peuvent offrir et « recevoir. »

Bonaparte publie que le directeur Moulins le voyait sans cesse, que moi-même je lui rendais d'assez fréquentes visites. Hé oui!... nous ne cessions, Moulins et moi, de placer sous ses yeux le tableau de nos victoires journalières, de l'inviter à se mettre lui-même à la tête d'une de nos armées, et à sortir de son inactivité.

Un jour lui ayant parlé de l'espoir d'une paix prochaine :
— « Est-ce que vous seriez, me dit-il, d'avis d'une paix géné-« rale?... Vous auriez tort, président. Une république ne « doit faire que des paix partielles; il faut toujours se mé-« nager une petite guerre pour entretenir l'esprit militaire.
— « Ne voulant pas éternellement guerroyer, lui répliquai-je « peut-être trop vivement, ce n'est pas l'esprit militaire que « je serais le plus jaloux d'entretenir, mais des sentiments bien « autrement essentiels : l'amour sacré de la patrie, de la li-« berté, sans laquelle il n'y a point de patrie; en un mot, « l'enthousiasme civique, avec lequel une nation libre trou-« vera toujours des soldats invincibles, et sans lequel elle « n'aura jamais que des instruments dangereux, des armes « à deux tranchants, des hommes non moins avides de pou-« voir que de gloire, aussi à craindre du pays qu'ils défen-« dent que de ceux qu'ils attaquent. »

Bonaparte parut extrêmement mécontent, et le lendemain Monge m'apprit qu'en lui rendant compte de notre conversation, il lui avait dit avec humeur : « Je croyais Gohier plus homme d'État ! »

§ 5.

Voyant que Bonaparte ne se disposait pas à se rendre à nos invitations individuelles, nous pensâmes qu'il était urgent de les lui adresser officiellement, en séance particulière au Directoire.

Sieyès fut le seul à s'y opposer.

— « Au lieu de nous plaindre de son inactivité, félicitons-« nous-en plutôt, dit-il avec véhémence; loin de mettre des « armes entre les mains d'un homme dont les intentions sont « aussi suspectes, loin de vouloir le replacer sur un nouveau « théâtre de gloire, cessons de nous occuper de lui davantage, « et tâchons, s'il est possible, de le faire oublier. »

Faire oublier Bonaparte!... Par quel motif Sieyès s'opposait-il aussi fortement à ce qu'on lui déférât le commandement d'une de nos armées? Craignait-il véritablement qu'il ne s'en servît pour faire sa révolution avec un autre que lui? ou plutôt dès lors n'avait-il pas avec ses entremetteurs des intelligences qu'il voulait couvrir d'un voile, et qu'il craignait de voir interrompre si le général s'éloignait trop subitement de Paris? Le rapport d'un propos échappé à Barras dans une de nos séances, sur la fortune que le *petit caporal* avait faite dans ses campagnes d'Italie, et dont Bonaparte ne pouvait avoir eu connaissance que par l'indiscrétion de l'un de nous, le ferait assez soupçonner.

Appelé au Directoire, Bonaparte ne fut pas plus tôt introduit dans la salle des séances, qu'avant de savoir ce que nous voulions lui demander, il prend la parole :

— « On a avancé ici, nous dit-il d'un ton assez brusque, « que *j'avais assez bien fait mes affaires en Italie pour n'avoir « pas besoin d'y retourner*. C'est un propos indigne, auquel, « certes, ma conduite militaire n'a jamais donné lieu. Au reste,

« s'il était vrai que j'eusse fait de si bonnes affaires en Italie, « ce ne serait pas, ajouta-t-il en fixant les yeux sur Barras, « aux dépens de la république que j'aurais fait ma fortune.

— « J'ignore, m'empressai-je de répondre à Bonaparte, qui « a pu vous rapporter le propos qui vous blesse. Personne « ici n'incrimine votre conduite en Italie; mais je dois vous « faire observer que, commandant au nom de la république « et pour la république, vous ne pouviez conquérir qu'en « son nom et pour elle; que les effets précieux renfermés « dans les caissons du général en chef ne lui appartiennent « pas plus que la poule dans le sac du malheureux soldat « qu'il fait fusiller. Si vous aviez réellement fait fortune en « Italie, ce ne pourrait être qu'aux dépens de la république.

— « Ma prétendue fortune, répliqua Bonaparte, est une fa- « ble que ne peuvent croire ceux mêmes qui l'ont inventée.

— « Le Directoire est bien persuadé, général, que les lauriers « dont vous vous êtes couvert sont les plus précieux trésors que « vous ayez rapportés d'Italie, et c'est pour vous offrir de « nouvelles occasions de gloire qu'il a désiré vous entretenir. « Un général tel que vous ne peut rester inactif quand de « toutes parts les armées de la république combattent et « triomphent. Votre présence plus longtemps à Paris serait « tout à la fois un sujet d'inquiétude et de mécontentement « pour les amis de la république, qui ne se sont réjouis de « votre retour que dans l'espoir de vous revoir à la tête de « ses défenseurs. Ils ne nous pardonneraient pas, ils ne « vous pardonneraient pas à vous-même, si leurs vœux tar- « daient à être remplis.

« Le Directoire vous laisse le choix de l'armée dont il a « arrêté de vous donner le commandement. »

## § 6.

Bonaparte répondit froidement à nos instances, demanda encore quelque temps pour rétablir sa santé, et se retira. Ce fut la dernière fois qu'il parut à nos séances.

Bonaparte prétend que, devenu le centre auquel aboutissaient tous les partis, chacun voulait l'avoir à la tête du sien. Il va jusqu'à supposer que Bernadotte, Augereau, Jourdan, Marbot, et d'autres citoyens aussi distingués, qu'il place à la tête *des meneurs des plus chauds jacobins*, *lui offrirent une dictature militaire, lui proposèrent de le reconnaître pour chef et de lui confier les destinées de la république, pourvu qu'il secondât les principes de la société du Manége*[1]. Invention aussi absurde qu'atroce!

Si des représentants de la nation, des généraux aussi estimés du peuple que de l'armée, un ex-ministre de la guerre cher aux républicains, un ancien commandant de la 17e division dont le nom seul eût électrisé la nombreuse garde nationale de Paris; si des hommes de cette trempe avaient été capables de lui faire de pareilles propositions, à qui les *Mémoires de Sainte-Hélène* persuaderont-ils qu'elles eussent été rejetées par celui qui, après avoir cherché inutilement à se créer un parti parmi les républicains, s'est vu réduit à se jeter dans les intrigues contre-révolutionnaires d'un homme qu'il avait accablé de son mépris, à conspirer avec Sieyès!...

Lorsque Bonaparte attribue aux hommes les plus respectables, les plus intacts de la révolution, des propositions que démentent tout à la fois leur caractère et leurs principes, il rend cependant justice aux louables motifs qui nous engagèrent, Moulins et moi, à le presser de se rendre à l'armée; il nous fait grâce de l'*arrière-pensée* qu'il suppose à Barras.

Je ne suis point le défenseur officieux de Barras, qui existe et qui est très-capable de se défendre, mais je ne puis m'empêcher de faire remarquer l'ingrate inconvenance d'accuser d'*ignorance présomptueuse* celui qui a eu assez de perspicacité pour le distinguer au siége de Toulon, lorsqu'il n'était encore qu'un simple officier d'artillerie; pour le placer à la tête des citoyens qui défendirent la Convention au 13 vendémiaire, lorsqu'il était destitué par Aubry; pour le nom-

[1] Gourgaud, tom. I, page 64.

mer ensuite, malgré sa grande jeunesse, général en chef de l'armée d'Italie.

Les hommes du 18 brumaire pourront continuer de dire que Bonaparte ne doit son élévation qu'à son génie; mais combien d'hommes du plus grand génie végètent dans l'obscurité, parce qu'on ne leur a pas fourni l'occasion de développer leurs talents! C'est dans ce sens que Bonaparte est bien réellement la créature de Barras, qui a su en prendre acte dans le titre de sa défection, reçu par Bonaparte avec des transports de joie, et sans lequel il n eût pas fait son 18 brumaire.

Malgré la manière dont il s'exprime aujourd'hui sur le compte de Barras, il paraîtrait cependant, d'après la relation même de son dîner chez ce directeur, le 8 brumaire, qu'il eût préféré de faire sa révolution avec lui, puisqu'il convient n'avoir définitivement pris son parti qu'à l'issue de ce dîner.

Barras, suivant cette relation[1], ayant, en sortant de table, fait tomber la conversation sur situation de la république, est le premier à déclarer qu'il est impossible de marcher avec la constitution de l'an III, à convenir de la nécessité d'une dictature; annonce une sorte de résolution de se retirer, d'abandonner les rênes du gouvernement, prêtes à lui échapper, en convenant qu'il était totalement *usé dans l'opinion,* et que la république a besoin d'hommes nouveaux pour la gouverner; parle du général Hédouville, et a l'indiscrétion de l'indiquer comme l'homme qu'il convenait d'investir de la magistrature suprême.

Bonaparte ne voit dans cette indication, qui lui paraît singulière, que le désir hypocrite de Barras d'appeler l'attention sur lui-même, et, sans lui répondre, le foudroie d'un regard qui lui fait baisser les yeux.

« La conversation finit là. Le général Hédouville, conti-
« nue Bonaparte dans ses *Mémoires*, était un homme d'une

1 Gourgaud, tome I, page 69.

« excessive médiocrité; Barras ne disait pas sa pensée, sa « contenance trahissait son secret.

« Cette conversation fut décisive. Napoléon descendit chez « Sieyès; il lui fit connaître qu'il était résolu de marcher « avec lui, et qu'il venait lui en donner l'assurance positive.

« Bonaparte ajoute que, de retour à sa petite maison de « la rue Chantereine, il trouve chez lui Fouché et Réal, à « qui il raconte la scène qui s'est passée chez Barras, sans « laisser apercevoir sur sa figure immobile des traces de « l'impression qu'elle lui avait causée [1]; que ces deux hom- « mes, également attachés à Barras, consternés de ce récit, « courent chez ce directeur, qui le lendemain matin à huit « heures, et au bord du lit de Bonaparte, s'excuse comme « il peut sur son indiscrétion de la veille, et, pour se récon- « cilier avec l'ambitieux, reconnaît que *lui seul peut sauver* « *la république;* lui déclare *qu'il vient se mettre à sa disposi-* « *tion*, *faire tout ce qu'il voudra*, *prendre le rôle qu'il lui don-* « *nera*, et finit *par le prier de lui donner l'assurance que*, *s'il* « *méditait quelque projet*, *il compterait sur Barras.* »

Mais, suivant toujours cette version, Napoléon, *ayant déjà pris son parti*, *s'étant engagé avec Sieyès*, se borne à des réponses évasives, dont sans doute Barras n'eût pas été plus la dupe que Bonaparte ne l'avait été du langage précédent qu'il suppose à Barras.

C'est à Barras à s'expliquer sur les faits qu'on lui impute; mais, quelle que soit sa réponse, il résultera toujours incontestablement des assertions contenues dans ces *Mémoires* l'aveu important, pour l'histoire du 18 brumaire, qu'avant le dîner chez Barras, Bonaparte n'avait pas encore absolument pris son parti, que le 8 brumaire il était encore irrésolu s'il s'accolerait à Sieyès, et que ce ne fut qu'après s'être convaincu de ne pouvoir compter sur Barras même qu'il prit cette honteuse et coupable résolution.

1 Gourgaud, tom. I, page 70.

## § 7.

Sieyès, qui avait pressenti les événements qui se préparaient, et qu'avait si longtemps alarmé le mépris dont Bonaparte avait affecté de l'accabler jusqu'alors, dut être agréablement surpris des dispositions définitives que vint lui annoncer Bonaparte lui-même.

La réunion de Bonaparte à Sieyès une fois effectuée, la conspiration marche à grands pas, tous les confédérés se mettent en campagne. Lucien, le plus jeune du Conseil des Cinq-Cents, qui, jusqu'alors, s'était toujours montré à la tête des républicains les plus énergiques, et auquel ces mêmes républicains, au retour de Bonaparte, avaient déféré l'honneur de les présider, pour honorer le général dans la personne de son frère, Lucien n'est pas le moins actif ni le moins adroit des conjurés. Abusant de l'ascendant que lui donne sa présidence, et des talents qu'il a dans la suite déployés d'une manière si funeste, il entretient avec habileté l'enthousiasme des uns, calme la méfiance des autres, et, à force d'adresse, parvient à vaincre la répugnance de la majorité de ses collègues, qui refusait de prendre part au banquet solennel que le Conseil des Anciens avait arrêté de donner à Bonaparte, *par souscription.*

Jamais réunion de citoyens n'offrit un spectacle moins national, jamais banquet civique ne fit éclater moins de sentiments républicains. La libre et franche gaieté qui animait toutes nos fêtes en fut elle-même bannie. Au lieu de se féliciter les uns les autres sur nos victoires, il semblait qu'on cherchait à s'interroger sur quelque pressentiment sinistre; chacun s'observait et était en même temps observé. Des toasts de commande étaient portés sans enthousiasme et répétés de même. Ces airs chéris, si propres à exalter le patriotisme français, ne semblaient déjà se faire entendre que pour inspirer de douloureux souvenirs.

La fusion s'était opérée; et le banquet n'était destiné qu'à célébrer l'étrange amalgame des plus exaltés démocrates avec les anti-constitutionnels que Sieyès traînait à sa suite.

Aussitôt que Bonaparte eut dîné, il se lève, fait le tour des tables avec Berthier, adresse aux députés les plus marquants des choses flatteuses, analogues aux sentiments qu'il leur connaît, et disparaît, sans attendre que les représentants du peuple qui l'avaient invité aient dîné eux-mêmes.

Bonaparte n'avait pas un moment à perdre; tous les foyers de la conspiration étaient en feu, et une étincelle indiscrète pouvait prévenir l'embrasement. On conspirait au Directoire, chez Sieyès; on conspirait dans les deux Conseils. Les salles des inspecteurs étaient les principaux rendez-vous des conjurés; et, pour ne pas trop attirer les regards sur ces rassemblements, on se réunissait encore alternativement chez les principaux membres de ces commissions.

On conspirait au département, et c'était dans ce foyer que Réal et d'autres créatures de Fouché travaillaient à neutraliser les douze municipalités de Paris, en s'assurant des commissaires qui siégeaient auprès d'elles.

Plus les fils de la conspiration s'étendaient, et plus il y aurait eu à craindre que l'autorité contre laquelle on conjurait ne parvînt à les saisir, si on eût moins pris de précautions pour les dérober à nos regards. Mais lorsque la conjuration siégeait dans le palais directorial même, lorsqu'elle y tenait ses assises, était présidée par un des membres du Directoire, qui aurait pu, qui aurait osé dire au Directoire : Vous êtes entourés de traîtres!... Notre ministre de la police? C'était un des chefs des conjurés, qui n'a paru devant nous que pour nous annoncer leur premier attentat!...

Ah! si le ministère organisé après le 30 prairial n'eût pas été mutilé; si, à la police, un homme probe n'eût pas été remplacé par un homme pervers; si Bernadotte était resté au ministère de la guerre; si Marbot n'eût pas cessé de commander la 17e division, certes le 18 brumaire n'eût pas eu lieu. Le conspirateur Sieyès, démasqué, eût attiré sur sa tête la justice nationale, et Bonaparte n'eût pas terni l'éclat de ses brillantes campagnes d'Italie par la coupable et honteuse campagne de Saint-Cloud!

Mais l'infernal génie qui infestait le Directoire avait eu soin de nous isoler des hommes dont la présence eût imposé aux conspirateurs, ou qui eussent déjoué leurs projets.

§ 8.

Cependant Bonaparte n'était pas encore parfaitement tranquille; pour achever de le rassurer, il fallait pouvoir nous plonger dans une aveugle sécurité, et le moyen qu'il emploie est tel, qu'à moins de regarder Bonaparte comme un fourbe dépourvu de tous les sentiments qu'on retrouverait dans le dernier de nos militaires, le plus léger soupçon ne nous était plus permis.

*Bonaparte s'engage à dîner chez moi avec sa famille le* 18 *brumaire!...*

Franchement, je l'avouerai, cet engagement seul m'eût fait repousser tous les avertissements qu'on aurait pu me donner sur la fatale journée qui se préparait. Je savais bien que Bonaparte était un ambitieux, j'en avais les preuves; mais pouvais-je le croire d'une si noire perfidie?

Tous les agents de la conspiration étant réunis, il était urgent de convenir des mesures à prendre pour la faire réussir. Bonaparte était trop habile pour se dévoiler tout entier à cette foule de conjurés subalternes, qui n'étaient propres qu'à marcher sous l'étendard qu'on ferait briller à leurs yeux. C'est dans le conseil intime des principaux conjurés que la translation du Corps législatif à Saint-Cloud fut résolue; c'est là que le décret fut rédigé; qu'il fut convenu que l'exécution en serait confiée à Bonaparte; que, sous le prétexte de le charger de veiller à la sûreté du Corps législatif, toutes les forces militaires qui se trouvaient dans Paris et dans les environs seraient mises à sa disposition.

Les conseillers de Bonaparte étaient trop instruits pour ignorer que les Anciens n'avaient ni le droit d'enlever au directoire l'exécution de leur décret, ni celui d'investir Bonaparte d'un commandement militaire, que ce même Directoire pouvait seul lui conférer. Mais si le Conseil des Anciens se fût renferme dans les limites de son pouvoir, s'il se fût borné, comme il le devait, à transférer les séances du Corps législatif à Saint-Cloud, les conjurés n'eussent pas été plus avancés à Saint-Cloud qu'à Paris; ainsi tout dépendait du succès de ce premier attentat à la constitution.

## § 9.

Les dispositions connues des membres les plus influents des Anciens, où l'hypocrite politique de Sieyès lui avait ménagé le plus de partisans, ne donnaient pas lieu de craindre une opposition constitutionnelle bien sérieuse, et l'on comptait sur l'adresse de Lucien aux Cinq-Cents.

Une fois rendu à Saint-Cloud, c'était à ce conseil que les projets ultérieurs devaient être d'abord présentés; et comme l'on ne pouvait imaginer qu'on pût jamais parvenir à les faire adopter sans discussion, après les avoir rédigés avec art, il fallait, avec non moins d'art encore, établir les moyens que devaient faire valoir les orateurs chargés de les défendre. Les discours comme les projets furent préparés d'avance dans le conseil intime que Bonaparte s'était formé.

Bonaparte nous apprend aujourd'hui que Sieyès, qui connaissait les républicains qu'on aurait à combattre, était d'avis qu'on commençât par faire arrêter ceux qu'on ne pouvait espérer de convaincre; qu'on déportât les récalcitrants présumés, au lieu de les haranguer.

Quoique les *Mémoires de Sainte-Hélène* nous présentent cet audacieux projet comme une preuve de la sage prévoyance de Sieyès, et qu'ils ajoutent que les événements ultérieurs ont prouvé qu'il avait raison, Bonaparte, trop prudent pour s'abandonner aux fureurs du prêtre, dès le premier pas de sa marche contre-révolutionnaire, trouva l'expédient favori de son complice un peu trop prématuré.

JOURNÉE DU 18 BRUMAIRE.

§ 10.

A minuit, le 17 brumaire, madame Bonaparte me fit remettre cette invitation par Eugène Beauharnais, son fils :

Au citoyen Gohier, président du Directoire exécutif de la république française.

Ce 17 brumaire an VIII.

« Venez, mon cher Gohier, et votre femme, déjeuner avec moi demain « à huit heures du matin. N'y manquez pas ; j'ai à causer avec vous « sur des choses très-intéressantes.

« Adieu, mon cher Gohier, comptez toujours sur ma sincère amitié.

« LAPAGERIE BONAPARTE. »

L'heure qui m'était indiquée par la bonne Joséphine me fut suspecte. « Tu iras au rendez-vous, dis-je à ma femme, « et tu diras à madame Bonaparte que je ne puis me rendre « à son invitation, mais que dans la matinée j'aurai l'honneur de la voir. »

Bonaparte, voyant ma femme arriver seule, fronça le sourcil : « Quoi! dit-il, le président ne vient pas?

— « Non, général ; il ne lui est pas possible....

— « Il faut absolument qu'il vienne, répliqua Bonaparte. « Écrivez-lui, madame, et je vais lui faire porter votre lettre.

— « Je vais lui écrire, général, et j'ai des gens ici qui se chargeront de ma lettre. »

Ma femme prit la plume et m'écrivit ces mots :

« Tu as bien fait de ne pas venir, mon ami ; tout ce qui « se passe ici m'annonce que l'invitation était un piége. Je « ne tarderai pas à te rejoindre..... »

Dès que ma femme eut fait porter sa lettre, madame Bonaparte vint à elle. « Tout ce que vous voyez doit vous faire « pressentir, madame, ce qui doit infailliblement arriver. Je

« ne puis vous exprimer, lui dit-elle, combien je suis dé-« solée de ce que Gohier ne se soit pas rendu à mon invi-« tation, concertée avec Bonaparte, qui désire que le prési-« dent du Directoire soit un des membres du gouvernement « qu'il se propose d'établir. En lui envoyant ma lettre par « mon fils, c'était assez lui marquer toute l'importance que « j'y attachais.

— « Je vais, madame, aller le rejoindre, lui répond ma « femme; ma présence est de trop ici.

— « Je ne vous retiendrai pas, continua madame Bonaparte. « En vous rendant auprès de votre mari, dites-lui qu'il ré-« fléchisse bien et réfléchissez vous-même avec lui sur le « vœu que j'ai été autorisée à vous manifester. Ce n'est pas « son intérêt seulement, mais des intérêts qui lui sont plus « chers encore que pourrait compromettre une opposition « de sa part. L'influence que Sieyès et les siens vont avoir « sur les événements qui se préparent dépend du parti que « prendra le président. Employez, je vous en conjure, ma-« dame, toute votre influence pour l'engager à venir.

— « Madame Bonaparte me connaît assez, connaît assez mon « mari, pour savoir que de mon influence ne dépendra « jamais sa conduite politique.

— « Je dois encore vous prévenir, ajouta madame Bonaparte, « qu'en ce moment Talleyrand et Bruix sont chez Barras, « pour lui demander sa démission, qu'il ne refusera pas « sans doute. Au reste, ils sont autorisés à lui déclarer que « Bonaparte est bien déterminé à employer tous les moyens, « la force même, s'il ose faire la moindre résistance. »

Avant de recevoir la lettre de ma femme, j'étais déjà trop instruit. A peine était-elle sortie pour se rendre à l'invitation de madame Bonaparte, que Fouché vint m'annoncer le décret qui transférait les séances du Corps législatif à Saint-Cloud.

— « Par quel étrange événement, lui dis-je, un mi-« nistre du Directoire se trouve-t-il transformé en un messa-« ger du Conseil des Anciens ?

— « J'ai cru, répondit le traître, qu'il était de mon devoir

« de m'empresser de vous faire connaître une résolution
« aussi importante, et de venir prendre vos ordres.

— « Votre devoir, ministre, était de prévenir cette résolu-
« tion, qui n'est, sans doute, que le prélude de celles arrêtées
« dans les conciliabules que votre police ne devait pas nous
« laisser ignorer. Si le Directoire a des ordres à donner, il
« les adressera à des hommes dignes de sa confiance. Vous
« pouvez retourner vers ceux qui vous envoient, ajoutai-je
« en lui tournant le dos. »

Fouché était, en effet, envoyé pour savoir le parti qu'aurait pris le Directoire en recevant le décret de translation.

Fouché n'était pas sorti, qu'une lettre de la commission des inspecteurs du palais des Anciens m'annonça le même décret, sans m'en faire connaître toute la teneur. Cette lettre porte :

« Citoyen président,

« La commission s'empresse de vous faire part du décret de trans-
« lation de la résidence du Corps législatif à Saint-Cloud.

« Le décret va vous être expédié, mais des mesures de sûreté exi-
« gent des détails dont nous nous occupons.

« Nous vous invitons à venir à la commission des inspecteurs des
« Anciens, vous y trouverez vos collègues Sieyès et Ducos.

« Salut fraternel.

« *Signé:* Baraillon, Fargues, Cornet. »

Avant la réception de ce message, j'avais déjà convoqué tous les membres du Directoire.

## § 11.

Le prévoyant Sieyès, qui, pour se ménager sans doute un moyen facile d'évasion, montait depuis quelque temps tous les jours à cheval, qui faisait dans le jardin du Luxembourg un cours d'équitation assez ridicule, n'avait pas attendu ma convocation, dont il connaissait d'avance les motifs; press de se rendre à la commission des Anciens, cet écuyer de fraîche date s'était fait amener son docile coursier, sous le prétexte de faire sa promenade ordinaire, et, la première fois de sa vie, donna de l'éperon pour arriver plus vite.

Roger-Ducos, dominé par le funeste ascendant que Sieyès avait pris sur lui, n'avait pas tardé à le suivre.

Barras était dans son bain. Barras ne se dissimula pas plus que moi les événements dont nous étions menacés, et ne parut pas moins déterminé à leur résister. Je lui annonçai la fuite de nos collègues; et cette désertion combinée, qui ne l'étonna point, ne sembla rien changer à ses dispositions.

— « Je sens comme vous, me dit-il, tout ce qu'exige de nous « la crise où nous nous trouvons. Je vais envoyer Bottot à « la découverte. Rendez-vous à la salle de nos délibérations, « et comptez sur moi.

— « J'y compte, lui dis-je; et, malgré la désertion de nos « deux collègues, s'il reste encore à la république un Direc- « toire pour la défendre, réuni aux amis de la liberté, aux « républicains qui forment la majorité des deux Conseils, « nous la verrons sortir de cette nouvelle conspiration « triomphante et plus puissante que jamais. »

Satisfait des dispositions de Barras, je me rends de suite dans la salle de nos séances, et Moulins ne tarda pas à s'y rendre lui-même. Mais en vain attendîmes-nous le troisième collègue sans la présence duquel nous ne pouvions prendre aucune délibération.

Barras ne parut point. Ce n'est qu'à l'arrivée de ma femme que, par le récit de son entretien avec madame Bonaparte, la cause de l'absence de Barras nous fut révélée.

Je cours à l'instant chez lui, pour lui rappeler l'engagement qu'il venait de prendre avec moi, et le mettre en garde contre toutes les propositions qu'on pourrait lui faire; mais du moment que Talleyrand et Bruix se furent introduits auprès de Barras, toute communication fut rompue; il me fut impossible de parvenir jusqu'à lui.

La diplomatie de l'Europe connaît les talents de Talleyrand, et l'amiral Bruix, un des premiers officiers de la marine française, n'avait pas un esprit moins délié.

Je dois au premier la justice de déclarer qu'aucun ministre n'a rendu de plus grands services à la république, tandis qu'il a eu le portefeuille des relations extérieures : mais Talleyrand est un de ces hommes qu'il faut constamment employer, ou dont on ne doit jamais se servir. Le Directoire fut malheureusement obligé de recevoir sa démission, impérieusement demandée par les mêmes hommes qui ont figuré dans toutes les époques où il y a eu des proscriptions : *Ou renvoyez Talleyrand, ou nous rapportons le décret de sa radiation...* Doit-on s'étonner si avec le caractère qui le domine, il n'est pas resté inactivement fidèle à un régime sous lequel était menacée son existence civile et politique?

Pendant que les deux plus habiles négociateurs de la France s'emparaient de Barras, nous nous opposions, Moulins et moi, de tout notre pouvoir à la marche inconstitutionnelle du Conseil des Anciens. Je répondis au président de la commission, qui invitait le Directoire à venir délibérer avec elle sur *les mesures de sûreté qu'exigeaient les détails dont elle s'occupait,* que, suivant la constitution (art. 103), aucun des membres des deux Conseils ne pouvait, dès que le décret était rendu, délibérer dans le lieu d'où les séances étaient transférées ; que la commission des Anciens s'était paralysée elle-même par l'émission de son décret, dont l'exécution appartenait au Directoire seul ; mais que, jaloux de nous entourer des lumières des représentants du peuple, nous engagions les membres de cette commission à se transporter eux-mêmes dans la salle de nos séances.

J'invitai ensuite le général Lefebvre, qui commandait la 17e division militaire, à venir rendre compte au Directoire des mesures qu'il avait dû prendre, dans ces moments de crise, pour assurer la tranquillité de Paris.

Lefebvre me répondit que le décret des Anciens ayant été notifié, il avait donné sa démission.

Je regrette qu'un homme aussi brave ait abandonné son poste le jour du péril. Je devais d'autant moins croire qu'il eût marché à la suite de Bonaparte contre les autorités qui lui avaient donné toute leur confiance, que, la veille même du 18 brumaire, il m'assurait, en me serrant dans ses bras, qu'il ferait un rempart de son corps au président du Directoire si jamais on attaquait la République. Croyait-il qu'elle n'était pas attaquée par la journée du 18 brumaire?

Bonaparte déclare, dans ses *Mémoires*, que le général Lefebvre n'était pas dans le secret de la conspiration; qu'il n'en était pas même encore instruit dans la nuit du 17 au 18, au moment où il le fit inviter à venir le joindre. Dans tous les cas, il devait remettre du moins entre nos mains le commandement qu'il ne tenait que de nous.

Au reste, il n'était pas impossible de remplacer le général Lefebvre. Un de nos premiers généraux qui ne parut, au 18 brumaire, chez Bonaparte que pour lui déclarer qu'il ne serait pas son complice, appelé à le combattre, eût répondu avec empressement à notre appel.

Mais *aucune délibération*, suivant l'acte constitutionnel, *ne pouvait être prise par le Directoire exécutif s'il n'y avait trois membres présents au moins.* L'abandon de nos deux transfuges et l'absence de Barras paralysèrent la puissance directoriale dans nos mains, et ce fut la constitution elle-même qui nous mit dans l'impuissance de la défendre.

## § 12.

Un second message de la commission des inspecteurs des Anciens nous apporte enfin l'expédition officielle du fameux décret.

« Le conseil des Anciens, en vertu des articles 102, 103 et 104 de la « constitution, décrète ce qui suit :

« Art. 1er. Le Corps législatif est transféré dans la commune de « Saint-Cloud; les deux Conseils y siégeront dans les deux ailes du « palais.

« Art. 2. Ils y seront rendus demain, 19 brumaire, à midi. Toute « continuation de fonctions, de délibérations, est interdite ailleurs et « avant ce terme.

« Art. 3. Le général Bonaparte est chargé de l'exécution du présent « décret; il prendra toutes mesures nécessaires pour la sûreté de la « représentation nationale.

« Le général commandant la 17ᵉ division militaire, la garde du « Corps législatif, les gardes nationales sédentaires, les troupes de « ligne qui se trouvent dans la commune de Paris, dans l'arrondisse« ment constitutionnel et dans toute l'étendue de la 17ᵉ division, sont « mis immédiatement sous ses ordres, et tenus de le reconnaître dans « cette qualité : tous les citoyens lui prêteront main-forte à sa pre« mière réquisition.

« Art. 4. Le général Bonaparte est appelé dans le sein du conseil « pour y recevoir une expédition du présent décret et prêter serment. « Il se concertera avec les commissions des inspecteurs des deux Con« seils.

« Art. 5. Le présent décret sera de suite transmis par un messager « au Conseil des Cinq-Cents et au Directoire exécutif. Il sera imprimé, « affiché, promulgué, et envoyé dans toutes les communes de la ré« publique par des courriers extraordinaires. »

Pourquoi, d'abord, la simple annonce de ce décret, au lieu de son expédition? C'est que l'on craignait que le Directoire et le Conseil des Cinq-Cents ne se fussent réunis pour combattre ses dispositions inconstitutionnelles, et que les débats amenés par leur opposition n'eussent engagé une lutte qu'on ne se croyait pas sûr d'être en état de soutenir.

Aussi l'expédition ne nous en fut-elle adressée qu'après avoir surpris l'adhésion du Conseil des Cinq-Cents, qu'après avoir fait ajourner ses séances à Saint-Cloud par Lucien Bonaparte, dont la fatale présidence fut le premier moyen sur lequel s'appuya la conjuration, celui qui a le plus contribué à la faire réussir.

Le décret, au reste, rédigé dans le conciliabule des conjurés, n'appartenait au Conseil des Anciens que par la complaisance avec laquelle il se l'était laissé imposer. C'est dans la *notice* de M. le comte de Cornet qu'il faut voir avec quelle adresse son acceptation fut escamotée; comment le président de la commission (auteur de la notice) sut, en faisant *fermer contrevents et rideaux*, dérober au public *le travail qui se faisait dans ses bureaux la nuit du* 17 *au* 18: comment, en

4

faisant distribuer, à des heures différentes, ses lettres de convocation, en raison des sentiments connus de ceux à qui on les adressait; comment, en ne convoquant pas du tout soixante à quatre-vingts membres dont on redoutait l'*audace*, on parvint à composer une majorité factice, disposée à tout accueillir.

Tous les membres sur lesquels on pouvait compter étant réunis, il fallait bien les haranguer. C'est encore M. le comte de Cornet qui, après avoir signalé son adresse, va faire briller son éloquence!... « Citoyens représentants, leur dit-« il, il n'y a plus de corps représentatif!... il n'y a plus de « liberté!... il n'y a plus de république!... Les symptômes les « plus alarmants se manifestent depuis plusieurs jours!... les « rapports les plus sinistres nous sont faits!... votre com-« mission des inspecteurs sait que les conjurés se rendent « en foule à Paris; que ceux qui s'y trouvent déjà n'attendent « qu'un signal pour lever leurs poignards sur les représen-« tants du peuple, sur les membres des premières autorités « de la république!...

« Si de promptes mesures... si le Conseil des Anciens ne « met pas la patrie et la liberté à l'abri des plus grands « dangers qui les aient encore menacées... *l'embrasement* de-« vient général!... on ne pourra plus en arrêter les dévo-« rants effets!... la patrie sera *consumée!...*

« Représentants du peuple, continue l'orateur, prévenez « cet affreux incendie, ou la république aura existé!... et « *son squelette sera entre les mains des vautours, qui s'en dis-« puteront les membres décharnés!...* »

Tout ce pathos n'était qu'une fable grossièrement imaginée, que le renouvellement de l'infâme diatribe d'un homme couvert du mépris public, dont un député qui se respecte, dont le citoyen Cornet, même en parlant son langage, n'eût osé citer le nom.

Mais cette foule de conjurés arrivant à Paris, ces poignards levés pour frapper, au premier signal, la république transformée en un squelette, cette nuée de vautours qui, passionnés pour les squelettes, s'en disputeraient les membres décharnés : toutes ces images terribles, qui, intérieurement, devaient faire sourire les complices de l'orateur, produisirent leur effet sur des esprits faibles, disposés à tout croire sans examen, et le décret de translation à Saint-Cloud fut adopté.

*Tout cela réussit à merveille*, nous dit le citoyen Cornet d'alors, qui paraît même encore aujourd'hui se complaire dans son ouvrage.

Voilà donc non-seulement la translation du Corps législatif à Saint-Cloud décrétée, mais le général Bonaparte chargé de son exécution, investi du commandement de la 17e division, et toutes les troupes de ligne qui se trouvent dans l'arrondissement, les gardes nationales et la garde même du Corps législatif immédiatement mises sous ses ordres.

Tel est le premier acte des conspirateurs du 18 brumaire, et ce premier acte est une infraction de l'acte constitutionnel, un excès de pouvoir de la part de l'autorité établie pour réprimer les écarts de toutes les autres.

Bonaparte ne s'endormit pas plus que le représentant du peuple Cornet, dans la nuit du 17 au 18 brumaire. Tandis que celui-ci réunissait les conjurés, Bonaparte, se confiant plus à la puissance des baïonnettes qu'à celle des traîtres qui s'étaient attachés à son char, rassemblait toutes les forces que le décret mettait à sa disposition, avant même que ce décret fût connu.

Dès huit heures du matin, il avait réuni chez lui tous les généraux sur lesquels il pouvait compter, en les invitant à déjeuner dans sa petite maison rue de la Victoire. La même invitation avait été faite à tous les adjudants des divisions de la garde nationale, et tous, en grand uniforme, s'y étaient rendus.

Bonaparte attendait dans son cabinet particulier, avec Berthier et Lefebvre, la résolution du Conseil des Anciens. Le citoyen Cornet arrive ; et fier de remplir auprès de lui les fonctions d'un messager d'État, lui apporte le décret qui remettait entre ses mains le sort de la république. Aussitôt Bonaparte, revêtu de l'uniforme de général, se présente aux militaires qu'il avait rassemblés, leur annonce qu'il est appelé au Conseil des Anciens, et les invite tous à l'accompagner au château des Tuileries. La plupart de ceux qui n'étaient pas dans le secret, frappés d'étonnement, hésitent un instant sur le parti qu'ils doivent prendre; Bernadotte seul, que son beau-frère, Joseph Bonaparte, avait amené chez son frère, lui déclare hautement qu'il n'est pas venu pour seconder son entreprise, et se retire, malgré les efforts que fait Bonaparte pour le retenir.

§ 13.

Arrivé aux Tuileries, Bonaparte se presente à la barre du Conseil des Anciens, suivi de la cohorte qui l'escortait. Le président lui fait donner lecture du décret qui l'investissait des pouvoirs que les conspirateurs étaient convenus de lui attribuer, et lui annonce qu'il va recevoir son serment. Mais, au lieu de le prêter dans la forme voulue par la constitution, la seule admissible, Bonaparte se livre à de vaines déclamations, à d'indécentes menaces contre ceux qui s'opposeraient à l'ordre qu'il a résolu d'établir; et lors même qu'il s'engage à maintenir le gouvernement républicain, il semble méconnaître la république qui existe, et trace le tableau de celle qu'il prétend lui substituer. « Nous la voulons ainsi, s'écrie-t-il audacieusement; nous l'aurons, « je le jure en mon nom et en celui de mes compagnons « d'armes. »

Tous les généraux qui étaient à la suite de Bonaparte s'écrient après lui : « Je le jure, je le jure, je le jure!... »

Cette scène, plus digne d'un jour de parade que du recueillement religieux qu'exige la prestation d'un serment, fut applaudie par tous ceux qui l'avaient préparée et qui avaient intérêt à exalter les esprits.

— « Général, le Conseil reçoit vos serments, lui répond le « président du Conseil des Anciens; il ne forme aucun « doute sur votre sincérité et votre zèle à les remplir. »

Et comme on n'eût osé rappeler à Bonaparte ses devoirs

sans le flatter : « Celui, ajoute le président, qui ne promit « jamais en vain des victoires à la patrie ne peut qu'exécuter « avec dévouement ses nouveaux engagements de la servir « et de lui rester fidèle. »

Garat veut faire observer que les sentiments manifestés par Bonaparte, quelque dignes qu'ils fussent d'applaudissements, ne pouvaient remplacer le serment constitutionnel qu'il devait prêter; mais le président lui interdit la parole, sous le prétexte qu'après le décret de translation le Conseil ne pouvait plus rester assemblé, et ajourna la séance au lendemain à Saint-Cloud.

En descendant du château, Bonaparte passe en revue les militaires qu'il avait fait rassembler dans la cour des Tuileries; et quel langage tient-il à ces troupes destinées à la grande expédition de Saint-Cloud?

*Extrait de la harangue de Bonaparte aux troupes rassemblées dans la cour des Tuileries.*

« Soldats, vos compagnons d'armes, qui sont aux frontières, sont « dénués des choses les plus nécessaires. »

Se sont couverts de lauriers, devait leur dire Bonaparte, et il n'est pas un de vous qui ne doive envier leur sort et leur gloire

« Le peuple est malheureux. »

De toutes parts des lettres de félicitation annonçaient son bonheur!

« Les auteurs de tant de maux, ce sont ces factieux contre lesquels « je vous rassemble aujourd'hui. »

Ces factieux quels sont-ils?... C'est être par trop impudent d'oser parler de factieux, lorsqu'on n'est qu'un chef de factieux soi-même!...

« J'espère sous peu vous conduire encore à la victoire. »

A la victoire facile des baïonnettes contre des représentants du peuple sans armes.

« Mais auparavant il faut réduire à l'impuissance de nuire tous ceux « qui voudraient s'opposer au bon ordre public et à la prospérité géné- « rale. »

Ah! Bonaparte, avez-vous donc oublié que c'est avec de pareils discours, avec ces dangereuses insinuations, que des monstres parvinrent à armer des hommes horribles contre d'innocentes et trop nombreuses victimes; que ce fut en leur disant qu'avant de marcher à l'ennemi qui menaçait nos frontières, il fallait empêcher que leurs femmes et leurs enfants fussent égorgés par les ennemis intérieurs qu'auraient vomis les prisons aussitôt leur départ; *qu'il fallait*, pour parler votre langage, *les réduire à l'impuissance de nuire?*

Et, en effet, les têtes furent tellement échauffées par cette impudente harangue, que, suivant le rapport d'un auteur qui se flatte d'avoir une grande part au 18 brumaire, des canonniers s'écriaient après l'avoir entendue : *Si les jacobins étaient là, comme nous les mitraillerions!*

Bonaparte ayant aperçu Bottot, secrétaire de Barras, et s'attendant à quelques propositions de sa part, fut à lui, l'entretint un instant en particulier, et, voyant qu'il s'était trompé, éleva tout à coup la voix, et se permit contre le gouvernement qu'il venait renverser l'impertinente sortie dont tous les journaux ont rendu un compte fidèle. Au reste, cette indécente déclamation était parfaitement en harmonie avec toutes les proclamations, les placards de toute espèce dont les murs de Paris se trouvèrent au même instant couverts.

Pour disposer le peuple français à recevoir les nouvelles institutions que lui réservait l'usurpateur, on accompagna les adresses dont on inonda toute la France des plus insolentes diatribes contre le gouvernement qui existait encore. Tous les journalistes furent obligés de parler le même langage; de proclamer la plus audacieuse conspiration contre la république, comme l'événement qui devait au contraire l'établir sur des bases inébranlables, comme le triomphe de la liberté et de l'égalité; d'annoncer, en un mot, comme le sauveur de la France l'ambitieux qui venait pour l'asservir.

Partout des courriers extraordinaires colportaient le mensonge et la calomnie, des homélies hypocrites sur les malheurs du peuple, mêlées aux promesses fallacieuses dont on cherchait à l'enivrer; et les courriers ordinaires de la poste étaient retardés, on arrêtait les correspondances particulières qui auraient pu le détromper.

Fouché, sous le titre même dont le Directoire l'avait honoré, et le profanant, osa faire des proclamations contre l'autorité dont il tenait ses pouvoirs, « pour rassurer, » disait-il, « les républicains, dont les vœux devaient être remplis!... » osa menacer de livrer à la justice tous ceux qui chercheraient à inquiéter les esprits sur une si heureuse entreprise!....

Il fait plus, il se met insolemment à la place du Directoire qu'il trahissait; suspend de son autorité privée les douze municipalités de Paris; ordonne aux commissaires qui étaient auprès d'elles de ne correspondre qu'avec lui seul; les déclare responsables de tous les mouvements qui pourraient éclater dans leur arrondissement.

Dans ce bouleversement anarchique, l'administration centrale du département de la Seine fut seule conservée intacte, parce qu'elle était elle-même un des principaux foyers de la conspiration.

Voulant, à l'instar de son patron, calmer aussi les alarmes de ses concitoyens, elle s'empresse de proclamer le jour du 18 brumaire comme celui qui leur promettait *la restauration de la liberté, de la propriété, l'affermissement de la république;* et Bonaparte comme *le héros qui allait acquérir une nouvelle gloire, celle de concourir, au milieu d'eux, au salut de la patrie!...*

En nous expédiant le décret de translation, la commission avait eu soin d'y joindre une copie officielle de la lettre de

Barras. Ce fut alors seulement que nous pûmes croire à sa défection !...

— « Les deux membres du Directoire qui nous ont abandonnés, dis-je alors à Moulins, seraient capables de nous « compromettre; hâtons-nous d'aller à la poursuite des « deux déserteurs, mais la constitution à la main. Portons-« leur la promulgation que nous ne pouvons nous dispenser « de faire publier sans, aux termes de la constitution, nous « rendre coupables d'attentat contre la sûreté de la répu-« blique. »

Arrivés aux Tuileries, nous trouvons les commissaires inspecteurs des deux Conseils réunis, Sieyès, Roger-Ducos, et quelques députés au milieu d'eux.

« Nous devons, dis-je aux deux directeurs transfuges, « joindre nos signatures aux vôtres pour proclamer consti-« tutionnellement la disposition du décret qui transfère « les séances du corps législatif à Saint-Cloud.

— « Le décret tout entier est proclamé, dit Sieyès; avez-« vous vu le général?... »

« G... Quel général? lui répondis-je...

« S... Le général Bonaparte.

« G... Non... mais qu'on le prévienne que le président du « Directoire est ici. »

Bonaparte ne tarda pas à paraître.

— « Je vois avec plaisir, nous dit-il, que vous vous rendez « à nos vœux, à ceux de vos deux collègues.

« G... Nous nous rendons au vœu de la loi, général; elle « veut que le décret qui transfère les séances du Corps légis-« latif soit proclamé sans délais. Nous devons remplir le de-« voir qu'elle nous impose, et sommes bien déterminés à « la défendre contre les attaques qu'on voudrait lui porter.

« B... Votre zèle, président, ne m'étonne point, reprit « Bonaparte, et c'est parce que vous êtes connu pour un « homme attaché à votre pays que vous allez vous réunir à « nous pour sauver la république.

« G... Sauver la république !... Il fut un temps, général, « que vous aviez l'honneur d'en être le soutien, mais aujour-

« d'hui c'est à nous qu'est réservée la gloire de la sau-
« ver.

« B... Avec les moyens que vous donne votre constitu-
« tion?... Voyez donc comme elle croule de toutes parts.
« Cette constitution-là ne peut plus aller.

« G... Qui vous a dit cela, général? des perfides qui
« n'ont ni le courage ni la volonté de marcher avec elle.

« Eh! tous ceux que je vois ici n'ont-ils pas, il y a à peine
« quelques jours, proclamé encore l'excellence de cette cons-
« titution, et surtout le danger d'y porter atteinte? Des pa-
« lais où se tiennent les séances du Corps législatif, les ser-
« ments prêtés spontanément n'ont-ils pas été entendus et
« répétés dans toute la France?

« Connaissez mieux, général, notre position. A peine êtes-
« vous depuis quelques jours en France; vous avez débarqué
« au bruit de nos victoires. Partout la république est triom-
« phante, elle est triomphante sans vous, et vous venez vous
« offrir pour la sauver! Tiendriez-vous un autre langage si
« elle était vaincue et sous le joug de l'étranger. »

Boulay de la Meurthe prend alors la parole.

— « Je conviens que d'éclatantes victoires mettent nos
« frontières à couvert, mais ce n'est pas parmi les troupes
« étrangères que sont nos plus dangereux ennemis!

« G... Il ne m'est plus permis d'en douter; mais nous
« triompherons de ces ennemis comme nous l'avons fait de
« l'étranger.

« Boulay. Vous avez de grands moyens! la loi sur les ota-
« ges!... des emprunts forcés!

« G... Ce sont ceux que nous tenons de la commission des
« onze, dont vous étiez un des membres les plus influents.
« Faut-il que l'ordre constitutionnel soit renversé pour que
« vous en présentiez de plus efficaces?... »

On apporte un billet à Bonaparte.

« B... Général Moulins, vous êtes le parent de Santerre?

« M... Je ne suis point le parent de Santerre, mais je suis
« son ami.

« B... On me prévient qu'il agite les habitants du faubourg

« Saint-Antoine, et veut se mettre à leur tête. S'il fait un mou« vement, *je le fais fusiller.*

« M... En auriez-vous le pouvoir, général?... Au reste, « Santerre n'est point un agitateur ; il ne marcherait qu'au« tant qu'il en recevrait l'ordre d'une autorité que vous« même, jusqu'à ce jour, n'aviez pas encore méconnue...

« B... Il n'y a plus de Directoire...

« G... Il n'y a plus de Directoire!... Vous vous trompez, « général, et vous savez que c'est chez son président que « vous avez pris l'engagement de dîner aujourd'hui. Serait« ce pour mieux cacher des projets hostiles, qu'il ne sera pas « en votre pouvoir d'accomplir, que vous avez accepté cette « invitation; que vous en avez vous-même fixé le jour[1]?...

« B... Mes projets ne sont point hostiles. La république est « en péril ; il faut la sauver... *Je le veux!...* et ce n'est qu'avec « des mesures énergiques que nous y parviendrons. Sieyès et « Ducos donnent leur démission, Barras a envoyé la sienne ; « abandonnés tous les deux à votre isolement, vous ne refu« serez pas la vôtre!!!...

« M... Détrompez-vous, général... Un soldat français, « placé même en sentinelle perdue sur un terrain miné par « l'ennemi, n'abandonne pas son poste dans la crainte d'une « explosion. Ce n'est pas à un général républicain qu'on « peut offrir pour modèle la conduite de deux déserteurs.

« G... Si leur démission paralyse aujourd'hui le Directoire, « demain, général, il sera complet.

« Boulay. Laissez, général ; un décret en deux lignes ar« rangera tout...

« G... Eh! qui peut rendre ce décret?... qui peut ainsi ar-

[1] C'est en prenant ce reproche sanglant pour des instances réelles que le bon M. Cornet dit que le directeur Gohier apportait dans cette discussion une telle bonhomie, qu'il voulait toujours qu'on fût dîner chez lui, *quoiqu'il fût détrôné !..* « Il avait, ajoute-t-il, fait quelques jours auparavant des invitations officielles « pour ce dîner au général Bonaparte lui-même et à sa suite. Mais, continue« t-il avec son délicieux ton badin, l'amphitryon et ses convives n'étaient « plus du même *alloi.* » *Alloi** ! (*Note de Gohier*).

* Orthographe de Cornet.

« ranger tout à la manière dont l'entend Boulay de la Meur-
« the?... Au reste, la constitution subsiste; elle doit être
« encore, aujourd'hui du moins, la règle de tous; et la
« commission ne doit pas ignorer qu'aux termes de l'arti-
« cle 103, que je lui ai déjà rappelé par écrit, aucuns des
« membres du Corps législatif, le décret de sa translation
« étant rendu, ne peuvent, *sans se rendre coupables d'attentat*
« *contre la république,* délibérer dans la commune d'où il est
« transféré.

« Et vous, général, qui prétendez vouloir la sauver, ne
« vous dissimulez pas la nullité des pouvoirs dont vous
« n'êtes investi que par le Conseil des Anciens. C'est au Corps
« législatif à nommer le commandant de sa garde, et au Di-
« rectoire seul appartient le droit de vous replacer à la tête
« des armées que vous avez commandées avec tant d'é-
« clat... »

Ainsi se termina la fameuse séance à la commission des inspecteurs des Anciens *où tout,* suivant M. le comte de Cornet, *se passa en discussions et en reproches,* que cet Ancien inspecteur trouve *assez légers.*

Il paraît, aux précautions qu'on se hâta de prendre, que tout le monde ne le jugea pas ainsi.

A peine fûmes-nous rentrés au Luxembourg, que notre garde nous fut enlevée; que Jubé, qui la commandait, reçut de Bonaparte l'ordre de la conduire aux Tuileries, et fut assez faible pour y déférer.

Ce fut dans cette circonstance, et pour suppléer à cette défection, que nous appelâmes auprès de nous un bataillon de gardes nationales; mais déjà le palais directorial était livré à la force armée, investi par elle, et transformé en prison d'État, dont le général Moreau ne dédaigna pas d'être le geôlier.

Bonaparte lui assigna ce poste, qu'il eut la faiblesse d'accepter, pour réduire un rival de sa gloire à ne pouvoir plus être désormais que l'instrument de sa puissance; et il faut convenir que Moreau remplit parfaitement les étranges fonctions dont il se trouva chargé.

Une démarche, faite au nom de madame Bonaparte, pendant que j'étais à la commission des Anciens, acheva de nous faire pressentir les résultats des événements qui se préparaient. Plus affligée que blessée de ce que je n'avais pas répondu à son invitation, cette bonne Joséphine fit de nouveau répéter à ma femme, par madame d'Houchin, son amie particulière, combien elle regretterait de me voir la victime d'une révolution qui m'offrait au contraire la plus brillante perspective.

« Le refus de se rendre à l'appel que l'amitié fut chargée « de faire à votre mari, lui dit madame d'Houchin, a changé « la première détermination de Bonaparte, sans cependant « changer tout à fait les dispositions favorables que notre « amie fera toujours son possible pour entretenir. La « composition des membres du gouvernement est arrêtée ; « mais, si M. Gohier consent à donner en ce moment sa dé-« mission, madame Bonaparte me charge de vous assurer « qu'il sera nommé au ministère de la justice ; tandis que, « s'il persiste dans son refus, elle ne peut pas répondre qu'elle « pourra le sauver de la catastrophe dont sont menacés tous « ceux dont la résistance rendrait nécessaire l'emploi de la « force armée, qu'on est, s'il le faut, résolu d'employer. « Pour son intérêt, comme pour le vôtre, madame, je joins, « ajouta madame d'Houchin, mes instances à celles de notre « amie, pour vous engager, ainsi que M. Gohier, à bien « réfléchir sur la position terrible dans laquelle il se « trouve!... »

Ma femme, inaccessible aux sentiments de crainte et d'espérance que la bienveillance désirait lui inspirer, répondit qu'elle se garderait bien de chercher à jamais exercer aucune influence sur la conduite de son mari, par des considérations qui ne pouvaient pas plus la toucher que lui. « Je ne m'oc-« cupe que de son bonheur, ajouta-t-elle, et, quel que soit « le sort que les événements lui réservent, s'il lui suffit, je « m'estimerai toujours heureuse de le partager. »

Je me félicitai de ce que ma femme avait montré autant de caractère et de désintéressement dans une circonstance où l'on devait s'occuper du salut de la patrie, sans songer à la fortune; et je m'empressai de rejoindre Moulins, pour concerter avec lui la marche que nous avions à suivre.

Ne pouvant nous dissimuler qu'on attentait à notre liberté pour nous empêcher de réunir nos efforts à ceux des représentants du peuple que la république pouvait compter encore au nombre de ses défenseurs, dans l'impossibilité de nous rendre auprès des deux Conseils, un seul parti nous reste, dîmes-nous, celui de les prévenir qu'on nous retient captifs dans notre palais; de consigner, dans un message, les principes sacrés que nous sommes déterminés à défendre.

*Message aux Conseils des Cinq-Cents et des Anciens.*

CITOYENS REPRÉSENTANTS,

« Un grand attentat vient d'être commis, et ce n'est sans doute que « le prélude d'attentats plus grands encore. Le palais directorial est « livré à la force armée, les magistrats du peuple à qui vous avez « confié la puissance exécutive sont en ce moment gardés à vue par « ceux-là mêmes que, seuls, ils ont le droit de commander.

« Leur crime est d'avoir constamment persisté dans l'inébranlable « résolution de remplir les devoirs sacrés que leur impose votre con- « fiance, d'avoir rejeté avec indignation la proposition d'abandonner « les rênes de l'État qu'on veut arracher de leurs mains, d'avoir re- « fusé de donner leur démission.

« C'est aujourd'hui, représentants du peuple français, qu'il faut pro- « clamer la république en danger, qu'il faut la défendre. Quel que soit « le sort que ses ennemis nous réservent, nous lui jurons fidélité, fidélité « à la constitution de l'an III, à la représentation nationale dans son « intégrité.

« Puissent nos serments n'être pas les derniers cris de la liberté « expirante!

« Les deux directeurs, prisonniers dans leur palais.

« *Signé:* MOULINS, GOHIER, président. »

Deux exemplaires de ce message furent confiés à mon secrétaire particulier, avec ordre de les remettre à deux députés du Conseil des Cinq-Cents, du Conseil des Anciens, sur la fermeté desquels je pouvais compter; mais la garde sévère qui nous entourait arrêta le jeune homme qui en était porteur et les intercepta.

La preuve que notre message ne parvint qu'à ceux qui étaient intéressés à le soustraire, c'est que, de ce moment, nous fûmes resserrés plus étroitement encore. Toute communication entre le directeur Moulins et moi nous fut sévèrement interdite. Nous parler devint un crime qui fut dénoncé à notre surveillant en chef. On attacha à ma personne une sentinelle qui avait ordre de ne pas me perdre de vue, et qui, fidèle à sa consigne, voulut rester au pied de mon lit, et tenir jusqu'à mon sommeil en surveillance.

Le comte de Cornet nous apprend que le 18 brumaire au soir il y eut réunion à la commission des inspecteurs du Conseil des Anciens, pour savoir ce qu'on ferait le lendemain à Saint-Cloud. M. le comte se fût servi d'une autre expression s'il avait mieux connu tous les fils de la conspiration, s'il avait su que la commission des inspecteurs et le Conseil des Anciens lui-même n'étaient que les instruments choisis pour l'exécution de projets convenus d'avance.

L'assemblée tenue le 18 brumaire au soir avait pour objet non de savoir ce qu'on ferait à Saint-Cloud, mais de préparer les esprits à tout ce qu'on se proposait d'y faire. C'était dans le conciliabule des principaux conjurés que se faisait le grand travail.

Quelques députés, qui croyaient bonnement encore qu'il s'agissait seulement de modifier quelques articles de la constitution, et que les bases en devaient toujours être les mêmes, voulaient commencer par compléter le Directoire; ils indiquèrent même ceux qu'il faudrait proposer pour remplacer les démissionnaires : mais le nom de Bonaparte ne se trouvant pas au nombre des proposés : « Il n'y a plus de Directoire, « s'écria-t-il, et ce n'est pas sur les bases d'un édifice tombé « en ruine qu'il faut rebâtir.

« Qui dit révolution dit changement, et ce n'est pas une « simple révolution de sérail que la France attend de nous. « C'est dans les institutions mêmes que ces changements « doivent s'opérer. Il faut pour cela commencer par nommer

« un gouvernement provisoire, et mettre à sa tête un homme « qui ait la confiance de tous les Français.

« Une sorte de dictature momentanée serait bien tout ce « qu'il y a de plus convenable ; mais si cette haute magis- « trature peut inquiéter quelques républicains, il faut du « moins concentrer la puissance exécutive en étendant en- « core ses attributions. »

Avant d'avoir entendu les observations de Bonaparte, toutes en faveur du pouvoir absolu, *les grands politiques du conseil des Anciens*, nous dit M. le comte de Cornet, n'avaient pas prévu toutes les conséquences de la révolution ; *les trois quarts de ceux qui avaient concouru à l'événement du matin auraient voulu pouvoir reculer...* Après avoir beaucoup parlé sans s'entendre et sans rien conclure, l'assemblée se sépara.

Le plan de la conduite qu'on devait tenir à Saint-Cloud était arrêté d'avance par les principaux conjurés. Les propositions qu'on devait y faire étaient convenues, et les hommes qui devaient les soutenir avaient déjà leurs discours en poche.

Tandis qu'à la commission des Anciens Bonaparte laissait entrevoir ses vues ambitieuses dans le dessein d'inspirer le désir de les sanctionner, et n'inspirait à ceux mêmes qui avaient pris part au fatal décret que des craintes, que le regret d'être sortis de la ligne constitutionnelle, les républicains se demandaient entre eux comment ils pourraient parvenir à s'y maintenir.

La presque totalité des membres du Conseil des Cinq-Cents et la majorité du Conseil des Anciens étaient bien déterminés à défendre la constitution qu'ils avaient jurée ; mais, comme le fait observer M. le comte de Cornet, les républicains n'avaient *ni tête ni bras*. Les présidents des deux Conseils étaient du nombre des conjurés, et le décret surpris au Conseil des Anciens mettait la force armée à la disposition de Bonaparte. La commission même des inspecteurs des Cinq-Cents s'était réunie à celle des Anciens, en sorte qu'il ne restait aux députés fidèles aucun point de réunion pour se préparer à l'attaque qu'ils avaient à soutenir.

## § 14.

Ils eussent été assurés de trouver dans le Directoire deux républicains prêts à seconder leurs généreux efforts ; mais le rempart de baïonnettes élevé entre nous et les représentants du peuple rendit toute communication impossible, mit un obstacle invincible à tout concert entre nous [1].

1 Les sentinelles placées à toutes les issues du palais directorial, se renfermant strictement dans la consigne que leur avait donnée notre geôlier en chef, répondaient à tous les députés qui se présentaient pour nous voir : « *On n'entre pas !* « — Mais nous sommes des députés !... — *On n'entre pas.* — Laissez-nous du « moins nous écrire chez le concierge. — *On n'entre pas.* — Ce palais dont l'en- « trée est interdite à la représentation nationale même n'est-il donc plus habité « par des membres du Directoire ? — *On n'entre pas.* »

Indignés de l'insolente consigne, plusieurs députés se présentent chez Moreau pour s'en plaindre. Les sentinelles placées à la porte du général geôlier leur répondent : *On n'entre pas.*

L'ayant rencontré un jour chez M. Garat : « Vous devez, me dit-il, avoir une « bien triste opinion de moi, ne connaissant point les motifs de ma conduite au « 18 brumaire. Le général Moulins et vous étiez les seuls directeurs auxquels je « fusse attaché. Je vous vis en péril, j'acceptai un commandement qui étonna « toute l'armée, je me chargeai de la garde de vos personnes, je fis le sacrifice « de mon amour-propre au désir de vous sauver.

— « J'aurais voulu vous révéler les intentions secrètes de ma détermination, et ne « laisser aucun nuage dans votre esprit ; mais l'accueil méprisant de Moulins, qui, « sans daigner m'entendre, lorsque je venais m'expliquer confidentiellement avec « lui, me tourna le dos, et me fit signe de passer dans son antichambre, m'empê- « cha de me présenter chez vous, dans la crainte d'essuyer un nouvel affront.

— « Il eût été sanglant ! lui répondis-je... Mon collègue Moulins vous a rendu « service, général... Plus indigné que lui, ne pouvant soupçonner un motif loua- « ble à l'acceptation d'un commandement si peu digne de vous, je vous aurais « dit, si alors vous aviez paru devant moi : Encore cette épée à votre côté, gé- « néral !... Ce n'est plus la place d'une arme d'honneur : désormais c'est un « trousseau de clefs qui doit être pendu à votre ceinture...

« Si vous aviez des intentions si généreuses, pourquoi donc avez-vous inter- « cepté notre message aux deux Conseils ?

— « Pourquoi ? répliqua vivement Moreau. Pour vous sauver de la déportation, « qui était résolue si votre opposition s'était manifestée par un seul acte. Que « vous connaissiez peu les hommes qui vous tenaient en chartre privée !

— « Que vous nous connaissiez peu nous mêmes, général, lui répliquai-je. Auriez- « vous su gré à l'homme officieux qui, le jour d'une bataille décisive pour le sa- « lut de votre pays, vous aurait sauvé du péril en compromettant votre hon-

Trahis par une partie de leurs collègues, isolés des membres du pouvoir exécutif sur lesquels ils auraient pu compter, ces braves représentants du peuple sentent tout le désavantage de leur position, sans cependant encore désespérer du salut de la patrie. Plusieurs rassemblements partiels se forment, sans autres résultats que la ferme résolution de ne laisser porter aucune atteinte à la constitution ; de défendre la république avec tous les moyens que leur offre la loi, les seules armes qui leur restent. Chez tous même énergie, même résolution de mourir, s'il le faut, sur les chaises curules où ils iront s'asseoir à Saint-Cloud.

### JOURNÉE DU 19 BRUMAIRE.

### § 15.

#### Première séance.

C'est dans la journée du 19 brumaire que devait se développer le plan de la conspiration dont le décret du 18 n'était que l'annonce.

Bonaparte ne rassemble pas seulement à Saint-Cloud les contre-révolutionnaires dont il s'était entouré à Paris, mais il dirige sur ce point toutes les forces militaires qui avaient été mises à sa disposition et qu'il avait si bien endoctrinées.

La séance du Conseil des Cinq-Cents s'ouvre à une heure, sous la présidence de Lucien Bonaparte.

A peine le procès-verbal de la séance précédente est-il lu, qu'un orateur des conjurés, Godin, paraît à la tribune.

Après avoir, ainsi que le citoyen Cornet, parlé des périls imminents qui menaçaient la république et ses représentants,

« neur? Croyez-vous que le courage civil soit au-dessous du courage militaire, et « que des premiers magistrats du peuple eussent plus craint que vous de sacri- « fier leur vie même le jour où il fallait combattre ? »

Ces derniers mots parurent faire une grande impression sur Moreau. « Si j'ai « fait une grande faute, ajouta-t-il en terminant cet entretien, *je saurai la ré- « parer*.

rappelé le 30 prairial, supposé, malgré l'évidence des faits, que jamais la représentation nationale n'avait été plus impunément attaquée que depuis cette époque, n'avait été plus en butte aux suggestions royales et aux fureurs démagogiques, Godin, aux poignards que M. Cornet supposait prêts à frapper au premier signal, substitue *la hache fatale que les conspirateurs promenaient sur toutes les têtes, et ne tenaient plus suspendue qu'à un fil.*

Ces déclamations, qui rappelaient celles du plus odieux des réacteurs (Courtois), sont entendues avec autant d'impatience que de mépris par le Conseil des Cinq-Cents, qui n'y aperçoit que l'intention de justifier quelque machination nouvelle.

Godin, enfin, propose une commission de six membres chargés de faire un rapport, séance tenante, sur la situation de la république et les mesures de salut public qu'il convient de prendre; demande que *toute proposition lui soit renvoyée, que toute détermination et délibération soient suspendues, jusque après le rapport de la commission.*

Si ces conclusions avaient été admises, le rapport à faire séance tenante était tout prêt. Boulay de la Meurthe montait à la tribune.

Mais Delbrel, sans se donner la peine de discuter ces propositions insidieuses, fait observer qu'il faut, avant tout, s'occuper du péril qui menace la constitution; et de toutes parts s'élèvent les cris de *Vive la constitution!... Point de dictature!... A bas le dictateur!...*

Delbrel continue, et propose de renouveler le serment de fidélité à la constitution.

Le président, Lucien Bonaparte, que contrarie l'enthousiasme avec lequel cette proposition est accueillie, refuse d'abord de la mettre aux voix.

Les cris de *Vive la constitution! Point de dictature!... A bas les dictateurs!...* redoublent...

Déconcerté de plus en plus par ces cris trop constitutionnels, Lucien prétend que sa dignité de président est offensée, et rappelle à l'ordre ceux qui les ont proférés.

Enfin Grand-Maison obtient la parole :

« Représentants, la France ne verra pas sans étonnement, sans « doute, que la représentation nationale, cédant au décret des Anciens, « se soit rendue dans cette enceinte sans être instruite du danger im- « médiat qui la menaçait...

« On parle de former une commission pour proposer des mesures à « prendre, pour savoir ce qu'il y a à faire ; il faudrait plutôt en pro- « poser une pour savoir ce qui a été fait !

« On a parlé de factieux; nous les avons signalés depuis longtemps, « et, certes, ils ne nous épouvantent pas.

« Je demande qu'on s'informe des motifs qui nous amènent ici, « qu'on nous dise quels sont les grands dangers qui menaçaient *la* « *constitution !*... Je dis la constitution, car tout le monde peut parler « de la république ; reste à savoir quelle république on veut.

« Je demande que nous fassions le serment de nous opposer au ré- « tablissement de toute espèce de tyrannie.

« Je demande qu'on envoie un message au Conseil des Anciens ; qu'on « le somme de nous instruire du plan et des détails de cette vaste cons- « piration qui était à la veille de renverser la république ; et qu'à « l'instant tous les membres du Conseil renouvellent le serment de « fidélité à la constitution de l'an III. »

Des acclamations générales répondent à la proposition de Grand-Maison. L'assemblée tout entière se lève aux cris de *Vive la république! Vive la constitution!*... De toutes parts on demande l'appel nominal. L'appel est décrété à l'unanimité, et tous les conjurés mêmes, qui venaient avec le projet formé de détruire la constitution, prêtent individuellement le serment.

Le Conseil des Anciens n'était pas moins agité : la majorité de ses membres, aussi étrangers aux intrigues employées pour surprendre le décret de translation que la presque totalité du Conseil des Cinq-Cents, demandaient également qu'on leur fît connaître les dangers imminents qui servaient de prétexte à cette translation. Leur réclamation était d'autant mieux fondée, que les uns n'avaient pu recevoir leur lettre de convocation qu'après le décret rendu, et que les autres n'avaient pas même été convoqués.

De toutes parts, le président des inspecteurs était sommé d'administrer la preuve de tous les faits qu'il avait allégués, de représenter les rapports qui justifiaient les dangers dont la représentation nationale et la république étaient menacées; de nommer les scélérats qui, armés de poignards, n'attendaient que le signal pour frapper. Le citoyen Cornet, ne pouvant répondre à toutes ces interpellations pressantes, baissait la tête et gardait le plus profond silence.

Un de ses collègues écarta adroitement toutes ces questions importunes.

« Ce n'est pas le moment, dit Cornudet, de vous révéler « les périls trop réels dont nous sommes menacés. Avant « d'entamer aucune discussion, il faut que les deux Conseils « soient régulièrement constitués; il faut avoir constaté dans « les formes qu'ils sont réunis en majorité dans la commune « de Saint-Cloud; il faut surtout, à l'instant même, s'assurer « par un message si le Directoire exécutif est à son poste. »

Cette proposition mit fin aux débats, qui devenaient très-embarrassants pour la commission des inspecteurs.

La séance fut suspendue.

L'envoi de ce message entrait dans le plan des conjurés, qui, voulant substituer au Directoire un gouvernement provisoire, crurent devoir commencer par établir en fait qu'il n'y avait plus de Directoire.

Les puissances exécutive et législative étant indépendantes l'une de l'autre, le Corps législatif ne pouvait pas plus anéantir le Directoire exécutif que le Directoire exécutif ne pouvait détruire le Corps législatif. Au droit qu'on n'avait pas, on résolut de suppléer par la supposition de faits imaginés pour en tenir lieu...

La désertion de Sieyès, celle de Roger-Ducos et la lettre de Barras désorganisaient bien le Directoire, suspendaient momentanément sa puissance; mais, pour être incomplet, le Directoire n'en existait pas moins; on ne pouvait pas dire qu'il n'y avait plus de Directoire, tant que deux de ses membres en faisaient encore partie.

Nos démissions étant nécessaires pour l'exécution du plan

qu'on se proposait, on trouva tout simple de les supposer, après avoir fait de vains efforts pour les obtenir.

La réponse à l'envoi du message ne se fit pas longtemps attendre. Lagarde, qui la tenait toute prête, s'empresse d'annoncer que « le message envoyé au Directoire exécutif, « dont il était le secrétaire, n'a pu être reçu par cette au- « torité, attendu que quatre membres du Directoire ayant « donné leur démission et le cinquième ayant été mis en « surveillance par ordre du général Bonaparte, chargé par « décret d'hier de veiller à la sûreté du Corps législatif, il « ne se trouve plus de Directoire. »

La lettre de Lagarde produisit tout l'effet qu'on devait naturellement en attendre. Comment imaginer une machination aussi infâme, un faux aussi impudent ?... Comment se persuader que le secrétaire général du gouvernement, qui l'avait honoré de sa confiance, dont le devoir était de contre-signer les actes, mais non de les supposer, eût eu l'audace d'attester des démissions qui n'existaient pas; de calomnier la fidélité de deux directeurs qu'il savait prisonniers dans leur palais; d'attester qu'ils ne faisaient plus partie du Directoire, *qu'il n'y avait plus de Directoire !...*

Les républicains du Conseil des Anciens, aussi surpris de la lettre de Lagarde qu'indignés des démissions qu'elle suppose, demandent qu'on s'occupe de suite du remplacement des démissionnaires; qu'on renvoie la lettre de Lagarde au Conseil des Cinq-Cents, pour qu'à l'instant même il puisse former la liste décuple des candidats.

A peine ce renvoi est-il décrété que Bonaparte entre brusquement, suivi d'une partie de son état-major, et prend la parole.

« Représentants du peuple, dit-il, vous n'êtes point dans « des circonstances ordinaires : vous êtes sur un volcan... « Permettez-moi de vous parler avec *la franchise d'un soldat,* « avec celle d'un citoyen zélé pour le bien de son pays, et « suspendez, je vous prie, votre jugement jusqu'à ce que « vous m'ayez entendu jusqu'à la fin !...

« J'étais tranquille à Paris, lorsque je reçus le décret du

« Conseil des Anciens qui me parla de ses dangers, de ceux « de la république.

« A l'instant j'appelai, je retrouvai mes frères d'armes, « et nous vînmes vous donner notre appui; nous vînmes « vous offrir les *bras de la nation, parce que vous en étiez la* « *tête!...* »

Avec quel front Bonaparte osait-il dire qu'il était tranquille à Paris lorsqu'il reçut le décret du Conseil des Anciens, tandis que c'était sous son active influence que le Conseil des Anciens avait décrété la translation du Corps législatif, tandis qu'il en avait dicté toutes les dispositions!...

*A l'instant il appela, il retrouva ses frères d'armes!!!* Ses frères d'armes étaient faciles à retrouver, puisque, longtemps avant que le décret fût rendu, sa maison, sa cour, son avenue, étaient encombrées des militaires qui devaient assiéger la représentation nationale.

« On parle d'un nouveau César, dit-il, d'un nouveau « Cromwell!... Représentants du peuple, si j'avais voulu op- « primer la liberté de mon pays, si j'avais voulu usurper « l'autorité suprême, plus d'une fois, et dans des circons- « tances favorables, j'ai été appelé à la prendre!... Après « nos triomphes en Italie, j'y ai été appelé par le vœu de mes « camarades!... »

Jamais ni la nation ni ses camarades ne manifestèrent le désir d'avoir un maître!... Lui-même, dans ses *Mémoires,* reconnaît aujourd'hui que ce fut parce qu'à l'époque *favorable* qu'il désigne il n'avait pas jugé la France disposée à accueillir ses projets ambitieux qu'il entreprit la conquête d'un pays flétri par tous les excès du pouvoir absolu; qu'il était allé y chercher un trône qu'il désespérait d'obtenir chez un peuple qui connaît le prix de la liberté.

Avec sa prétendue franchise d'un soldat, personne ne soutenait avec plus d'assurance toutes les suppositions qu'il jugeait utiles à ses desseins. « C'est sur vous seuls, représen- « tants du peuple, dit-il aux Anciens, que repose le salut de « la patrie; car *il n'y a plus de Directoire. Quatre des membres* « *qui en faisaient partie ont donné leur démission*; j'ai cru

« devoir mettre en surveillance le cinquième, en vertu du « pouvoir dont vous m'avez investi. »

Ainsi Bonaparte vient lui-même attester le faux qu'il a commandé; confirmer devant le Conseil des Anciens la réponse qu'il a fait officiellement adresser par notre secrétaire général Lagarde ; supposer, avec une effronterie qui n'a pas d'exemple, les démissions des deux directeurs qu'il retient captifs pour n'avoir pas voulu se démettre; déclarer, enfin, qu'il n'y a plus de Directoire, pour fournir un prétexte de violer la constitution par l'établissement de son gouvernement provisoire.

Et, lorsqu'il cherche à couvrir, par le plus odieux mensonge, le plus coupable attentat à la liberté, il invite le conseil des Anciens à prévenir les déchirements. « Évitons, dit-il, de « perdre deux choses pour lesquelles nous avons fait tant de « sacrifices, la liberté et l'égalité.

« Vous oubliez la constitution, » lui dit le représentant Linglet. »

A ces mots, Bonaparte entre en fureur. Un hydrophobe à qui on présente un vase rempli d'eau n'éprouve pas une horreur plus grande que Bonaparte en entendant parler de la constitution. « La constitution! s'écrie-t-il ; vous l'avez violée « au 18 fructidor, vous l'avez violée au 22 floréal, vous l'a- « vez violée au 30 prairial. La constitution! elle est invoquée « par toutes les factions, et elle a été violée par toutes. Elle « ne peut être pour vous un moyen de salut, parce qu'elle « n'obtient plus le respect de personne.

« Représentants du peuple, ne voyez pas en moi, continue « Bonaparte, *un misérable intrigant qui se couvre d'un mas- « que hypocrite*; j'ai fait mes preuves de dévouement à « la république, et toute dissimulation m'est inutile.

« *Je dirai tout.*

« Depuis mon retour, je n'ai cessé d'être entouré d'intri- « gues; toutes les factions se sont empressées autour de « moi pour me circonvenir; et ces hommes qui se quali- « fiaient insolemment les seuls *patriotes* me proposaient, « pour purifier les conseils, d'en exclure les plus sincères

« amis de la patrie. Voilà leur attachement pour la consti-
« tution!... Aujourd'hui encore c'est en son nom que l'on
« conspire. Je connais tous les dangers qui vous mena-
« cent.

« Je vous déclare qu'aussitôt que ces dangers, qui m'ont
« fait confier des pouvoirs extraordinaires, seront passés,
« *j'abdiquerai ce pouvoir. Je ne veux être à l'égard de la ma-*
« *gistrature que vous aurez nommée que le bras qui la soutien-*
« *dra et fera exécuter vos ordres!...* »

Personne ne pouvait mieux apprécier l'hypocrite déclaration de Bonaparte que le citoyen Cornudet, et cependant ce député s'écrie aussitôt : « Vous venez de l'entendre, re-
« présentants du peuple ; qui douterait maintenant qu'il y ait
« une conspiration ? Celui auquel vous avez décerné tant
« d'honneurs, *celui devant qui l'Europe et l'univers se taisent*
« *d'admiration*, sera-t-il regardé comme un vil imposteur?....
« Je vous le déclare, *j'ai participé* à la mesure de transla-
« tion qui vous a été proposée, parce que j'avais eu connais-
« sance des propositions qui avaient été faites au général
« Bonaparte... Quelle qualification faudra-t-il donner
« maintenant aux doutes de ceux qui demandent des preu-
« ves? »

Rien assurément n'était moins propre que les déclamations vagues de Bonaparte pour faire taire ceux qui demandaient des preuves. C'était le comble du ridicule de prétendre que quelques phrases d'un général qui se déclarait ouvertement l'ennemi de la constitution et de ceux qui en prenaient la défense suffisaient pour prouver l'existence d'une conspiration contre toutes les autorités constituées. Et cependant, sur la proposition de Fargues, on décrète que les déclarations de Bonaparte seront imprimées et envoyées dans tous les départements, pour justifier les énonciations de Bonaparte.

Bonaparte, qui n'avait pas d'abord pris la parole avec une grande assurance, voyant qu'il lui suffisait de parler pour porter la conviction, que ses allégations étaient à l'instant converties en preuves, s'enhardit de plus en plus, et accusa deux des directeurs qu'il avait mis hors d'état de lui répondre.

« S'il faut s'expliquer tout à fait, osa-t-il dire, s'il faut « nommer les hommes, je les nommerai. Je dirai que les « directeurs BARRAS et MOULINS m'ont proposé de me mettre à « la tête d'un parti tendant à renverser tous les hommes qui « ont des idées libérales. »

Ces mots ne lui sont pas plutôt échappés qu'ils excitent une incroyable effervescence dans tout le conseil. Des propositions diverses se succèdent avec la rapidité de l'éclair : « Un « comité général! s'écriaient les uns... — Non, non, point de « comité général! disaient les autres... Puisque le général « Bonaparte vient de nous dénoncer la conspiration et les « conspirateurs, il faut que tout soit dit et fait à la face de « la France !... »

Cornudet non-seulement se réunit à ceux qui demandaient que le général continuât de s'expliquer en public, mais, ne gardant plus aucune mesure, il annonce qu'après que le général aura parlé, il va proposer au Conseil des Anciens de prendre l'initiative; qu'il *fera la proposition de demander au Conseil des Cinq-Cents* (à qui seul l'initiative appartient) s'il voulait proposer, et à l'instant même, des mesures de salut public.

« Quand il s'agit de sauver la patrie, dit-il, tout le monde « a part à la magistrature, et les représentants du peuple ne « sont que les premiers désignés pour proposer des mesures « de salut. »

Voilà bien, certes, la doctrine de la plus dangereuse anarchie!...

Le seul parti constitutionnel qu'il y eût à prendre était de mander de suite à la barre et Moulins et Barras, de les confronter avec leur dénonciateur; mais quelle nécessité d'intervertir ainsi la hiérarchie des pouvoirs?...

Quelles mesures si pressantes exigeaient donc les révélations que venait de faire Bonaparte?... Ses allégations, hors de la présence de ceux qu'il inculpait, étaient évidemment autant de calomnies; mais, quand il eût été vrai que les directeurs Barras et Moulins lui eussent fait les propositions qu'il venait si tardivement révéler, à quels dangers ces propositions pouvaient-elles exposer la république, lorsque Bonaparte prétendait les avoir rejetées à l'instant même où elles lui avaient été faites, lorsque ceux à qui il les attribuait n'étaient plus dans la position de les renouveler, lorsque Barras, relégué à Gros-Bois, s'était lui-même dépouillé de toute sa puissance, en donnant sa démission?

Le directeur Moulins avait, à la vérité, refusé la sienne; mais Bonaparte le plaçait dans la même catégorie que Barras, en supposant qu'il l'avait également donnée, en annonçant qu'il s'était pareillement démis de l'autorité dont il eût pu abuser pour se mettre à la tête d'une conspiration anarchiste. Les conspirateurs usurpent le pouvoir dont ils ont besoin, ils n'abdiquent point celui dont ils sont investis.

Fargues, Laussat, et Cornudet lui-même, ne pouvant se dissimuler que tout ce qu'avait avancé Bonaparte ne suffisait pas pour établir la preuve des projets désorganisateurs qu'il dénonçait au Conseil des Anciens, l'invitaient à entrer dans le détail des propositions qu'il prétendait lui avoir été faites, le pressaient de révéler toutes les machinations des hommes qui s'étaient démasqués à ses yeux, lui représentaient qu'*après ce qu'il avait dit, il n'avait plus rien à cacher.* Mais Bonaparte, qui ne connaissait d'autre conspiration que la sienne, au lieu de donner les éclaircissements qu'on lui demandait, continua à déclamer contre la constitution qu'il voulait anéantir, à se livrer à des divagations qui ne prouvaient rien. Ne pouvant justifier ses premières dénonciations, il se livra à des imputations nouvelles, dont la fausseté est prouvée: ce n'est plus Barras, ce n'est plus Moulins qu'il attaque, mais le Conseil des Cinq-Cents lui-même, auquel il attribue les desseins les plus atroces comme les plus extravagants.

Croyant flatter le Conseil des Anciens, il lui déclare « qu'il « ne compte que sur lui, et non, se permet-il d'ajouter, sur « le Conseil des Cinq Cents, qui est divisé; sur le Conseil des « Cinq-Cents, où se trouvent des hommes qui voudraient

« nous rendre la Convention, les comités révolutionnaires et « les échafauds; sur le Conseil des Cinq-Cents, d'où vien- « nent de partir des émissaires chargés d'aller organiser un « mouvement à Paris! »

Cette impertinente excursion de Bonaparte prouve et qu'il était instruit du serment solennel prêté par tous les membres du Conseil des Cinq-Cents, et combien il en était épouvanté. Loin qu'aucun deux eût été chargé d'aller organiser un mouvement à Paris, tous étaient restés constamment à leur poste; loin de vouloir ramener sur le sol de la liberté l'horrible régime de la Terreur, tous, il y avait à peine quelques jours, avaient unanimement déclaré qu'ils le vouaient à l'exécration; loin de songer à rétablir la Convention, les comités révolutionnaires et les échafauds, tous, en jurant fidélité inviolable à la constitution, venaient de prouver d'une manière éclatante que le régime constitutionnel était le seul qu'ils voulaient conserver et défendre.

Mais c'était précisément cette résolution qui, renversant tous les projets de Bonaparte, ne lui laissait plus entrevoir que les dangers auxquels il s'était exposé en s'y abandonnant.

Déjà il se croit poursuivi, menacé d'une mise hors la loi, et ses discours sans ordre comme sans suite, adressés tantôt aux représentants du peuple qu'ils étonnent, tantôt aux militaires qui ne peuvent l'entendre, ne servent qu'à constater le trouble qui l'agite.

« Que les projets criminels que je viens de vous signaler ne « vous effraient point, dit-il aux représentants du peuple... « Environné de mes frères d'armes, je saurai vous en pré- « server.

« J'en atteste votre courage, vous, mes braves cama- « rades, vous aux yeux de qui l'on voudrait me peindre « comme un ennemi de la liberté; vous, grenadiers, dont « j'aperçois les bonnets; vous, braves soldats, dont j'aper- « çois les baïonnettes, que j'ai si souvent fait tourner à la « honte de l'ennemi, à l'humiliation des rois, que j'ai em- « ployées à fonder des républiques. Si quelque orateur soldé

« par l'étranger ose prononcer contre votre général les mots « HORS LA LOI, *que la foudre de la guerre l'écrase à l'instant.* « *Souvenez-vous que je marche accompagné du dieu de la* « *guerre et du dieu de la fortune !...*

« Je vous invite, représentants du peuple, à vous former « en comité général, et à prendre des mesures salutaires « que l'urgence des dangers commande impérieusement. « Vous trouverez toujours mon bras pour faire exécuter « vos dispositions. »

Le président du Conseil des Anciens ne trouvant dans toute cette extravagante battologie aucun renseignement qui pût devenir l'objet d'une délibération, lui rappelle celle qui l'invitait à dévoiler dans toute leur étendue les complots auxquels on avait voulu l'initier. Mais comme il n'existait d'autres complots que ceux qu'il avait formés lui-même, Bonaparte ne répond à cette itérative invitation qu'en persistant dans ses précédentes déclamations, qu'en continuant de soutenir que *la constitution ne pouvait sauver la république*; il finit, avant de se retirer, par *conjurer le conseil de se presser d'adopter le nouvel ordre de choses, qui, seul, pouvait l'arracher au péril dont elle était menacée.*

D'Alphonse, persuadé que l'unique danger auquel se trouvait exposée la république était dans les attaques que Bonaparte et ses complices livraient à la constitution, proposa de renouveler le serment de s'y tenir inviolablement attaché.

Le général nous a dit : « La constitution n'obtient plus « le respect de personne, parce qu'elle a été violée.

« J'estime beaucoup, répondait d'Alphonse, le talent d'un « *général* qui réunit *l'admiration de l'Europe* et *la reconnaissance de la France* ; mais cela ne m'empêchera pas de dire « ma pensée. Le 18 fructidor a creusé l'abîme dans lequel la « constitution est tombée ; mais je n'ai point participé au « 18 fructidor. Quelles que soient les destinées réservées à « la France, ajoutait ce sage et digne représentant du « peuple, je désire qu'elle sache que j'ai traversé la révolution avec une âme pure ; je ne la souillerai pas aujourd'hui.

« Les maux qui nous environnent sont immenses, mais

« nous devons être au-dessus d'eux. Ces maux ont pris nais-« sance dans l'abus qu'on a fait de la constitution? Eh bien! « c'est dans la constitution qu'il faut en trouver le remède. » *Raisonnant dans la supposition qu'il n'y avait plus de Directoire; que les membres qui le composaient avaient tous, comme l'assurait Bonaparte, donné leur démission :* « On peut, con-« tinue d'Alphonse, donner à la France un Directoire digne « d'elle et propre à sauver la liberté; mais toutes les me-« sures doivent être prises par le Corps législatif entier et « conformément à la constitution. Tout ce qui s'écartera de « cette base, loin de sauver la république, rétablira la royauté « sur les débris de la liberté publique.

« Je demande que nous fassions, tous, le serment de fidé-« lité à la constitution de l'an III... »

Cette proposition, qui avait excité l'enthousiasme du Conseil des Cinq-Cents, fut accueillie par des murmures à celui des Anciens. Le député qui venait franchement d'avouer qu'il faisait partie du conciliabule où s'était concerté le décret inconstitutionnel de translation, et se glorifiait d'être initié dans la confiance particulière de Bonaparte, se signala surtout entre tous ceux qui s'élevèrent contre la proposition du citoyen d'Alphonse.

Le représentant du peuple Cornudet, siégeant aux Anciens, était bien différent du pair de France d'aujourd'hui. Autant celui-ci est attaché aux principes constitutionnels, autant il montre de zèle à les défendre, autant le premier (qui pourtant est le même) a montré d'acharnement à les combattre. Ces principes sacrés n'étaient à ses yeux que *des abstractions funestes qui entraînent plus loin qu'on ne veut, et par lesquelles il ne faut pas se laisser enchaîner.* En conséquence, la constitution ayant été violée à différentes époques, il fallait tout à fait l'anéantir. Le caractère de représentant du peuple n'ayant pas été respecté par le Directoire, au 18 fructidor an V, il fallait, au 18 brumaire an VIII, renverser le Directoire, renouvelé au 30 prairial an VII. *La puissance exécutive ne pouvait plus même exister sous le nom de Directoire; nom qui ne pouvait plus se trouver dans le code de la liberté.* Invoquant l'ordre du jour, *au nom de la souveraineté du peuple :* « JE VEUX, dit-il, prenant le ton absolu de Bonaparte, JE VEUX un pouvoir exécutif mieux organisé !... »

Guyomard, dont les principes n'eussent pas varié au gré des confidences de Bonaparte, s'empressa de rappeler le citoyen Cornudet à ceux qu'il n'est jamais permis d'oublier.

« Nous avons, dit-il, prêté, au 1er vendémiaire, le serment de main-« tenir la constitution ; et je pense, comme notre collègue d'Alphonse, « que nous ne devons ni entendre ni faire aucune proposition con-« traire à la constitution.

« Au surplus, que nous prêtions ou non le serment aujourd'hui, « nous n'en sommes pas moins liés par celui que nous avons prêté « précédemment. Si nous en sommes réduits au point que les parti-« sans de la constitution doivent être regardés comme des factieux, « je déclare que je serai plutôt seul de cette faction que de manquer « à mon serment. La constitution est au-dessus du Corps législatif : « il ne peut pas y toucher.

« Je demande que le conseil ne prenne que des mesures sages et « constitutionnelles. »

Des cris de *Vive Bonaparte!* à l'extérieur, et le mouvement qui les accompagna interrompirent la discussion.

Tandis que les partisans de Bonaparte attaquaient la constitution à la tribune du Conseil des Anciens, le général se disposait à l'assiéger au Conseil des Cinq-Cents.

L'enthousiasme avec lequel tous les membres de ce conseil avaient juré de lui être fidèles, l'unanimité des votants, dans laquelle les hommes les plus attachés à Bonaparte se trouvaient confondus, avaient relevé l'espoir des républicains.

Bigonnet qui, ainsi que Savari, du Conseil des Anciens , a déchiré le voile dont se couvrent les hommes du 18 brumaire, Bigonnet croyant voir dans le serment unanime des Cinq-Cents le gage d'un triomphe certain, ne balança pas à lui désigner dans les fastes de l'histoire une place à côté de celui du Jeu de paume. « *Le premier*, dit-il, *a fondé la liberté, le second la consolidera.* Mais ne laissons par refroidir l'énergie qui l'a dicté ! Hâtons-nous d'annoncer au Directoire notre installation; hâtons-nous de demander au Conseil des Anciens qu'il nous instruise enfin des motifs de la convocation extraordinaire qui nous réunit ici. »

§ 18.

Au moment où le message au Directoire est décrété, un secrétaire donne lecture de la lettre du directeur Barras, transmise par le conseil des Anciens :

Ce 18 brumaire.

CITOYEN PRÉSIDENT,

« Engagé dans les affaires publiques uniquement par ma passion « pour la liberté, je n'ai consenti à partager la première magistrature « de l'État que pour le soutenir dans ses périls par mon dévouement, « pour préserver des atteintes de ses ennemis les patriotes compromis « dans sa cause, et pour assurer aux défenseurs de la patrie ces soins « particuliers qui ne pouvaient leur être plus constamment donnés que « par un citoyen anciennement témoin de leurs vertus héroïques et « toujours touché de leurs besoins.

« La gloire qui accompagne le retour du guerrier illustre à qui j'ai « eu le bonheur d'ouvrir le chemin de la gloire, les marques éclatan- « tes de confiance que lui donne le Corps législatif, et le décret de la « représentation nationale, m'ont convaincu que, quel que soit le poste « où l'appelle désormais l'intérêt public, *les périls de la liberté sont* « *surmontés* et les intérêts des armées garantis.

« Je rentre avec joie dans les rangs des simples citoyens ; heureux, « après tant d'orages, de remettre *entiers, et plus respectables que jamais,* « les destins de la république, dont j'ai partagé le dépôt.

« Salut et respect....

BARRAS.

L'étonnement que causa cette lettre en fit demander une seconde lecture.

1 Cette lettre, dictée par Rœderer père, fut signée par Barras sur la minute même, écrite par Rœderer fils. Elle répondait au désir exprimé par Talleyrand. « Il faudrait rédiger pour Barras un projet de démission honorable et dont les termes facilitassent une négociation avec lui. » (Rœderer, *Notice de ma vie, pour mes enfants.* Œuvres, t. III, pag. 301.) L.

Plusieurs représentants du peuple, n'y voyant qu'une déclaration influencée par Bonaparte, et non une démission librement donnée, se demandaient les uns aux autres ce que cela signifiait.

— « La lettre que nous venons de recevoir, quels qu'en soient les termes, annonce la démission de Barras, dit du Plantier; nous n'avons rien de plus pressé que de procéder à la formation d'une liste décuple, pour le remplacer.

— « Attendez, dirent quelques initiés qui connaissaient la fameuse lettre du secrétaire général du Directoire, vous allez en recevoir d'autres. »

Les meneurs du Conseil des Anciens s'étaient bien gardés de joindre à la lettre de Barras celle de Lagarde. Si la lettre de Barras avait causé tant d'étonnement, quel mouvement n'eût pas excité l'annonce des démissions des quatre autres directeurs, qu'aucun acte de leur part ne justifiait !. Lagarde eût sans doute été mandé à la barre ; eût été sommé d'administrer les preuves des démissions qu'il attestait, de mettre sous les yeux du conseil les pièces sur lesquelles il osait déclarer qu'il n'y avait plus de Directoire. Qu'eut-il répondu alors ? Aurait-il eu la hardiesse de nier que deux de ces directeurs étaient prisonniers dans leur palais ? et, instruit de cet attentat, le conseil eût-il pu se dispenser de nous appeler dans son sein, de faire comparaître devant lui les cinq directeurs, démis ou non démis, pour rendre compte de leur conduite ; eût-il négligé de percer enfin les ténèbres dans lesquelles s'enveloppaient les conjurés ?...

## § 19.

La discussion qui s'engagea sur la seule lettre de Barras, généralement regardée comme le résultat d'une profonde intrigue, aurait eu même infailliblement des suites sérieuses, si elle n'eût pas été interrompue. Mais, lorsqu'on agitait la question de savoir si la démission était *légale* et *formelle* ; au moment où l'on se demandait lequel il fallait croire, ou du directeur qui declarait ne se démettre que parce que *les périls de la liberté étaient surmontés*, ou du Conseil des Anciens qui tranférait le Corps législatif sous le prétexte de périls imminents, sans qu'on sût où était le danger, où était l'*ennemi*,... BONAPARTE paraît, suivi de grenadiers qui s'établissent à l'entrée de la salle des séances!...

Enhardi par le succès qu'avaient obtenu ses prétendues révélations au Conseil des Anciens, il voulait sans doute essayer si, par les mêmes moyens, il ne lui serait pas possible de calmer l'effervescence républicaine qui s'était manifestée avec tant d'éclat dans le Conseil des Cinq-Cents; s'il ne pourrait, par ses hypocrites protestations d'attachement à la cause sacrée de la liberté, disposer au moins les esprits à entendre plus favorablement les projets qui devaient être présentés.

Mais aussitôt qu'il est aperçu, une agitation générale s'empare de toute l'assemblée. Tous les membres du conseil sont debout; tous, par des cris divers, annoncent l'impression profonde que leur cause l'apparition subite des baïonnettes dans le temple des lois. Les plus attachés à la gloire de Bonaparte sont ceux qui lui adressent les plus sanglants reproches. « *Est-ce donc pour cela, général, que tu as vaincu?* « lui dit Destrem. *Que faites-vous, téméraire?* lui dit Bigon- « net. *Retirez-vous; vous violez le sanctuaire des lois...* »

De toutes parts on entend crier : *Vive la république!... A bas le tyran!... Vive la constitution de l'an III!... Hors la loi le dictateur!... A bas le Cromwell!... A bas le dictateur!...*

Une foule de députés, non armés de poignards, mais d'une résolution que rien ne peut ébranler, s'élancent sur lui et le repoussent.

Les grenadiers s'avancent précipitamment, en s'écriant : *Sauvons notre général!*

L'indignation est à son comble; les cris, *A bas le dictateur! Hors la loi le dictateur! A bas le Cromwell!* redoublent.

Bonaparte tombe d'effroi dans les bras des militaires dont il s'était fait accompagner. Ses satellites l'emportent; et, pour cacher sa faiblesse, il prétend que des représentants du peuple, qui n'étaient armés que de la loi, ont voulu l'assassiner.

On imagine bien dans quelle agitation une pareille scène dut jeter l'assemblée, le désordre, le tumulte qu'elle dut y causer.

§ 20.

*Lucien*, qui certes n'avait pas dû lui-même voir d'un œil tranquille l'accueil que son frère venait de recevoir, fit longtemps de vains efforts pour rétablir le calme, qu'il semblait avoir seul conservé.

S'il était vrai qu'on eût attenté aux jours de Bonaparte, Lucien en eût-il, du haut de son fauteuil, été le témoin impassible?... En voyant les poignards levés sur son frère, ne se fût-il pas élancé sur les assassins? Cette fable absurde, qu'il a cependant eu la mauvaise foi de vouloir lui-même accréditer, n'est-elle pas démentie par le sang-froid avec lequel il continua de présider, par l'approbation qu'il donna au mouvement qu'excita l'entrée imprévue du général, par les instances qu'il fit pour qu'il fût rappelé dans l'assemblée et entendu? Aurait-il fait cette demande, s'il eût pu imaginer que c'était le livrer à des assassins?

— « Le mouvement qui vient d'avoir lieu au sein du Conseil, « dit-il aussitôt qu'il lui fut possible de se faire entendre, « *prouve ce que tout le monde a dans le cœur, ce que moi-même* « *j'ai dans le mien.*

« Il était cependant naturel de croire que la démarche du « général n'avait pour objet que de rendre compte de la si- « tuation des affaires, de quelque objet intéressant la chose « publique; mais je crois qu'en tout cas nul de vous ne peut « lui supposer des projets liberticides. »

Des interruptions successives, et toutes plus outrageantes les unes que les autres, l'empêchent de continuer. On entend de tous côtés : *Bonaparte a terni sa gloire; je le voue à l'opprobre, à l'exécration des républicains, à celle de tous les Français !!!*

Lucien invite de nouveau le conseil à prendre tous les éclaircissements capables de le rassurer.

« Que le général soit traduit à la barre pour rendre compte de sa conduite! » s'écrie un député...

Dans l'espoir qu'on donnerait suite à cette demande, Lucien cède le fauteuil à Chasal.

Mais de nouvelles propositions font bientôt oublier celle-ci. Tous voient le péril dans le commandement dont Bonaparte a été inconstitutionnellement investi par le Conseil des Anciens.

« Je demande, dit Bertrand du Calvados, que vous commenciez par « décréter que le général Bonaparte n'est pas le commandant des gre- « nadiers qui composent votre garde.

— « Eh quoi ! dit Talot, nous représentons le peuple français, et c'est « dans un village, entouré d'une force considérable dont nous ne dispo- « sons pas, qu'on veut que nous délibérions !... Non que je craigne « les soldats qui nous entourent, ils ont combattu pour la liberté ; ce « sont nos parents, nos fils, nos frères, nos amis ; nous avons nous- « mêmes été dans leurs rangs. Et moi aussi j'ai porté la *giberne de la* « *patrie*. Je ne puis craindre le soldat républicain dont les parents « m'ont honoré de leurs suffrages et m'ont appelé à la représentation « nationale. Mais je déclare qu'hier la constitution a été outragée. Le « Conseil des Anciens n'avait pas le droit de nommer un général. Bona- « parte n'avait pas le droit de pénétrer dans cette enceinte sans y « être mandé. *Je demande qu'à l'instant vous décrétiez que les troupes qui* « *sont actuellement dans cette commune font partie de votre garde.* »

L'adoption de ces propositions aurait pu sauver la république, si le Conseil des Cinq-Cents avait eu, en les décrétant, le pouvoir de les faire exécuter; mais le temps d'invoquer ces mesures salutaires était passé.

C'était à l'instant où le Conseil des Anciens transmit son décret de translation au Conseil des Cinq-Cents que ses membres devaient réclamer contre les dispositions inconstitutionnelles qu'il renferme. Au lieu de se séparer dans un morne silence après en avoir entendu la lecture, c'était alors que tous devaient se lever en masse et protester contre les entreprises coupables de ceux qui l'avaient rendu.

Vous prétendez, pouvaient-ils dire, transférer nos séances

à Saint-Cloud, et vous commencez par nous enlever notre garde, par nous livrer avec elle au général que vous avez choisi... Qui vous a donné ce droit? qui vous a donné celui de l'investir du commandement de nos armées, dont le pouvoir exécutif peut seul disposer?

Quand vous nous faites un appel au nom de la constitution que vous violez, notre devoir est de refuser d'y répondre au nom de la constitution que nous voulons maintenir... Quand vous sortez des limites de votre pouvoir discrétionnaire, nous ne devons plus vous suivre... Nous n'irons point à Saint-Cloud; nous n'abandonnerons le lieu de nos séances qu'autant qu'un décret, constitutionnellement rendu, les aura transférées. Le vôtre est infecté de dispositions qui ne nous permettent pas d'y déférer.

Telle eût été, n'en doutons pas, la conduite du Conseil des Cinq-Cents, si, à l'époque où celui des Anciens lui notifia son décret, il eût été présidé par tout autre que le frère de Bonaparte; et la conjuration, arrêtée dès ses premiers pas, eût difficilement traversé les obstacles de toute espèce qu'on eût pu alors et avec tant d'avantage lui opposer; mais les conjurés surprirent l'adhésion du décret au Conseil des Cinq-Cents, comme ils en avaient obtenu l'adoption à celui des Anciens.

Rendu ensuite à Saint-Cloud, que pouvait le Conseil des Cinq-Cents contre un décret auquel il s'était soumis sans réclamations? Quand il serait parvenu à faire décréter toutes les propositions que son zèle lui suggérait, quand (ce qu'il ne pouvait espérer) le Conseil des Anciens les eût lui-même sanctionnées, qui les aurait mises à exécution?... Croit-on que Bonaparte, *hors la loi*, se fût laissé arrêter à la tête de son armée, que ses compagnons d'armes l'eussent abandonné?

Lorsque la Convention se servit de cette arme terrible contre Robespierre, ce fut à la faiblesse de celui qui commandait la garde nationale de Paris, à la lâcheté d'*Henriot*, qu'elle en dut le succès. Robespierre, d'ailleurs, s'était rendu trop redoutable pour n'avoir pas une foule d'ennemis, s'était fait exécrer ; et Bonaparte n'était entouré que de ses admirateurs !...

Quand on se fût borné même à faire rétracter la disposition inconstitutionnelle qui livrait la force armée à Bonaparte, croira-t-on qu'il se fût volontiers dessaisi de son commandement ? *César avait passé le Rubicon.*

La seule force qui restait au Conseil des Cinq-Cents était la force d'inertie, dont la puissance ne se calcule pas dans le délire du patriotisme.

Lucien, sans le vouloir, offrait à ses collègues l'occasion précieuse de l'employer. Blin ayant proposé de déclarer que les six mille hommes qui entouraient l'assemblée feraient partie de la garde du Corps législatif :

— « Je ne m'oppose point, dit Lucien, à la proposition ; mais « je dois faire observer que les soupçons paraissent s'élever « avec bien de la rapidité et peu de fondement. Un mouve- « ment, même irrégulier, aurait-il déjà fait oublier tant de « services à la liberté! Je demande qu'avant de prendre au- « cune mesure vous appeliez le général... »

Quand Lucien faisait tant d'efforts pour détruire l'impression qu'avait reçue l'assemblée de l'apparition de Bonaparte, lorsqu'il faisait tant d'instances pour la déterminer à l'entendre, on ne pouvait sans doute lui supposer des intentions bien franchement constitutionnelles. Cependant l'effroyable position où se trouvait l'assemblée ne lui laissait d'autre parti à prendre que celui d'accéder aux propositions du président qu'elle s'était si imprudemment donné ; d'appeler Bonaparte à la barre, de l'y recevoir avec la dignité que se doivent à eux-mêmes les représentants d'une grande nation ; de mettre sous ses yeux le serment solennel que tous les membres du conseil venaient de prêter, comme aussi le décret contre tous ceux qui oseraient attenter à la liberté de la représentation nationale, ou d'aucuns de ses membres, et de dire à Bonaparte : « Connaissez, avant de prendre la parole, l'attachement du conseil à la constitution qu'il a jurée, et apprenez quels sont ceux que leur audacieuse entreprise met *hors la loi.* »

Dans quel embarras une pareille réception n eût-elle pas jeté Bonaparte! Personne n'était plus facile à déconcerter que lui. Eût-il osé, ayant sous les yeux le serment solennel du Conseil des Cinq-Cents, parler de la constitution aussi audacieusement qu'au Conseil des Anciens? Sa violente diatribe n'eût servi qu'à prouver de plus en plus son dessein de la renverser, et la nécessité de la défendre.

La lettre de Lagarde, s'il eût eu la hardiesse de s'en prévaloir, n'eût servi qu'à démontrer son projet de détruire le Directoire pour se mettre à sa place, l'importance conséquemment de le maintenir, l'urgence d'approfondir l'allégation de l'impudent secrétaire, et de mander les membres du Directoire dont il supposait les démissions.

Bonaparte eût-il osé dire que la liberté était menacée par d'autres que par lui; répéter que des hommes, qui se qualifiaient insolemment les seuls patriotes, *lui proposaient, pour purifier les conseils, d'en exclure les plus sincères amis de la patrie*; que Barras et Moulins avaient voulu le mettre à la tête d'un parti tendant à renverser tous les hommes qui ont des idées libérales?

Le Conseil des Cinq-Cents, moins crédule que celui des Anciens, eût méprisé des allégations aussi destituées de preuves que de vraisemblance; ou il eût fait appeler Barras et Moulins, s'il eût voulu confondre le dénonciateur.

Voilà tout ce qui serait infailliblement résulté de la nouvelle apparition de Bonaparte, si le Conseil des Cinq-Cents eût écouté les représentations réitérées de Lucien. Il pouvait ensuite, comme le proposait le représentant du peuple Digneffe, se déclarer en permanence, et surseoir à toute délibération, jusqu'à ce que le Conseil des Anciens eût transmis tous les détails de la conspiration qui l'avait déterminé à prendre des mesures si extraordinaires.

Cette conduite, aussi prudente que ferme, déconcertait absolument le plan des conjurés; mais l'indignation, qui exaltait jusqu'au dernier point les amis de la liberté, ne leur permit pas d'adopter une marche dont les avantages ne pouvaient être calculés que par la froide raison. Les cris

*Hors la loi! Aux voix la mise hors la loi contre le général Bonaparte!* furent les seules réponses qu'obtint Lucien en reprenant sa place au fauteuil. L'exaspération contre Bonaparte était portée à un tel excès, qu'on somma Lucien lui-même de mettre aux voix *la mise hors la loi*, de la prononcer contre son frère!

Alors Lucien, indigné de cette suite non interrompue de propositions furieuses et des vociférations qui les accompagnaient, quitte une seconde fois le fauteuil, monte à la tribune, et non-seulement abdique la présidence, mais dépose les marques de la magistrature populaire à laquelle il déclare renoncer.

A peine est-il descendu de la tribune, que des grenadiers se saisissent de sa personne et l'enlèvent. C'était par ordre de Bonaparte, qui l'appelait à son secours. Furieux de l'outrageante réception des membres du Conseil des Cinq-Cents, honteux des efforts que faisait inutilement son frère pour les calmer, décidé à employer la force armée pour les réduire, il ne pouvait se dissimuler combien, malgré toutes les acclamations qu'excitait sa présence, il lui serait difficile de faire marcher des militaires français contre la représentation nationale, s'il n'avait le président même du Conseil à leur tête. Et Lucien, qui venait de se dépouiller de la toge, reprend aussitôt le titre qu'il avait abdiqué, monte à cheval à côté de son frère, et calomnie les représentants du peuple qu'il n'a pu séduire.

Pour déterminer l'armée au plus grand des attentats, il suppose la représentation nationale dans le danger le plus imminent; la majorité des membres du Conseil dominée par une minorité furieuse, sous le poignard d'une poignée de factieux.

« Citoyens, soldats, dit-il en brandissant l'épée dont les « conjurés l'armèrent, le président du Conseil des Cinq-Cents « vous déclare que l'*immense majorité* de ce Conseil est dans « ce moment sous la terreur de quelques représentants du « peuple *à stylet*, qui assiégent la tribune, présentent la « mort à leurs collègues et enlèvent les délibérations les plus « affreuses.

« Je vous déclare que ces audacieux brigands, sans doute « soldés par l'Angleterre, se sont mis en rébellion contre le « Conseil des Anciens, et ont osé parler de mettre *hors la loi* « le général chargé de l'exécution de ce décret; comme si « nous étions encore à ce temps affreux de leur règne, où « ce mot, *hors la loi*, suffisait pour faire tomber les têtes les « plus chères à la patrie.

« Je vous déclare que ce petit nombre de furieux se sont « mis eux-mêmes *hors la loi* par leurs attentats contre la « liberté de ce Conseil. Au nom de ce peuple qui, depuis tant « d'années, est le jouet de ces misérables enfants de la ter- « reur, je confie aux guerriers le soin de délivrer la majorité « de leurs représentants, afin que, délivrée des stylets par « les baïonnettes, elle puisse délibérer sur le sort de la ré- « publique.

« Général, et vous, soldats, et vous tous, citoyens, *vous « ne reconnaîtrez pour législateurs de la France que ceux qui « vont se rendre auprès de moi*; quant à ceux qui resteront « dans l'orangerie, *que la force les expulse!* Ces brigands ne « sont plus représentants du peuple, mais *les représentants du « poignard*. Que ce titre leur reste, qu'il les suive partout!... « et, lorsqu'ils oseront se montrer au peuple, que tous les « doigts les désignent sous ce nom mérité de *représentants « du poignard!...*

« *Vive la république!* »

Après avoir entendu cette horrible harangue, les soldats répétaient bien avec les conjurés, *Vive Bonaparte!* mais restaient immobiles. Les grenadiers, si prompts à s'élancer sur l'ennemi, avaient peine à se persuader que la représentation nationale en recélât dans son sein contre lesquels ils dussent marcher. Combien ne nous eût-il pas été facile de les affermir dans ces sentiments éminemment français, si nous n'eussions pas été enchaînés loin du poste où nous appelait la constitution!

Apparaissant tout à coup au milieu de ces braves qu'on trompait si audacieusement, des soldats français, malgré leur enthousiasme pour un général avec lequel ils avaient moissonné tant de lauriers, auraient, n'en doutons point, entendu la voix des magistrats du peuple, à qui seuls appartenait le droit de nommer les chefs qui devaient les commander. Ils auraient distingué ceux qui, dans ce jour de crise, voulaient sauver la république dont ils avaient toujours été les intrépides défenseurs; ils eussent reculé d'horreur au commandement impie, *Baïonnettes en avant!* contre des hommes sans défense, et que le caractère dont ils étaient revêtus couvrait d'une égide sacrée!... Ils eussent entouré de respect l'enceinte qui leur servait d'asile; et l'armée française, qui s'est tant de fois couverte de gloire, n'aurait pas à rougir d'un attentat horrible dont les résultats ont été si funestes à la France!....

Lucien, voyant tant d'hésitation, essaie un dernier moyen pour la vaincre. Il se retourne contre le général son frère, l'épée à la main, et jure de la lui plonger dans le sein, s'il trompait jamais l'espérance des républicains, s'il attentait un jour à la liberté des Français!...

Ce dernier trait ébranle le soldat électrisé par cette parade: Murat saisit l'instant et marche à la tête d'une colonne disposée à le suivre. Le pas de charge se fait entendre! Une soldatesque égarée viole le sanctuaire des lois; des cohortes armées s'en emparent, enlèvent les représentants du peuple qui, résolus à mourir sur la chaise curule, refusent d'obéir à la violence! Le bruit des armes, les vociférations des conjurés ne peuvent couvrir la voix des républicains qui, le fer dans les reins, répondent par les cris mille fois répétés: *Vive la république! Vive la constitution!*

La force l'emporte sur le courage!... l'usurpateur triomphe!.... Les représentants du peuple sont dispersés par la puissance des baïonnettes!... Il n'y a plus de représentation nationale!... il n'y a plus de constitution!... il n'y a plus de république!...

Notre histoire ne fournit point de traits aussi audacieux! Lorsqu'à la séance du 23 juin 1789, les députés, qui s'étaient constitués en assemblée nationale, restèrent immobiles à leur place et refusèrent de se rendre à l'ordre qui leur fut notifié par le marquis de Brézé, Louis XVI ne crut pas qu'il fût permis d'employer la force des armes contre les délégués du peuple.... Ce crime était réservé au chef de la conspiration du 18 brumaire.

Rien ne pouvant justifier cette épouvantable expédition, il fallait du moins en atténuer l'horreur ; il fallait tromper le peuple après avoir porté le dernier coup à ses représentants, ce peuple qui n'était resté tranquille que parce qu'on lui avait dit et répété, dans cent proclamations diverses, que la translation du Corps législatif à Saint-Cloud n'était qu'une mesure destinée à mettre la constitution hors de toute atteinte, et non à la renverser ; il fallait surtout le rassurer sur l'exercice de ses droits les plus précieux au moment critique où l'on se proposait de l'en dépouiller, et rien ne fut épargné pour y parvenir.

Impudents mensonges, atroces calomnies, furent les dignes préludes des travaux de Saint-Cloud. Des représentants du peuple fidèles à leur mandat furent dénoncés à toute la France comme des furieux démagogues. L'infâme harangue de Lucien fut imprimée, placardée et colportée dans tous les départements. On s'en fit un titre pour rendre Bonaparte plus intéressant à la nation qu'il allait asservir, pour persuader qu'il n'avait échappé au poignard des hommes soldés par l'Angleterre que parce qu'un de ses satellites lui avait fait un rempart de son corps ; et ceux dont le fer des baïonnettes avait menacé les jours furent au contraire présentés comme des assassins.

Des dépêches télégraphiques, une foule de proclamations, des milliers d'émissaires, les cent bouches des journaux, vendus aux conjurés, remplirent toute la France de ces fausses nouvelles. Partout le triomphe de l'usurpation fut annoncé comme celui de la liberté ; et ce fut aux cris mille fois répétés de *Vive la république !* que l'on publia le renversement des deux grands pouvoirs de la république.

Les Français avaient reçu de la convention la constitution de l'an III, comme les Hébreux reçurent de Moïse les *Tables de la loi*. Mais le tonnerre qui annonça la loi aux Hébreux annonçait en même temps la puissance et la majesté du législateur, tandis que le tonnerre de la Convention n'était que l'annonce de la force à laquelle elle avait été malheureusement obligée de recourir pour soutenir son ouvrage, n'était qu'un présage sinistre et menaçant de destruction.

Ce fut sous le canon de Bonaparte que la constitution fut promulguée; c'était sous les baïonnettes et par les baïonnettes de Bonaparte qu'elle devait périr.

### SÉANCE NOCTURNE DE LA JOURNÉE DU 19 BRUMAIRE.

### § 22.

Si la dispersion des membres du Conseil des Cinq-Cents, expulsés militairement de la salle de leurs séances, fut une victoire pour Bonaparte, cette victoire-là même eût embarrassé des conspirateurs moins audacieux que les hommes du 18 brumaire Le Conseil des Anciens, en rendant son décret de translation, avait consommé son pouvoir. Tout concours ultérieur exigeait l'initiative du Conseil des Cinq-Cents, et ce Conseil avait disparu : une vingtaine de ses membres, intéressés au succès de l'entreprise de Bonaparte, étaient seulement restés à sa disposition.

Isolés de la seule puissance qui pût leur rendre l'activité, les Anciens ne savaient s'ils devaient s'en retourner à Paris ou rester à Saint-Cloud.

Bonaparte rassemble les conjurés. « J'ai voulu, » leur dit-il[1], « persuader au Conseil des Anciens qu'ils étaient sur un volcan, et c'est nous-mêmes, en ce moment, qui nous y sommes placés. Le Conseil des Cinq-Cents nous était indispensablement

[1] Qu'en sait Gohier, qui était enfermé au Luxembourg? C'est le cas de répéter à l'historien qui tourne ici au pamphlétaire le mot de Mme de Lassay à son mari : « Comment faites-vous, Monsieur, pour être sûr de ces choses-là? » Bonaparte, chef des conjurés, et leur exposant ses desseins et ses embarras avec le cynisme naïf que lui prête Gohier : cela passe un peu trop la limite des plaisanteries permises au vaincu sur le vainqueur. Le caractère de Bonaparte repousse ce travestissement. Il fut sublime souvent, odieux parfois, mais, et c'est là peut-être le secret de son prestige sur un peuple qui ne garde guère le maître dont il peut rire, il ne fut jamais ridicule. (L.)

nécessaire... Nous l'avons dissous. Que sont devenus les membres que nous avons chassés ? Quelle serait notre position s'ils allaient aussi retrouver un Jeu de paume ?... ou si, adoptant la motion de Talot, tous se rendaient à Paris?... N'aurions-nous pas à craindre que la majorité des Anciens ne s'empressât de les y suivre?...

« Croyez-vous que le peuple, toujours si facile à agiter, et qui n'est resté aussi tranquille que parce qu'il a été rassuré par nos proclamations, entendrait de sang-froid celles qui lui annonceraient la manière dont nous avons traité ses représentants? Croyez-vous qu'au cri de la liberté en danger, ces députés manqueraient d'agitateurs pour le mettre en mouvement?... Et si une fois il osait se montrer, si de toutes parts le tocsin se faisait entendre, si le canon d'alarme était tiré, pouvons-nous calculer les suites qu'entraînerait cette explosion?...

« Fouché, à la vérité, nous a répondu de la tranquillité de Paris; mais si elle était troublée par ses anciens amis les Jacobins, et que le succès de notre entreprise lui parût douteux, avons-nous assez bonne opinion de lui pour être assurés qu'après avoir trahi le Directoire il ne serait pas capable de nous trahir nous-mêmes?...

« Ne croyez pas, cependant, que je regrette les moyens que nous avons été forcés d'employer pour nous débarrasser de ces hommes dangereux, contre l'exaltation desquels toute autre voie que la force des baïonnettes aurait indubitablement échoué; mais songeons à nous garantir de leur audace...

— « Et pour cela, dit un des conjurés, il ne faut que la prévenir, en réunissant les débris de l'instrument que nous avons brisé. Que Lucien rassemble le petit nombre des députés restés à Saint-Cloud, dont le zèle lui est connu, et formons un Conseil des Cinq-Cents qui adopte, *sans batailler,* le plan que nous avons été obligés de soumettre aux hommes indomptables que nous avons expulsés. Comme la séance se passera sans témoins, et qu'il n'y aura point d'appel nominal, les résolutions que nous obtiendrons aveuglément adoptées par le Conseil des Anciens, produiront autant d'effet qu'ont causé d'impressions les prétendues démissions que nous avons fait adresser par le secrétaire général du Directoire.

« Demain nous ferons dire par le *Moniteur* que le Conseil des Cinq-Cents, réuni en majorité, a décrété... ce que nous jugerons à propos de lui faire décréter. Le *Journal de Paris* donnera sur l'enthousiasme des votants tous les détails que son rédacteur Rœderer croira nécessaires pour exciter celui du public; les autres journaux en seront les échos fidèles; tous les pamphlétaires à gages renchériront encore sur tout ce que nous ferons dire par le *Moniteur* et le *Journal de Paris*; et toute la France ne se doutera jamais que nous lui aurons donné l'adoption de quelques transfuges abandonnés de leurs collègues, pour les décrets de la majorité du Conseil des Cinq-Cents représentants du peuple. »

Tout le comité applaudit, et véritablement les conjurés n'avaient pas d'autre parti à prendre. Mais, en s'appuyant sur cette majorité factice, ils ne pouvaient laisser subsister intacte la majorité réelle qui les menaçait; ce n'était que par de nouveaux attentats qu'ils pouvaient assurer le succès du premier, qu'en établissant sur les plus atroces calomnies la nécessité de la plus coupable entreprise sur la représentation nationale.

Pour se garantir, sans retour, des événements que pouvait provoquer l'expulsion à main armée du Conseil des Cinq-Cents, dont vingt-cinq ou trente individus usurperaient le titre, il fut convenu qu'on en retrancherait les membres les plus énergiques, qu'on déclarerait solennellement qu'ils n'en font plus partie.

« Par cette déclaration seule, observa un homme consommé dans l'art des conspirations, vous leur enlèverez toute l'influence qu'ils pourraient avoir sur le peuple. C'est à leur qualité de représentants de la nation qu'ils la doivent; ôtez-leur ce titre, ils ne sont plus rien.

« Robespierre lui-même, qui faisait trembler toute la France, ne put se relever du décret qui le frappa au 9 thermidor. Et, sans remonter si loin, rappelons-nous les conjurés de Clichy, qui avaient Pichegru à leur tête, et qui se flattaient d'avoir des complices dans toutes les classes de citoyens, dans le Directoire même. Un décret les dépouille de leur toge le 18 fructidor, et ce peuple, dont ils avaient fait chanter le réveil sur tous les théâtres, fait retentir les airs des cris de *Vive la république!* le jour où on les arrête pour les déporter !!!

« Eh! qui nous empêchera nous-mêmes de déporter ceux que nous éliminerons ? Hâtons-nous donc d'en faire la liste.

« Mais, pour imprimer aux mesures extraordinaires que nous allons prendre un grand caractère, n'allons pas oublier la proclamation d'usage, que tous les militaires, généraux, officiers et soldats réunis à Saint-Cloud, sous les ordres du général Bonaparte, et le général lui-même, *ont bien mérité de la patrie.*

— « Pour le fameux pas de charge qui nous a expulsés de la salle de nos séances, reprit vivement un membre du comité, qui, malgré qu'il fût un des plus ardents conjurés, ne put cependant s'empêcher de trouver la proposition tout à fait étrange... ?

« Oui, pour cela même, répondit tranquillement Lucien. Avez-vous donc oublié que ce n'est qu'en persuadant à la force armée que la majorité du Conseil des Cinq-Cents était sous le coup des poignards d'une minorité furieuse, et que le général lui-même avait été frappé par les assassins, que nous avons pu la tirer de son inquiétante hésitation, que nous avons pu la déterminer à faire évacuer la salle des séances du Conseil des Cinq-Cents?... Avez-vous oublié que nous avons qualifié de représentants du poignard les députés que nous avons expulsés?... Voilà ce que nous avons intérêt de constater, et ce que persuadera la déclaration solennelle que le général, les officiers et tous les militaires sous ses ordres ont mérité de la patrie... »

Tout étant convenu, Boulay de la Meurthe se retira pour faire au projet qui devait être proposé au Conseil des Cinq-Cents les changements et additions qu'exigeaient les circonstances; et Lucien fut à la recherche des députés qui devaient jouer le rôle important qu'on venait de leur distribuer.

Bonaparte, qui, lui-même, n'osait se flatter que Lucien pût rassembler vingt-cinq ou trente députés assez audacieux pour se proclamer *Conseil des Cinq-Cents*, s'adresse en même temps à son complaisant Conseil des Anciens, chez lequel il était sûr de trouver une minorité entièrement dévouée, capable de tout entreprendre, et à laquelle une majorité inerte n'opposerait aucune résistance.

En effet, ce Conseil, sur la demande de Fargues au nom de Bonaparte, s'étant formé en comité général, la minorité, aussi active que la majorité était indolente, après avoir déclaré que, des deux Conseils qui composaient le Corps législatif, lui *seul se trouvait existant, attendu la retraite de celui des Cinq-Cents*, s'empresse de décréter que *quatre des membres du Directoire exécutif ayant donné leur démission et le cinquième* (Sieyès) *étant mis en surveillance, il serait nommé une commission exécutive provisoire composée de trois membres, etc., etc., etc...*

On allait procéder à la nomination des membres de cette commission exécutive, uniquement créée pour y placer Bonaparte, lorsque Lucien fit annoncer qu'il avait trouvé un *Conseil des Cinq-Cents*.

Ce message surprit d'autant plus le Conseil des Anciens, qu'il venait de constater législativement par un acte, inconstitutionnel il est vrai, qu'après la brillante expédition de Saint-Cloud, les membres du Conseil des Cinq-Cents s'étaient retirés; que ce Conseil était absolument dissous, et que c'était parce que réellement ce Conseil n'existait plus qu'il n'avait pas attendu l'initiative, qui pouvait seule mettre constitutionnellement son pouvoir en activité.

Le décret fut aussi facilement rapporté qu'il avait été rendu; mais il est du moins resté dans le *Moniteur*, et concourt à prouver que toutes les opérations de Saint-Cloud n'ont eu pour bases que la supercherie, le mensonge et l'audace.

Quels étaient les députés que Lucien découvrit et traîna

à sa suite? où étaient-ils?... Quel objet pouvait les retenir à Saint-Cloud, après avoir été, comme tous les autres membres du Conseil des Cinq-Cents, chassés de la salle de leurs séances?...

M. le comte de Cornet va lui-même satisfaire à toutes ces questions. Personne n'a été plus à portée que lui de savoir tout ce qui s'est passé à Saint-Cloud. Voici comme il s'exprime, après nous avoir appris que *MM. Talleyrand et Rœderer étaient venus à Saint-Cloud comme particuliers, et qu'ils paraissaient être, avec le comte Sieyès, l'âme de l'entreprise :*

« Je faisais les fonctions de ministre de la police à Saint-Cloud, « comme président de la commission des inspecteurs du Conseil des « Anciens. Vers les deux heures du soir du 19, on s'aperçut qu'un « calme profond régnait dans le palais et dans ses alentours; alors « on se recueillit, et on songea enfin à ce qu'il fallait faire ; on ne « pouvait revenir à Paris sans avoir adopté une mesure quelconque.

« Un certain nombre de députés du Conseil des Cinq-Cents erraient « *çà* et *là* dans les appartements de Saint-Cloud, dans les corridors, « dans les cours... ils étaient des *expectants*, ils avaient le secret de « la tentative, et voulaient en tirer parti !... »

Et voulaient en tirer parti !... Quelle noble ambition ! Comme, d'un seul trait, M. le comte caractérise bien l'esprit qui a présidé à la journée du 19 brumaire, les vues secrètes qui dirigeaient les agents avides de cette révolution !

Mais revenons aux détails précieux que nous donne M. le comte de Cornet.

« Alors, continue-t-il, on insinua à ces membres du Con- « seil des Cinq-Cents de se former en assemblée... *Ils étaient « vingt-cinq ou trente.* »

Ces vingt-cinq ou trente EXPECTANTS seront-ils assez audacieux pour s'emparer du titre et des attributs du Conseil des Cinq-Cents ? Ah ! sans doute. Il était d'autant plus urgent qu'ils se constituassent en assemblée délibérante, que *le Conseil des Anciens, resté long-temps lui-même expectant, était travaillé de plusieurs manières, soit pour suivre l'entreprise, soit pour l'abandonner.* C'est toujours M. le comte

Cornet qui parle ; nous devons d'autant plus lui savoir gré de sa candide franchise, qu'il ne fallait rien moins qu'une autorité comme la sienne pour combattre celle de tous les écrivains qui ont pris pour constants tous les mensonges du *Moniteur* et du *Journal de Paris*; pour arracher le voile dont voudraient se couvrir encore les vingt-cinq ou trente intrigants à qui seuls on peut reprocher l'acte du 19 brumaire, et les crimes qui se sont commis à la faveur des ténèbres de cette nuit désastreuse.

Fier de la recrue qu'il venait de faire, Lucien remonte au fauteuil et prend la parole :

« Représentants du peuple, dit-il, cet ancien palais des « rois où nous siégeons dans cette nuit solennelle atteste « que *la puissance n'est rien* et que la gloire est tout ! »

Comme les grands génies se rencontrent !... Un de nos premiers orateurs chrétiens avait dit avant lui : DIEU SEUL EST GRAND, MES FRÈRES ! et ce début solennel n'avait pas pour objet de préparer les peuples à recevoir un usurpateur ; tandis que, dans son magnifique début, Lucien ne parlait du *néant de la puissance* que pour en mieux dépouiller ceux qui l'exerçaient au nom de la loi, que pour répandre le mépris sur tous les pouvoirs constitutionnellement institués !

« Vous devez, dit-il, oublier tous les liens factices, pour « ne vous souvenir que du peuple français, dont vous êtes « chargés... Si, par des considérations pusillanimes et dé- « placées, nous ne changeons pas l'affreux état où il se « trouve... dès aujourd'hui nous perdons notre gloire, et « *nous ne garderons pas longtemps notre puissance*... Je livre « à vos méditations profondes les idées que je viens d'é- « mettre... »

Les méditations ne furent pas longues ; la suite de la séance ne tarda pas à prouver que l'on connaissait d'avance *les liens factices qu'il fallait oublier*, pour s'occuper du bonheur du peuple à la manière dont l'entendait Lucien.

Mais, avant tout, il fallait, comme on en était convenu, consacrer les immortels exploits de la campagne de Saint-Cloud, travestir en faits authentiquement prouvés les fables atroces du 19 brumaire. En conséquence, le *conseil des trente*, sur la proposition d'un de ses membres, qui n'a pas jugé à propos de se nommer : « Considérant que le général « Bonaparte, les généraux et l'armée sous ses ordres ont « sauvé la majorité du Corps législatif et la république, « attaquées par une minorité composée d'assassins ;

« Considérant qu'il est instant de leur témoigner la re- « connaissance nationale, déclare qu'il y a urgence. »

Et, après avoir déclaré l'urgence, le conseil, à l'unanimité et au milieu DES PLUS VIVES ACCLAMATIONS[1], prend la résolution suivante :

« Le général Bonaparte, les généraux Lefebvre, Murat, « Gardane, les autres officiers généraux et particuliers dont « les noms seront proclamés[2], les grenadiers du Corps lé- « gislatif et du Directoire exécutif ; les sixième, soixante-dix- « neuvième, quatre-vingt-sixième de ligne ; les huitième et « neuvième de dragons, et *les grenadiers, qui ont couvert le* « *général Bonaparte de leurs corps et de leurs armes*, ont « *bien mérité de la patrie*[3]. »

Quelle résolution !... La majorité des membres du conseil des Cinq-Cents se serait-elle assez peu respectée pour ériger en trait héroïque leur propre expulsion à main armée?... Non, certes. Rendons de nouveau grâce à M. le comte de Cornet de n'avoir laissé peser le poids de l'indignation qu'inspire un décret si honteux, que sur la tête de ceux qui la

1 D'où pouvaient partir de si vives acclamations? ces vingt-quatre ou trente figurants étaient eux seuls tout à la fois assistants et délibérants.

2 Avis aux amateurs à qui il importait de grossir la liste des proclamés; aussi *combien d'honnêtes gens se sont donné les gants de la journée de Saint-Cloud, qui, pâles et tremblants, manifestèrent leurs regrets de se trouver en ce lieu, et se retirèrent en toute hâte vers Paris, où ils se montrèrent le lendemain s'annonçant comme les plus utiles coopérateurs de la journée, et allèrent le soir chez les nouveaux consuls exiger le prix de leur défection, et l'obtinrent !* (Notice, p. 14 et 15.)

3 Un de ces grenadiers n'a-t-il pas eu l'effronterie de venir réclamer à la chambre des députés la pension qui lui avait été accordée pour accréditer cette fable odieuse ; mais l'un de nos orateurs les plus distingués, M. Dupont de l'Eure, un des membres du conseil des Cinq-Cents, témoin de l'entrée et de la sortie de Bonaparte, a fait accueillir comme elle devait l'être la jonglerie du 19 brumaire.

méritent! Le ramassis de Lucien, ces cupides expectants qui erraient dans les corridors de Saint-Cloud, ont pu seuls déclarer, à la face des nations, que ceux qui les ont chassés du lieu de leurs séances ont bien mérité de la patrie!

Cette résolution est d'autant plus odieuse, que ses auteurs ne s'étaient ainsi dégradés eux-mêmes que pour commettre un nouvel attentat; qu'elle était prise dans l'intention de porter ensuite la hache au sein de la représentation nationale. On voulut établir en fait que la majorité du conseil des Cinq-Cents avait été attaquée par une minorité d'assassins, parce qu'on avait résolu de retrancher de ce conseil ces prétendus assassins, qui en étaient les membres les plus énergiques. On supposait que leur présence dans le Corps législatif le mettait en péril et la république elle-même, parce qu'on avait besoin d'un prétexte pour priver l'un et l'autre de leurs plus intrépides défenseurs.

Et quels sont donc les forfaits de ces soixante-un représentants du peuple dont le salut public demandait l'expulsion[1]?

Leurs forfaits sont de s'être récriés contre un décret rendu sans motifs; d'avoir demandé à les connaître, ou plutôt d'avoir manifesté qu'on les connaissait trop; d'avoir combattu le dessein d'attaquer la constitution; d'avoir fait individuellement prêter à tous les membres du conseil, aux conspirateurs eux-mêmes, le serment de fidélité à cette constitution, qu'ils ne voulaient plus reconnaître; d'avoir, par cet appel nominal, noté d'infamie les noms de ceux qui déjà même avaient le dessein de se parjurer.

Leurs forfaits sont d'avoir refusé de reconnaître le commandement inconstitutionnel dont le décret de translation

1 Quels étaient les forfaits des députés proscrits le 18 fructidor par leurs propres collègues et expédiés dans des cages de fer au port où les attendait le vaisseau chargé de les porter à cette mort lointaine à laquelle ils avaient été condamnés sans jugement? Un Corps législatif qui a fait si bon marché de la dignité, de la liberté, de la vie de ses membres les plus honnêtes et s'est décimé lui-même, a-t-il droit à la pitié quand il subit la loi qu'il a faite et est chassé de son enceinte par ceux à qui il a appris lui-même à violer son inviolabilité? (L.)

investissait Bonaparte ; de s'être écriés, à l'instant où il osa paraître dans la salle de leurs séances en armes et sans y avoir été appelé : *Bonaparte a terni sa gloire ! A bas le dictateur !*

Leurs forfaits sont d'avoir crié *hors la loi* sur celui qui venait mettre *hors la constitution* toute la France ; de n'avoir, jusqu'aux derniers moments et sous le coup des baïonnettes, cessé de faire entendre les cris de *Vive la constitution de l'an III ! Vive la république !*

Honorables proscrits, félicitez-vous de cette audacieuse élimination, qui, en vous séparant d'indignes collègues, ne permet pas que le soupçon d'avoir été leurs complices plane jamais sur vous. Tout ce que peut espérer cette minorité factieuse de l'obscure nuit du 19 brumaire, c'est de se trouver confondue avec la majorité étrangère à leur opération coupable, et dont elle a usurpé le nom et transgressé le pouvoir ; c'est que leurs noms puissent échapper à la honteuse célébrité dont ils seraient éternellement entachés s'ils étaient individuellement connus.

Les vôtres, honorés par cette odieuse proscription, seront recueillis par l'histoire. La postérité, qu'on ne peut jamais impunément tromper, apprendra que, fidèles jusqu'au dernier moment à votre mandat, vous n'avez cessé d'être comptés au nombre des représentants du peuple que lorsque l'usurpation en a pris la place, que lorsqu'il n'y a plus eu de représentation nationale ; et son inexorable justice fera peut-être un jour regretter aux proscripteurs le sort des proscrits.

Pour donner le temps de former la liste de proscription, on avait nommé pour la forme une commission chargée de présenter, séance tenante, des mesures de salut public. On se doute bien que ces prétendues mesures du salut public, destinées à fournir aux conspirateurs les moyens de tout détruire, avaient d'avance été arrêtées dans le comité des conjurés, avant le départ pour Saint-Cloud. Et en effet, à la simple lecture du projet de l'acte du 19 brumaire, il est impossible de ne pas se convaincre qu'il n'a pu être l'ouvrage de quelques instants ;

il est impossible de n'être pas au contraire persuadé que la profonde combinaison de tous les articles dont il se compose, que toutes les dispositions qu'il renferme, sont le résultat d'un travail extrêmement réfléchi; ce n'est point dans le tumulte et l'inquiétude d'une tourmente révolutionnaire qu'on improvise un pareil décret.

Une seule disposition, celle qui désigne les proscrits et en détermine le nombre, peut être attribuée aux membres de cette commission, et certes lui appartient bien, puisqu'ils ont eu le courage de la présenter.

Le principal objet des conspirateurs du 18 brumaire était de placer Bonaparte à la tête d'un nouveau gouvernement. Pour y parvenir, il fallait tout à la fois faire disparaître le Directoire exécutif et éclipser le Corps législatif. L'acte du 19 brumaire effectua cette double entreprise.

D'abord une commission exécutive provisoire de trois consuls, composée de Bonaparte, Sieyès et Roger-Ducos, fut mise à la place des cinq directeurs. Le Corps législatif fut ajourné au 1er ventôse, et les deux conseils furent réduits à deux simples commissions de chacune vingt-cinq membres.

L'empressement de Bonaparte à s'emparer des rênes du gouvernement, dont il avait protesté ne vouloir être que *les bras,* les immenses pouvoirs attribués à la commission dont il était le chef, devaient bien faire prévoir quel était le but de l'organisation provisoire.

La commission consulaire fut non-seulement investie *de la plénitude du pouvoir directorial, et spécialement chargée de procurer une paix honorable et solide, d'organiser l'ordre dans toutes les parties de l'administration, de rétablir la tranquillité intérieure* (on verra l'effrayante latitude que donnaient au triumvirat ces dernières dispositions, qui semblaient dictées pour rassurer toute la France); non-seulement toute initiative fut réservée à cette commission consulaire, mais l'exercice de tous les autres pouvoirs lui fut subordonné, tous les autres pouvoirs se confondirent dans le sien.

Les commissions émanées des deux conseils, qui devaient

remplacer le Corps législatif ajourné, loin de jouir de son indépendance, furent entièrement soumises à la direction de la commission consulaire, ne purent *statuer sur aucun objet de police, de législation et de finances, qu'avec sa proposition formelle et nécessaire*[1].

Si l'article 11 les charge *de préparer les changements à porter aux dispositions organiques, dont l'expérience fait sentir les vices et les inconvénients,* c'est toujours sous la direction du triumvirat; et Dieu sait les changements que l'expérience consulaire va suggérer à des *Solons* aussi heureusement influencés!...

Cependant l'art. 11 porte qu'ils ne *peuvent avoir pour but que de consolider, garantir et consacrer inviolablement la souveraineté du peuple français, la république une et indivisible, le système représentatif, la division des pouvoirs, la liberté, l'égalité, la sûreté et la propriété.*

Bons Français, vous allez, d'après des dispositions aussi expresses, dormir d'un sommeil tranquille!... Mais arrivera l'instant du réveil; et qu'il sera terrible!... Les misérables qui vous parlent ce langage se rient de la souveraineté du peuple, abhorrent la république, qu'ils vont renverser. La liberté est perdue, et l'égalité n'existera que dans les communes chaînes dont nous seront tous accablés.

*La commission consulaire pourra présenter ses vues*[2], d'après lesquelles les commissions doivent régler leur travail. Quelles vues favorables pouvait-on attendre de Sieyès et de Bonaparte? Le plan arrêté pour établir et consolider la tyrannie!...

Tandis qu'on dégradait ainsi le Corps législatif, en substituant aux deux conseils deux commisions qui n'en étaient que la triste caricature, sans autre pouvoir que celui de concourir à la destruction de l'ordre constitutionnel, par l'adoption des projets commandés pour anéantir provisoirement tout ce qui s'opposait au système des conjurés; tandis que

1 Art. 9.
2 Art. 13.

deux commissions, destinées à faire illusion au peuple, à lui persuader qu'il se trouvait encore du moins représenté par une fraction de ses élus, ravalés au simple rôle de commis subalternes, ne pouvaient agir qu'autant qu'elles étaient mises en action par Bonaparte, ne pouvaient prendre d'arrêtés que sous son bon plaisir, l'acte du 19 brumaire donnait le plus libre essor aux membres du Corps législatif ajournés, les entourait des prestiges les plus séduisants.

La constitution de l'an III ne permettait pas à un représentant du peuple d'accepter un emploi qui pût influer sur son indépendance. Les conspirateurs, qui voulaient non améliorer mais renverser de fond en comble cette constitution, commencent par intéresser les membres du corps législatif à sa destruction, en ouvrant une carrière nouvelle à leur ambition. « Vous pouvez maintenant, leur disent-ils, devenir *ministres, agents diplomatiques, délégués de la commission consulaire exécutive*, remplir toutes les autres fonctions civiles, *sans perdre votre qualité de représentant du peuple*[1], toujours conséquemment en conservant votre inviolabilité constitutionnelle, et, ce qui vous est plus profitable encore, l'indemnité attaché à ce titre.

« Assez et trop longtemps vous avez végété dans le cercle étroit que vous circonscrit une constitution qui prive la patrie des importants services que vous pouvez lui rendre. Sans vous dépouiller du titre honorable dont vos concitoyens vous ont revêtus, non-seulement nous vous déclarons aptes à toutes les places, mais, *au nom du bien public, vous êtes invités à les accepter*.

« Oh! vous êtes par trop honnête, dit en riant un des conjurés au rédacteur de cet article. Connaissez mieux la plupart des gens à qui vous vous adressez. Tous les petits esprits (et il y en a beaucoup), tous les ambitieux (il y en a encore davantage), n'ont pas besoin de votre invitation pour se laisser prendre au leurre que vous leur présentez.

« Ceux qui ont la plus haute idée de leurs talents vont s'at-

1 Art. 7.

tendre à être nommés ministres, à être envoyés dans quelque ambassade; et ceux qui ne recevront ni portefeuille ni mission chez l'étranger ne s'en consoleront qu'autant que quelque emploi dans l'intérieur les fera participer à la faculté que vous leur accordez de cumuler des fonctions lucratives déclarées incompatibles jusqu'à ce jour. »

Et en effet, la commission consulaire s'étant déterminée à user de l'autorisation que lui donnait l'article 4, d'envoyer des délégués avec des pouvoirs, sans autres limites que le sien, une foule de proconsuls, qui osaient se dire encore les représentants du peuple, lorsqu'ils n'étaient plus que les serviles agents de l'usurpateur, parcoururent les départements, et tourmentèrent toutes les administrations qu'ils ne trouvèrent pas assez enthousiastes.

Le conseil des *trente* n'avait pas besoin qu'on fît de grands efforts d'éloquence pour lui faire accueillir un projet qui était l'objet de toutes ses spéculations; aussi fut-il admis sans discussion.

Porté au conseil des Anciens, son adoption souffrit d'autant moins de difficultés, que des membres de ce conseil, qui savaient que le Corps législatif n'avait été transféré à Saint-Cloud que pour renverser le Directoire et placer Bonaparte à la tête d'un nouveau gouvernement, n'imaginant pas possible l'audace des vingt-cinq ou trente recrues de Lucien, et croyant le conseil des Anciens seule autorité constitutionnelle existante, avaient déjà pris sur eux de faire décréter un gouvernement provisoire. Le conseil, dès lors, se trouva fort heureux de pouvoir sanctionner l'acte du 19 brumaire, comme s'il eût été l'ouvrage du conseil des Cinq-Cents, au nom duquel il lui était effrontément présenté.

M. le comte de Cornet convient que les députés qui votèrent l'adoption du projet ne formaient qu'une faible minorité; mais il ajoute que la majorité la laissa voter seule, qu'elle fut *morne et silencieuse*, terrifiée sans doute par l'attentat commis sur le conseil des Cinq-Cents.

« On insinua, dit-il, aux membres du conseil des Cinq-
« Cents, qui erraient çà et là dans les appartements de

« Saint-Cloud, de se former en assemblée ; ils étaient *vingt* « *cinq* ou *trente*. *Ce projet de loi, qui est celui du* 19 *brumaire*, « leur fut présenté. *Ce prétendu conseil des Cinq-Cents le* « *délibéra*. Il fut porté à celui des Anciens, qui était intact, « et *la loi fut votée par la minorité*; *la majorité était morne* « *et silencieuse*. »

Les votes acquis de la minorité du conseil des Anciens et le morne silence de la majorité de ses membres étonneront moins sans doute que les emphatiques félicitations adressées par Lucien à la bande votante qu'il avait si heureusement réunie dans l'orangerie de Saint-Cloud. Mes lecteurs n'auraient qu'une idée imparfaite de la séance nocturne du 19 brumaire, si je ne mettais sous leurs yeux ce prodige d'enthousiasme qui l'a terminée.

« Représentants du peuple, s'écria-t-il, la liberté française « est née dans le jeu de paume de Versailles. Depuis cette « immortelle séance, *elle s'est traînée jusqu'à vous*, en proie « tour à tour à l'inconséquence, à la faiblesse et aux maladies « convulsives de l'enfance.

« Elle vient aujourd'hui de *prendre la robe virile*. Elles « sont finies dès aujourd'hui, toutes les convulsions de la « liberté... A peine venez-vous de l'asseoir sur la confiance « et l'amour des Français, et déjà *le sourire de la paix et de* « *l'abondance brille sur ses lèvres !*

« Représentants du pleuple, *entendez les bénédictions de ce* « *peuple* et de ses armées, longtemps le jouet des factions « intestines, et que tous leurs cris pénètrent jusqu'au fond « de vos âmes. Entendez aussi *le cri sublime de la postérité.*

« Si la liberté naquit dans le jeu de paume de Ver- « sailles, elle fut consolidée dans l'orangerie de Saint-Cloud. « Les constituants de 89 furent les pères de la révolution, « mais les législateurs de l'an VIII seront les pères et les « pacificateurs de la patrie !...

« Ce cri sublime retentit déjà dans l'Europe ; chaque « jour il s'accroîtra et embrassera bientôt les cent bouches « de la renommée ! »

O mânes de Mounier, le respect que tous les Français

doivent à votre memoire ne permet pas de laisser sans réponse de tels blasphèmes. *Au jeu de paume,* l'Assemblée constituante, sur votre proposition, jura que la France serait libre ; et il n'a pas dépendu d'elle que ce serment, scellé du sang de plusieurs de ses membres, ne s'accomplît ! ... tandis que tous les serments des hommes du 18 brumaire, toutes leurs institutions, n'avaient d'autre but que de rendre la France esclave, et n'ont que trop réussi.

« Vous venez, ajouta Lucien, de créer une magistrature « extraordinaire et momentanée, dont les effets doivent « *ramener* l'ordre et la victoire, seul moyen d'arriver à la « paix.

« Auprès de cette magistrature, vous avez placé deux « commissions pour la seconder et s'occuper de l'amélioration du système social que tous les vœux réclament.

« Dans trois mois, vos consuls et vos commissaires vous « rendront compte de leurs opérations. *Ils vont travailler pour « le bonheur de leurs contemporains et pour la postérité.* Ils « sont investis de tous les pouvoirs nécessaires pour faire le « bien. PLUS D'ACTES OPPRESSIFS ! PLUS DE TITRES, PLUS DE « LISTES DE PROSCRIPTIONS ! PLUS D'IMMORALITÉ ! PLUS DE BASCULE ! « LIBERTÉ ! SURETÉ POUR TOUS LES CITOYENS !...

« Garantie pour les gouvernements étrangers qui voudront « faire la paix ; et quant à ceux qui voudraient continuer « la guerre, s'ils ont été impuissants contre la France désorganisée, livrée à l'épuisement et au pillage, que sera« ce aujourd'hui ?...

« Qu'il est beau, ajoute-t-il dans son inconcevable délire, « qu'il est beau le mandat que vous avez donné aux consuls « de la république !... *Dans peu, le peuple français et vous « jugerez s'ils ont su le remplir ! ...* »

Bientôt, en effet, la France put juger tout ce qu'elle devait attendre des hommes à qui les destins d'un peuple libre avaient été si indignement livrés !...

Cette séance nocturne fut terminée par la singulière formule du serment qu'il plut aux consuls de prêter, non à la constitution, anéantie déjà dans leur esprit et dont le nom même n'est pas rappelé dans l'acte du 19 brumaire, mais *à la république,* qu'ils se proposaient d'organiser; *à la liberté,* qu'ils avaient résolu d'enchaîner; *à l'égalité,* qui, dégradée par l'invention d'une noblesse nouvelle, par une superfétation d'hommes titrés de toute espèce, ne devait plus être, devant la justice même, qu'un vain mot; *à un système représentatif* qui annonçait dès lors à la France qu'elle n'avait à espérer qu'un fantôme de représentation.

Ainsi finit la brillante expédition de Saint-Cloud. A quatre heures du matin, le château fut évacué; et les vainqueurs, chargés de la terrible responsabilité qui entachera éternellement leur mémoire, retournèrent à Paris pour y recevoir les félicitations assurées à tous les hommes revêtus du pouvoir, quels que soient les moyens par lesquels ils y sont parvenus !...

### MON DÉPART DU DIRECTOIRE.

### § 23.

Les consuls étant de retour à Paris, Bonaparte, empressé de prendre possession des palais du Directoire exécutif, fit retirer les troupes dont il avait fait entourer celui où il me retenait prisonnier.

En m'annonçant que j'étais *libre,* Louis Bonaparte me notifia que le désir de son frère était que je profitasse du premier instant de ma liberté pour céder mes appartements aux membres du nouveau gouvernement, qui devaient les occuper.

Parcourant des yeux l'ameublement de mon salon, qu'il pouvait déjà regarder comme un mobilier de famille, il les arrêta sur un superbe buste de Bonaparte. « C'est le portrait « de mon frère, me dit-il; il ressemble parfaitement. »

— « Je l'ai reçu, lui dis-je, d'un artiste qui m'en a fait « hommage en croyant m'offrir le portrait d'un défenseur « de la république. — Il vous appartient, me répondit Louis « Bonaparte.— Le buste du général, lui répliquai-je, appar-

« tenait au président du Directoire, et il m'était cher ; celui « du consul appartient à sa famille, et je le lui laisse sans » regret, en recommandant l'artiste à sa protection. »

C'était le malheureux Céracchi !... Impliqué quelques mois après dans l'étrange conspiration de l'Opéra, avec Demerville, Topino Lebrun et Aréna, frère puîné du représentant si odieusement calomnié, il fut, ainsi qu'eux, condamné à la peine de mort, comme ayant voulu assassiner celui dont il eût voulu transmettre l'image à la postérité.

Le directeur Moulins s'était évadé en apprenant le triomphe de l'usurpateur. Le général Leclerc, qui avait servi sous ses ordres, favorisa son évasion, en le prévenant que les députés éliminés devaient être déportés ; que le projet était d'y comprendre les républicains qui avaient le plus montré d'énergie, et que nous étions menacés du même sort.

On a tort de faire un reproche à Moulins de s'être soustrait à la surveillance de ses geôliers. Briser ses fers n'est point faiblesse ; échapper à la tyrannie est le dernier acte de l'homme libre qui l'a combattue sans pouvoir la vaincre.

On a prétendu que le directeur Moulins avait remis au général Leclerc sa démission sans date. C'est une calomnie que dément son caractère connu. Si cet acte eût existé, ne se fût-on pas empressé de le faire insérer dans tous les journaux ? et aucun n'a osé même en parler, quoiqu'ils pussent à cette époque impunément tout oser.

Après mon honorable expulsion du palais où l'on me retenait prisonnier, je fus, comme l'avait été le directeur Moulins, prévenu que l'homme qui ne rêvait que déportations insistait pour nous faire comprendre dans cette mesure atroce ; que la police de Fouché surveillait toutes mes démarches, celles mêmes des personnes qui, n'imitant pas la tourbe que le malheur et les disgrâces mettent en fuite, n'avaient pas rompu toute liaison avec moi.

Pour épargner à des citoyens estimables le désagrément de cette inspection inquisitoriale, je me retirai à Antony, à la campagne d'un ami du général Kléber, qui était aussi le mien. J'y restai jusqu'au moment[1] où j'ai acheté la retraite modeste que j'habite encore aujourd'hui à Eaubonne, entouré d'une famille qui n'a pas plus d'ambition que moi, et qui fait mon bonheur; visité par de vieux amis qui n'ont pas cessé de m'être attachés, par quelques gens de lettres qui ne m'ont pas tout à fait oublié.

Passant mon temps à cultiver les Muses et mon jardin, qui n'est pas aussi ingrat qu'elles, j'y attends, sans le désirer ni le craindre, l'instant où je dois aller rejoindre les braves qui m'ont devancé au rendez-vous des hommes libres, et où de généreux Français ont réclamé un coin de terre pour celui dont la France républicaine, agrandie de ses plus belles conquêtes, n'a pu satisfaire l'ambition[2].

[1] Pardon! citoyen Gohier. Et ce consulat général de Hollande qui vous retint dix ans à l'étranger fonctionnaire de Napoléon, vous l'oubliez donc quand vous ne faites qu'un saut (un saut de dix ans), de la retraite de 1799 à celle de 1812? (L.)

[2] A la veille d'un long voyage, il faut être muni de son passe-port... J'ai fait mon épitaphe:

AMICI, PARENTES, FILIA, CONJUX, NEC DOLOR, NEC LACRYMÆ:
LIBER TANDEM QUIESCO.

Tendre épouse, parents, amis, fille chérie,
Vous tous à qui je dois le bonheur de ma vie,
Autour de ces cyprès voyez croître les fleurs.
Jetez sur mon tombeau quelques feuilles de rose,
Gardez-vous d'arroser ma cendre de vos pleurs
Mon ombre en gémirait: libre enfin, je repose!

III

# RÉVOLUTION DE BRUMAIRE

OU

## RELATION DES PRINCIPAUX ÉVÉNEMENTS

DES JOURNÉES

DES 18 ET 19 BRUMAIRE

PAR LUCIEN BONAPARTE

PRINCE DE CANINO.

*Extraits.*

# III

# RÉVOLUTION DE BRUMAIRE

OU

## RELATION DES PRINCIPAUX ÉVÉNEMENTS

DES JOURNÉES

DES 18 ET 19 BRUMAIRE

PAR LUCIEN BONAPARTE

PRINCE DE CANINO.

---

## I.

Première entrevue de Sieyès et de Bonaparte. — Changements arrêtés dans cette entrevue. — Banquet de Saint-Sulpice. — Deuxième entrevue de Sieyès et de Bonaparte.

La première semaine de brumaire s'était écoulée : Bonaparte était à Paris depuis quinze jours. Malgré sa circonspection, ses opinions commençaient à n'être plus douteuses. Les jacobins savaient qu'ils ne pouvaient pas compter sur lui ; la haine succédait chez eux à l'incertitude.

Le Corps législatif ayant invité pour le 15 brumaire Bonaparte et Moreau à un grand banquet, le bruit se répandit que plusieurs députés refusaient de prendre part à cette fête... Il était temps de prendre un parti. Le 10 au soir fut fixé par mon frère pour sa première entrevue avec Sieyès. Elle eut lieu en ma présence dans une maison au coin de la rue Verte, elle ne dura pas une heure. Sieyès et Bonaparte s'embrassèrent. « Dès le moment de mon arrivée, » dit Bonaparte prenant de suite la parole, « vous avez connu mes sentiments. Le moment d'agir est venu. Toutes vos mesures sont-elles arrêtées?. » — Sieyès commença par indiquer ses changements constitutionnels. — Le général l'interrompit ainsi : « Je connais tout cela par ce que m'a dit mon frère, mais vous ne pensez pas sans doute à présenter à la France une nouvelle constitution toute faite, sans qu'elle ait été discutée posément et article par article. Ce n'est pas l'affaire d'un moment et nous n'avons pas de temps à perdre. Il nous faut donc nécessairement un gouvernement provisoire qui prenne l'autorité le jour même de la translation, et une commission législative pour préparer une constitution raisonnable et la proposer à la votation du peuple; car je ne voudrai jamais rien qui ne soit librement discuté et approuvé par une votation universelle bien constatée. Après cette votation, que les royalistes ou les jacobins viennent, et nous les mettrons à la raison. Occupez-vous donc exclusivement de la translation à Saint-Cloud et de l'établissement simultané d'un gouvernement provisoire. J'approuve que ce gouvernement soit réduit à trois personnes, et puisqu'on le juge nécessaire, je consens à être l'un des trois consuls provisoires avec vous et votre collègue Roger-Ducos. Quant au gouvernement définitif, c'est autre chose ; nous verrons ce que vous déciderez avec la commission législative. J'appuierai vos décisions, mais je me réserve de faire partie du pouvoir exécutif ou de préférer le commandement d'une armée. Cela dépendra de ce que vous réglerez. »

Comme nous gardions le silence, Bonaparte, après avoir attendu un moment, s'approcha de Sieyès et lui dit d'un ton plus animé : « Est-ce que vous ne voudriez pas soumettre votre plan à une commission? Est-ce que vous croyez pouvoir rien faire sans un consulat provisoire?... Quant à moi, sans aller plus loin, je vous dirai franchement qu'en ce cas, vous ne devez plus compter sur moi. Voyez ; pensez-y bien. Nous pourrons nous revoir ici, quand vous voudrez. »

Tel fut le résumé d'une conversation dont le général fit presque tous les frais à lui seul. Son aplomb, sa logique, son éloquence positive parurent anéantir Sieyès; la portée de ce nouveau plan lui apparaissait sans voile, et l'inquiétait pour l'avenir. Quant à moi, j'étais piqué au vif du silence que mon frère avait gardé avec moi sur un consulat provisoire et une commission législative, mais nous ne pûmes contester la force des motifs apparents qu'il avait fait valoir. D'ailleurs, il avait coupé le nœud gordien en se levant et répétant : « Sans cela, ne comptez pas sur moi; il ne manque pas de généraux pour faire exécuter le décret des Anciens. »

Il fut donc convenu que l'on agirait d'après ces nouvelles données, et que le surlendemain 12, on se retrouverait dans le même lieu, pour fixer le jour de l'action.

Mon frère sort le premier. Sieyès, resté seul avec moi, me dit : « Le général semble ici sur son terrain comme au champ de bataille. Il faut bien suivre son avis; s'il se retirait, tout serait perdu, et son acceptation du consulat provisoire assure le succès. Après-demain, tout sera prêt. A la même heure, ici. »

Le désappointement de Sieyès était visible; sa constitution était rejetée sur le second plan et livrée aux chances futures. Il n'était plus le chef du mouvement; il le sentit et se résigna : un astre plus puissant l'attirait malgré lui dans son orbite.

Les jours suivants, Sieyès réunit ses amis les plus influents, pour faire approuver les nouvelles mesures. Je n'assistai pas à ces réunions; ma position entre Sieyès et mon frère devenait gênante. On devait penser que j'avais connu la détermination du général et que je l'avais cachée. Ce soupçon qu'on me laissa entrevoir était injuste. L'ajournement indéfini des réformes arrêtées depuis longtemps et leur renvoi à une commission législative future me déplaisaient autant qu'à Sieyès. S'il avait repoussé ces mesures, si les Anciens les avaient repoussées, je serais resté avec eux... mais, parmi nos réformistes, beaucoup penchaient déjà vers le général. Il n'y avait donc pas d'opposition possible parmi nous, et cette impossibilité était fort bien appréciée par Napoléon, qui, ayant jeté son coup d'œil d'aigle sur le terrain, ne doutait plus de nous voir approuver ses mesures, qui paraissaient d'ailleurs appuyées sur les motifs les plus raisonnables.

La seconde entrevue, fixée pour le 12, fut renvoyée à la nuit du 15, immédiatement après la fête du Corps législatif. Il avait fallu quelques jours de plus pour mettre en œuvre les nouveaux fils de la trame, préparés dans la première entrevue.

Le 15, on n'était occupé que de cet immense banquet de sept cent cinquante couverts, préparé dans le temple de la Victoire, ci-devant l'église de Saint-Sulpice. Offert par les deux conseils à Bonaparte et à Moreau, nous désirions vivement qu'il n'y eût pas de scission, et nous comptions sur la présence de tous nos collègues d'après les instances faites auprès de ceux qui désapprouvaient cette fête. Le temple était décoré à profusion de tapisseries magnifiques et de drapeaux, fruit de nos mille victoires. Le président des Anciens était au haut de la table; le président du Directoire occupait le milieu à droite; j'étais placé entre Bonaparte et Moreau. Dans la situation critique où l'on se trouvait, cette fête était devenue une affaire d'État. On s'observait réciproquement et fort sérieusement, et il y avait certes plus d'inquiétude que de gaieté parmi les convives.

Voici les toasts qui furent portés :

Lemercier, président des Anciens : « A la République française ! »

Lucien Bonaparte, président des Cinq-Cents: « Aux armées de terre et de mer de la république ! »

Gohier, président du Directoire : « A la paix ! »

Bonaparte : « A l'union de tous les Français ! »

Moreau : « A tous les fidèles alliés de la république ! »

L'amiral espagnol Massaredo : « A la liberté des mers ! »

Le célèbre Kosciusko assistait au banquet. La seule présence de ce grand homme équivalait au toast de la liberté de la Pologne, dont les égards diplomatiques retenaient l'expression.

Dans le fond du temple, au milieu des trophées, une large inscription portait : « Soyez unis, vous serez vainqueurs ! »

Cet appel à l'union rendait plus remarquable l'absence de quelques-uns de nos plus illustres collègues. Jourdan et Augereau avaient refusé de prendre part à la fête. On répandit le bruit qu'ils dînaient ce même jour dans un faubourg avec Santerre ; ce bruit fut démenti, mais il circula dans la salle et jeta quelque trouble dans les esprits. On se sépara de bonne heure. Je me hâtai de me rendre chez moi, et Sieyès et mon frère ne tardèrent pas à y arriver.

— « Vous voyez, dit Sieyès, l'audace de ces hommes qui refusent de se joindre au Directoire et au Corps législatif réunis. Tout, général, est arrêté suivant vos désirs. Tout est convenu pour le 18, et peut-être eût-il mieux valu que ce fût pour demain, car les faubourgs sont prêts à se lever. Voici la minute du décret qui vous confère le commandement suprême de toutes les troupes ; voici la résolution des Anciens qui vous propose comme consul provisoire avec Roger-Ducos et moi. Nous préférons deux commissions législatives au lieu d'une. Chaque conseil nommera sa commission et s'ajournera pour trois mois. Les consuls sont chargés de travailler avec les deux commissions à la constitution consulaire qui sera de suite présentée à l'acceptation du peuple. »

Tout fut agréé, excepté une seule mesure d'exécution qui rencontra la désapprobation absolue du général et la mienne : c'était la consigne à donner aux sentinelles à Saint-Cloud pour repousser une vingtaine de députés des Cinq-Cents, auxquels on avait décidé de ne pas adresser de cartes de convocation. Sieyès insista longtemps et avec tenacité.

— « Croyez-en, nous disait-il, ceux qui ont une longue expérience de nos assemblées : la violence et l'exaltation sont contagieuses... Vous seriez désolés de tirer l'épée ; il serait affreux qu'avec une unanimité nationale, telle qu'on n'en vit pas une pareille depuis 89, l'obstination de quelques hommes fît répandre du sang... Eh bien ! si vous les admettez, vous serez peut-être forcés d'en venir là. Sans eux le conseil des Cinq-Cents finira par suivre celui des Anciens... avec eux il y aura désordre. »

Les instances de Sieyès furent inutiles : « Je ne veux pas, disait le général, qu'on m'accuse d'avoir eu peur d'Augereau et de Jourdan. N'avons-nous pas pour nous le peuple, l'armée, les Anciens, une partie des Cinq-Cents et la majorité du Directoire? Car je vous garantis que Barras ne marchera pas, ne votera pas contre moi. Avec tout cela, exclure vingt députés, ce serait agir comme si nous craignions d'être désavoués par la nation. Non, je ne puis y consentir ; tous les députés seront admis. Je ne veux pas de consigne, et je réponds de tout. »

Je partageais entièrement l'avis de mon frère ; mon élection à la présidence m'avait persuadé trop légèrement que la majorité des Cinq-Cents était revenue à nous et que les jacobins n'étaient plus redoutables. La loi des otages et celle de l'emprunt forcé progressif étaient décréditées dans le conseil ; Félix Faucon et Creuzé-Latouche avaient éloquemment parlé contre ces lois et avec succès. On avait nommé des commissions pour les soumettre à un nouvel examen. Le bureau et les inspecteurs étaient pour nous. Boulay de la Meurthe, Chénier, Chazal, Gaudin, Cabanis et d'autres puissants orateurs étaient prêts à soutenir la lutte avec moi. La confiance la plus complète s'était, d'après ces considérations, emparée de mon esprit. Je confirmai donc le général dans sa détermination. Sieyès ne se rendit qu'à contre cœur ; l'événement nous montra combien sa prévoyance était fondée. Peu s'en fallut que les excès de ceux que nous refusâmes d'exclure n'allumassent la guerre civile et n'ensanglantassent la plus pacifique de nos révolutions. Il est vrai que, sans l'entrée malencontreuse du général dans notre enceinte, nous eussions probablement réussi à faire adopter la proposition des Anciens; mais enfin l'exclusion de vingt députés rendait tout choc impossible, et nous fûmes imprudents d'obliger Sieyès à revenir sur cette mesure.

## II.

Séances des deux conseils à Paris, le 18 brumaire.

Le 16 et le 17, Bonaparte fit sonder à demi les chefs de corps et les officiers, qui tous allaient au devant de ses ouvertures. Il fut arrêté que le colonel Sébastiani, dont le dévouement n'était pas douteux, se rangerait en bataille le matin du 18 près de la maison du général, sous le prétexte d'une revue. On avait renvoyé à la même matinée plusieurs visites de corps, et tous les généraux furent invités à se rendre de bonne heure, à cheval, rue de la Victoire. Mon frère voulut parler confidentiellement à Moreau, qui, dès la première phrase l'interrompit en lui disant : « Je n'ai pas besoin d'en savoir davantage ; comptez sur moi. »

Dans la nuit du 17 au 18, les commissions des inspecteurs des deux conseils restèrent en permanence. Celle des Anciens envoya des lettres d'avis pour une convocation extraordinaire, à sept heures du matin. Plusieurs députés se plaignirent d'avoir été oubliés, et je penche à croire que l'oubli fut prémédité.....

N'ayant pu obtenir du général la consigne militaire d'exclusion à Saint-Cloud, on voulut probablement écarter quelques membres des Anciens de la séance du matin à Paris. Cette séance s'ouvrit à sept heures. Cornet, l'un des inspecteurs, demanda aussitôt la parole et fit le rapport suivant :

« Représentants du peuple, la confiance dont vous avez investi votre commission des inspecteurs lui a imposé l'obligation de veiller à votre sûreté individuelle, à laquelle se rattache le salut de la chose publique. Depuis plusieurs jours, les symptômes les plus alarmants se manifestent. Les rapports les plus sinistres nous sont faits. Si de grandes mesures ne sont pas prises, si le conseil des Anciens ne met pas la liberté et la patrie à l'abri des plus grands dangers qui les aient encore menacées, l'embrasement devient général ; nous ne pouvons plus en arrêter les effets dévorants. Il enveloppe amis et ennemis... et ceux qui échapperont à l'incendie verseront des pleurs amers, mais inutiles, sur les cendres qu'il aura laissées sur son passage.

« Vous pouvez, représentants du peuple, le prévenir encore. Un instant suffit; mais si vous ne le saisissez pas, la république aura existé, et son squelette sera la proie des vautours qui s'en disputeront les membres décharnés.

« Votre commission des inspecteurs sait que les conjurés se rendent en foule à Paris ; ceux qui s'y trouvent déjà n'attendent qu'un signal pour lever leurs poignards sur des députés, sur des membres des premières autorités de la république.

« Nous avons dû, d'après ces craintes, vous convoquer extraordinairement, pour vous en instruire. Nous avons fait doubler tous les postes, et nous venons provoquer vos délibérations sur le parti qu'il convient de prendre dans cette grande circonstance. Le conseil des Anciens a dans ses mains les moyens de sauver la patrie et la liberté ; ce serait douter de sa profonde sagesse que de penser qu'il ne s'en saisira pas avec son courage et son énergie accoutumés. »

Après le député Cornet, son collègue Regnier prit la parole en ces termes :

« Représentants du peuple, quel est l'homme assez stupide pour douter encore des dangers qui nous environnent? Les preuves n'en sont que trop multipliées ; mais ce n'est pas le moment de développer ici leur épouvantable série ; le temps presse, et le moindre retard pourrait devenir si fatal, qu'il ne fût plus en notre puissance de délibérer sur les remèdes.

« A Dieu ne plaise que je fasse l'injure aux citoyens de Paris de les croire capables d'attenter à la représentation nationale ! Je ne doute pas, au contraire, qu'ils ne lui fissent au besoin un rempart de leurs corps; mais cette ville immense renferme dans son sein une foule de brigands audacieux et de scélérats désespérés, vomis et jetés parmi nous de toutes les parties du globe par cette exécrable faction de l'étranger, qui a causé tous nos malheurs. Ces instruments du crime vous épient, vous observent, attendent avec une impatience féroce un moment d'imprévoyance ou de surprise pour vous frapper et par conséquent frapper au cœur la république.

« Représentants du peuple, vos vies ne sont plus à vous ; elles sont tout entières à la patrie, dont les destinées tiennent intimement à votre existence ; l'insouciance sur votre propre sûreté serait donc un crime envers elle. Arrachez-la aux dangers qui la menacent en vous menaçant vous-mêmes ; transférez le Corps législatif dans une commune voisine de Paris, et fixez votre choix de manière que les habitants de cette grande commune demeurent bien convaincus que votre résidence ailleurs ne sera que momentanée. Là, mis à l'abri des surprises et des coups de main, vous pourrez, dans le calme et la sécurité, aviser aux moyens de faire disparaître les périls actuels, et d'en détruire encore les causes pour l'avenir. Vous vous occuperez enfin efficacement de l'état des finances, qui rendra notre perte inévitable si vous ne vous hâtez de substituer des remèdes réels à de vains et dangereux palliatifs.

« Vous vous empresserez d'extirper radicalement le chancre dévorant, qui recommence à se faire sentir dans les régions désolées de l'Ouest, mais dont les progrès seront bientôt arrêtés, si on le veut fortement, comme je ne doute pas que vous le voudrez ; mais surtout vous n'épargnerez rien pour assurer à la France cette paix honorable, achetée par tant et de si grands sacrifices.

« Ne concevez aucune inquiétude sur l'exécution de votre décret : d'abord il est puisé dans la constitution elle-même ; ensuite, il aura pour garant la confiance publique que vous avez méritée jusqu'ici par votre courage autant que par votre sagesse, et que votre généreux dévouement, dans les conjectures ou nous sommes, va faire monter au plus haut degré. S'il fallait quelque chose de plus, je vous dirais que Bonaparte est là, prêt à exécuter votre décret aussitôt que vous l'en aurez chargé. Cet homme illustre, qui a tant mérité de la patrie, brûle de couronner ses nobles travaux par cet acte de dévouement envers la république et la représentation nationale.

« Représentants du peuple, la voix de votre patrie, la voix de votre conscience se font entendre point de temporisation, elle pourrait vous coûter des regrets bien amers.

« Je vous propose, aux termes de la constitution, le projet de décret irrévocable qui suit, et je vous le propose avec d'autant plus de confiance, qu'un grand nombre de nos collègues ont partagé mon vœu.

« Le conseil des Anciens, en vertu des articles 102, 103 et 104 de la constitution, décrète ce qui suit :

« Art. 1er. Le Corps législatif est transféré dans la commune de Saint-« Cloud ; les deux conseils y siégeront dans les deux ailes du palais.

« Art. 2. Ils y seront rendus demain, 19 brumaire à midi. Toute « continuation de fonctions de délibération est interdite ailleurs et « avant ce terme.

« Art. 3. Le général Bonaparte est chargé de l'exécution du présent « décret. Il prendra toutes les mesures nécessaires pour la représen« tation nationale. Le général commandant la dix-septième division « militaire, la garde du Corps législatif, les gardes nationales séden« taires, les troupes de ligne qui se trouvent dans la commune de Paris, « dans l'arrondissement constitutionnel, et dans toute l'étendue de « la dix-septième division, sont mis immédiatement sous ses ordres et « tenus de le reconnaître en cette qualité. Tous les citoyens lui prê« teront main forte à sa réquisition.

« Art. 4. Le général Bonaparte est appelé dans le sein du conseil « pour y recevoir une expédition du présent décret et prêter serment. « Il se concertera avec les commissions des inspecteurs des deux con« seils.

« Art. 5. Le présent décret sera de suite transmis, par un messager, « au conseil des Cinq-Cents et au Directoire exécutif. Il sera « imprimé, affiché, promulgué et envoyé dans toutes les communes « de la république par courriers extraordinaires. »

« Le conseil des Anciens décrète en outre l'adresse suivante aux Français :

« Français,

« Le conseil des Anciens use du droit qui lui est délégué par l'ar« ticle 102 de la Constitution, de changer la résidence du Corps lé« gislatif.

« Il use de ce droit pour enchaîner les factions qui prétendent sub« juguer la représentation nationale, et pour assurer la paix inté« rieure.

« Il use de ce droit pour amener la paix extérieure, que vos longs « sacrifices et l'humanité réclament.

« Le salut commun, la prospérité commune : tel est le but de cette « mesure constitutionnelle : il sera rempli.

« Et vous, habitants de Paris, soyez calmes ; dans peu la présence « du Corps législatif vous sera rendue.

« Français, les résultats de cette journée feront bientôt foi si le « Corps législatif est digne de préparer votre bonheur, et s'il le peut.

« Vive le peuple, en qui est et par qui est la république !

« La présente adresse sera imprimée, proclamée et affichée à la « suite du décret de translation de la résidence du Corps législatif, et « comme en faisant partie. »

Ces deux projets furent adoptés à l'unanimité. Un messager du conseil les porta de suite à mon frère, qui les attendait chez lui, environné des généraux Moreau, Macdonald, Berthier, Beurnonville, Murat, Lefebvre, et d'une foule d'officiers. Il se rendit de suite avec tout son cortége à la barre du conseil des Anciens, où il s'exprima en ces termes :

« Citoyens représentants du peuple, la république périssait : vous l'avez vu, et votre décret vient de la sauver. Malheur à ceux qui voudraient le trouble et le désordre! je les arrêterai, aidé du général Lefebvre, du général Berthier, et de tous mes compagnons d'armes.

« Qu'on ne cherche pas dans le passé des exemples qui pourraient retarder votre marche! Rien dans l'histoire ne ressemble à la fin du dix-huitième siècle ; rien dans la fin du dix-huitième siècle ne ressemble au moment actuel.

« Votre sagesse a rendu ce décret : nos bras sauront l'exécuter.

« Nous voulons une république fondée sur une vraie liberté, sur la liberté civile, sur la représentation nationale : nous l'aurons... Je le jure ; je le jure en mon nom et en celui de mes compagnons d'armes...»

Ce discours fut suivi de vifs applaudissements des tribunes, que le président rappela au silence. Le conseil était resté grave et calme.

Le président répondit ainsi au général :

« Général, le conseil des Anciens reçoit vos serments ; il ne forme aucun doute sur leur sincérité et votre zèle à les remplir. Celui qui ne promit jamais en vain des victoires à la patrie ne peut qu'exécuter avec dévouement ses nouveaux engagements de la servir et de lui rester fidèle. »

Le député Garat demande la parole ; mais le président lui ayant fait observer que, d'après le décret que le conseil venait de rendre, toute discussion restait interdite hors de Saint-Cloud, la séance fut levée aux cris de *Vive la République ! vive la Constitution !*... Depuis longtemps personne n'entendait plus par Constitution que les principes de souveraineté populaire et de représentation nationale, qui seuls étaient restés debout pendant nos orages civils, depuis le 18 fructidor... Le reste n'était plus qu'un arsenal d'où chaque parti tâchait de tirer des armes à son usage.

Dès la pointe du jour, les troupes se trouvaient réunies dans le jardin des Tuileries. En sortant de la séance des Anciens, Bonaparte les passa en revue, et il commença l'exercice de son autorité par faire publier les deux proclamations suivantes :

*Bonaparte, général en chef, aux citoyens composant la garde nationale sédentaire à Paris.*

« Citoyens, le conseil des Anciens, dépositaire de la sagesse nationale, vient de rendre le décret ci-joint. Il y est autorisé par les articles 102 et 103 de l'acte constitutionnel.

« Il me charge de prendre les mesures pour la sûreté de la représentation nationale. Sa translation est nécessaire et momentanée. Le Corps législatif se trouvera à même de tirer la représentation du danger imminent où la désorganisation de toutes les parties de l'administration nous conduit.

« Il a besoin, dans cette circonstances essentielle, de l'union et de la confiance des patriotes. Ralliez-vous autour de lui; c'est le seul moyen d'asseoir la République sur les bases de la liberté civile, du bonheur intérieur, de la victoire et de la paix.

« BONAPARTE. »

*Bonaparte, général en chef, aux soldats.*

« Soldats.

« Le décret extraordinaire du conseil des Anciens est conforme aux articles 102 et 103 de l'acte constitutionnel. Il m'a remis le commandement de la ville et de l'armée.

« Je l'ai accepté pour seconder les mesures qu'il va prendre, et qui sont tout entières en faveur du peuple.

« La république est mal gouvernée depuis deux ans. Vous avez espéré que mon retour mettrait un terme à tant de maux ; vous l'avez célébré avec une union qui m'impose des obligations que je remplis ; vous remplirez les vôtres, et vous seconderez votre général avec l'énergie, la fermeté et la confiance que j'ai toujours vues en vous.

« La liberté, la victoire et la paix replaceront la République française au rang qu'elle occupait en Europe, et que l'ineptie ou la trahison a pu seule lui faire perdre. Vive la République !...

« BONAPARTE. »

Ces deux proclamations furent affichées sur tous les murs de la capitale. En moins d'une heure, les différents généraux se rendirent à leurs postes. Lefebvre fut nommé premier lieutenant de Bonaparte; Andréossi et Caffarelli, chefs de l'état-major général; Lannes, commandant aux Tuileries; Murat au conseil des Cinq-Cents; Serrurier à Saint-Cloud; Berryer aux Invalides, et Macdonald à Versailles. Moreau fut chargé de la garde du Luxembourg, où les directeurs Gohier et Moulins ignoraient encore le mouvement qui venait de s'accomplir. Sieyès et Roger-Ducos s'étaient rendus au Tuileries, auprès du conseil des Anciens. Les directeurs restés au Luxembourg, informés enfin de ce qui s'était passé, avaient mandé le général Lefebvre, commandant de Paris, pour rendre compte de sa conduite; Lefebvre répondit que le décret des Anciens l'avait placé sous les ordres de Bonaparte, et il apprit aux directeurs que la garde même du Directoire s'était rendue aux Tuileries. Barras avait déjà compris que toute résistance eût été inutile, et il s'était résigné à quitter ses fonctions ; il renvoya son secrétaire, Bottot, auprès de Bonaparte, pour l'en instruire et lui demander une garantie qui lui fut accordée, afin de pouvoir se retirer à sa terre de Grosbois. Bonaparte, après avoir écouté favorablement le secrétaire de Barras pour la sauvegarde demandée, éleva tout à coup la voix, et la foule qui l'entourait entendit cette apostrophe adressée à Bottot, et prononcée d'un ton véhément :

« Qu'avez-vous fait de cette France que je vous avais laissée si brillante ?... Je vous ai laissé la paix : j'ai retrouvé la guerre ! Je vous ai laissé des victoires : j'ai retrouvé des revers ! Je vous ai laissé des millions d'Italie : j'ai trouvé partout des lois spoliatrices et la misère !... Qu'avez-vous fait de cent mille Français que je connaisais, mes compagnons de gloire ? Ils sont morts !

« Cet état de choses ne peut durer : avant trois ans il nous mènerait au despotisme. Mais nous voulons la République, assise sur les bases de l'égalité, de la morale, de la liberté civile et de la *tolérance politique*. Avec une bonne administration, tous les individus oublieront les factions dont on les fit membres, et il leur sera permis d'être Français.

Il est temps enfin de rendre aux défenseurs de la patrie la confiance à laquelle ils ont tant de droits. A entendre quelques factieux, nous serions bientôt des ennemis de la République, nous qui l'avons affermie par nos travaux et notre courage ; nous ne voulons pas de gens plus patriotes que les braves mutilés au service de la République. »

A onze heures du matin, le conseil des Cinq-Cents se réunit. Un messager du conseil des Anciens est introduit : « J'ordonne, dit-il, la lecture du décret de translation à Saint-Cloud, et je prononce aussitôt la levée de la séance. » L'assemblée se sépare aux cris de : *Vive la République! vive la Constitution!*

Le même jour on lisait dans le *Moniteur* l'article suivant :

« On dit que les mesures du conseil des Anciens ont été motivées par la nécessité de prévenir et de déjouer les projets formés dans une réunion à l'hôtel de Salm, où s'étaient trouvés des personnages très-marquants : projets qui ne tendaient à rien moins qu'à réaliser le beau rêve nourri par les jacobins, depuis quelque temps, de convertir les deux conseils en Convention nationale, d'en écarter les hommes qui déplaisent et de confier le gouvernement à un comité de salut public, etc. On parle du rapport des lois sur l'emprunt forcé et les otages, de la clôture de la liste des émigrés, etc. Toutes les municipalités de Paris sont destituées ; l'administration en est confiée provisoirement aux commissaires du Directoire près ces municipalités ; ils communiquent d'heure en heure avec l'administration centrale. Du reste, Paris est si tranquille, que dans plusieurs quartiers on ne se doutait encore de rien. »

Nous fîmes distribuer avec profusion un pamphlet intitulé : *Dialogue entre un député des Anciens et un député des Cinq-Cents*. Cet écrit développait fort bien l'état de la question[1].

1 Cet opuscule était de Rœderer. On lit dans sa *Notice de ma vie pour mes enfants*: « Je fus aussi l'auteur d'un dialogue imprimé et distribué le matin du même jour (18 brumaire) entre un membre du Conseil des Anciens et un membre du Conseil des Cinq-Cents. Ce morceau a été aussi imprimé dans le *Journal de Paris* feuille du 19 brumaire an VIII. » On trouve ce dialogue dans le tome III des *Œuvres du comte Rœderer*, publiées par son fils, page 299.

La translation à Saint-Cloud fut ainsi emportée sans sortir de la légalité !... Elle n'éprouva pas d'obstacles. Les barrières un moment fermées se rouvrirent. Le ministre de la police et l'administration centrale firent publier en même temps les proclamations suivantes :

*Le ministre de la police à ses concitoyens.*

« Citoyens,

« La République était menacée d'une dissolution prochaine.

« Le Corps législatif vient de saisir la liberté sur le penchant du précipice, pour la replacer sur des bases inébranlables.

« Les événements sont enfin préparés pour notre bonheur et celui de la postérité.

« Que tous les républicains soient calmes, puisque leurs vœux doivent être remplis ; qu'ils résistent aux suggestions perfides de ceux qui ne cherchent dans les événements politiques que les moyens de troubles, et dans les troubles que la perpétuité des mouvements et des vengeances.

« Que les faibles se rassurent : ils sont avec les forts ; que chacun suive avec sécurité le cours de ses affaires et de ses habitudes domestiques.

« Ceux-là seuls ont à craindre et doivent s'arrêter, qui sèment les inquiétudes, égarent les esprits et préparent le désordre. Toutes les mesures de répression sont prises et assurées ; les instigateurs des troubles, les provocateurs à la royauté, tous ceux qui pourraient attenter à la sûreté publique ou particulière, seront saisis et livrés à la justice.

FOUCHÉ. »

La proclamation de l'administration centrale était moins vague que celle de Fouché ; elle était conçue en ces termes

« Citoyens, ce jour n'est point un jour d'alarme : il vous promet, au contraire, une restauration générale.

« Le conseil des Anciens a fait usage du pouvoir que la constitution lui donne par l'article 102. Ses intentions sont pures, ses vues sont évidentes : il veut que le Corps législatif soit placé de manière à ne pouvoir être distrait des grands intérêts auxquels il faut pourvoir avec promptitude.

« Nos braves délaissés dans leurs triomphes, comme ils l'étaient dans leurs revers; les ressources de l'État encore plus entravées qu'épuisées; toutes les dépenses publiques et particulières suspendues; tous les ateliers fermés; le pauvre sans ouvrage, le propriétaire sans sûreté : la paix peut mettre un terme à tant de maux.

« Le conseil des Anciens en a conçu les vues ; il veut le rétablissement de l'ordre intérieur, la restauration de la liberté, de la propriété, et l'affermissement de la République.

« Les conseils ont besoin, pour accomplir ce grand dessein, d'être à l'abri des factions; mais leur absence ne peut être que très-courte : le lieu qu'ils ont choisi pour leurs séances est une assurance de la promptitude de leur retour.

« Le général Bonaparte, dans lequel tout citoyen comme tout soldat a placé une juste confiance, est chargé de veiller à votre sûreté, à celle du Corps législatif; dans une circonstance aussi éminente, vous le verrez avec satisfaction s'acquérir une nouvelle gloire, celle de concourir, au milieu de vous, au salut de la patrie.

« Que chacun de vous espère donc le retour de la splendeur et de la prospérité nationales : nous allons recueillir enfin le fruit de tous les sacrifices que nous avons faits pour la République. »

Ainsi s'écoula la journée du 18 brumaire.

## III

Séances à Saint-Cloud pendant la journée du 19. — Entrée imprévue de Bonaparte dans la salle. — Je requiers la force armée. — Mon discours aux troupes.

Le 19, dans la matinée, les deux conseils étaient à Saint-Cloud.

Le gouvernement était dissous par la retraite de Barras et la division des autres directeurs, dont deux étaient avec nous et les deux autres, Gohier et Moulins, ne voulaient pas quitter Paris, malgré le décret des Anciens.

Les séances ne s'ouvrirent pas avant midi. Le conseil des Anciens siégeait au premier dans la galerie peinte par Mignard, et les Cinq-Cents dans l'Orangerie, au rez-de-chaussée. Sur une estrade, au milieu de cette longue pièce, s'élevait notre bureau. Sieyès, Bonaparte et Roger-Ducos étaient dans la chambre de nos inspecteurs. Au moment où nous entrâmes en séance, Sieyès déplorait encore qu'on eût admis Jourdan, Augereau et quelques autres; mais il montrait beaucoup de résolution, malgré l'inquiétude que le calme du général et l'aspect des troupes dont la cour était remplie ne pouvaient pas entièrement dissiper. Pour moi, je me croyais sûr de faire approuver par la majorité des Cinq-Cents les propositions que devaient, *sans retard*, nous soumettre les Anciens, et je ne prévoyais qu'une opposition de tribune à laquelle nous étions préparés; comment eussions-nous prévu ce qui allait arriver?

La lecture du procès-verbal de la veille finissait à peine, que le député Gaudin était à la tribune : il devait l'occuper le premier, suivant le plan convenu entre nous. Gaudin prononça le discours suivant :

« Un décret du conseil des Anciens a transféré le lieu de cette séance dans la commune de Saint-Cloud. Nous y sommes réunis. Cette mesure extraordinaire doit être motivée sur des périls imminents. En effet, citoyens collègues, on a déclaré que des factions puissantes menaçaient de nous déchirer, et qu'il fallait leur arracher l'espoir de renverser la république, et rendre ainsi la paix à la France.

« Reportez vos regards sur la situation où vous étiez au 30 prairial : vous voulûtes arracher à des usurpateurs l'empire qu'ils avaient pris sur la représentation nationale, et faire jouir le peuple de l'indépendance et du bonheur qu'il a mérités par son courage et son dévouement; et cependant la représentation nationale ne fut jamais plus impunément attaquée que depuis cette époque; jamais les idées généreuses ne furent plus complétement méconnues. Il n'est pas d'événements où, depuis cette époque, vous n'ayez figuré comme tristes témoins ou comme acteurs dévoués.

« Jamais vous ne vîtes faire sous vos yeux plus de pas rétrogrades vers les idées désorganisatrices; jamais vous ne fûtes plus en butte ou aux suggestions royales ou aux fureurs démagogiques. Les conspirateurs promenaient la hache fatale sur toutes les têtes et ne la tenaient plus suspendue qu'à un fil. Il est temps, représentants du peuple, de sauver la patrie, de rétablir dans leur pureté les principes de la révolution, de réintégrer tous les citoyens dans l'exercice de leurs droits. Vous y parviendrez, si en brumaire vous montrez le dévouement de fructidor.

« Dans ces circonstances, je demande : 1° Qu'une commission de sept membres soit nommée pour faire un rapport sur la situation de la république et les mesures de salut public qu'il conviendrait de prendre ; 2° que cette commission fasse son rapport séance tenante ; 3° que toute proposition lui soit renvoyée ; 4° que toute détermination et délibération soient suspendues jusqu'au rapport de la commission. »

Cette proposition, précédée de développements si courts et si vagues, commença l'attaque trop faiblement ; quoique appuyée par beaucoup de membres, elle n'eut pas de succès. La négligence des Anciens à nous expliquer les motifs de la translation donnait beau jeu à nos adversaires et laissait libre carrière à tous les soupçons. Un murmure de mécontentement suivit le discours de Gaudin, et Delbrel s'écria de sa place : « Avant tout, la constitution ! La constitution ou la mort ! Les baïonnettes ne nous effrayent pas ; nous sommes libres ici ! »

Un grand nombre de voix s'élèvent pour applaudir Delbrel. Plusieurs s'écrient : « Point de dictature !... A bas les dictateurs ! » Et les acclamations de *Vive la Constitution !* redoublent de violence et entraînent l'assemblée. Un député monte sur un siége et demande que nous renouvelions tous, individuellement, notre serment de fidélité à la constitution. Cette demande est accueillie par un tonnerre d'applaudissements. Plusieurs députés entourent le bureau et menacent, en répétant : *A bas les dictateurs !* Ceux de nos orateurs qui devaient soutenir la motion de Gaudin se taisent. Pressé par ceux qui m'environnaient, je parviens à peine à dominer un moment leurs cris et à faire entendre ces mots :

« Je sens trop la dignité du président du conseil pour souffrir plus longtemps les menaces insolentes d'une partie des orateurs : je les rappelle à l'ordre. »

Le tumulte s'apaise par degrés, et le député Grandmaison btient la parole :

« Représentants du peuple, dit-il, la France ne verra pas sans éton-ement que le conseil des Cinq-Cents, cédant au décret constitution-el des Anciens, se soit rendu à Saint-Cloud sans apprendre le danger ui nous menaçait. On parle de former une commission pour proposer es mesures de salut public! Au lieu de penser aux mesures à pren-re, il faudrait plutôt demander compte des mesures prises. On a parlé e factieux... nous les avons signalés depuis longtemps, et certes ils ne ous épouvantent pas. Je demande qu'on s'informe des motifs qui nous nt amenés ici; qu'on nous dise enfin quels sont les grands dangers ui menacent la constitution... Je dis la constitution, car tout le monde eut parler de la république. Reste à savoir quelle république l'on veut... era-ce celle de Venise?... celle des États-Unis?... Prétendra-t-on u'en Angleterre la république et la liberté existent?... Certes ce n'est as pour vivre sous de tels gouvernements que nous avons, pendant ix ans, fait tous les sacrifices imaginables, que nous avons épuisé nos ortunes. Le sang français coule depuis dix ans pour la liberté ; ce n'est as pour avoir une constitution semblable à celle des États-Unis, ou un ouvernement semblable à celui de l'Angleterre... Je demande qu'à l'ins-ant tous les membres du conseil soient tenus de renouveler leur erment de fidélité à la constitution de l'an III ; je demande que nous assions le serment de nous opposer à toute espèce de tyrannie. Je emande en outre un message au conseil des Anciens pour que nous oyons instruits du plan et des détails de cette vaste conspiration qui tait à la veille de renverser la république. »

Un grand nombre de députés applaudit ce discours, dans lequel, comme on l'aura observé, la démocratie même des États-Unis ne paraissait pas suffisante à l'orateur, qui termine cependant par réclamer la constitution directoriale, comme si cette constitution était plus démocratique que celle d'Amérique !... Mais la conséquence du raisonnement ne signifie plus rien, dans ces mouvements passionnés d'une assemblée nombreuse, aussi irrésistibles momentanément que ces grains impétueux qui bouleversent l'Océan. Il fallait céder à l'orage et louvoyer, en attendant la proposition des Anciens, dont nous ne devions être que les auxiliaires, ou bien il fallait engager nous-mêmes la lutte contre toutes nos conventions; un pareil changement eût été par trop désavantageux. Je n'hésitai donc pas un instant à céder à l'orateur Grandmaison. Sa proposition fut approuvée sans opposition. D'après mon exemple, nos amis gardèrent le silence et laissèrent voter l'appel nominal de tous les députés pour la prestation individuelle du serment. Le temps exigé pour cette opération me parut précieux pour que les Anciens fissent enfin ce qu'ils devaient faire.... On procéda donc à l'appel nominal, que je regarde comme une des fautes capitales de nos adversaires dans cette journée.

Le serment fut prêté par chaque membre, sans que le messager des Anciens parût. Un député demande alors que le conseil informe le Directoire de son installation à Saint-Cloud, et qu'il adrese une proclamation au peuple sur le même sujet. L'envoi d'une proclamation est voté sans opposition. Sur le message au Directoire, Darracq parle ainsi :

« Pour s'adresser au Directoire, il faudrait savoir où il se trouve. Quant à moi, je l'ignore. S'il existait quelque part, je pense qu'il nous l'eût annoncé. La constitution lui ordonne de siéger dans la commune où est le Corps législatif... Et bien! le Directoire est-il à Saint-Cloud ?... Il est donc inutile de voter un message qui ne saurait où aller. Je demande l'ordre du jour. »

Malgré cette objection de fait, le message fut voté. Cette délibération se terminait à peine, lorsqu'une lettre de Barras me fut remise. Un secrétaire en fit la lecture au milieu de la curiosité générale; elle était ainsi conçue :

« Citoyens représentants, engagé dans les affaires politiques uniquement par ma passion pour la liberté, je n'ai consenti à accepter la première magistrature de l'État que pour le soutenir dans les périls par mon dévouement, pour préserver des atteintes de leurs ennemis les patriotes compromis dans sa cause, et pour assurer aux défenseurs de la patrie ces soins particuliers qui ne pouvaient leur être plus constamment donnés que par un citoyen anciennement témoin de leurs actions héroïques et toujours touché de leurs besoins.

« La gloire qui accompagne le retour du guerrier illustre à qui j'eus l'honneur d'ouvrir le chemin, les marques éclatantes de confiance que lui donne le Corps législatif, et le décret de la représentation nationale m'ont convaincu que, quel que soit le poste où m'appelle désormais l'intérêt public, les périls de la liberté sont surmontés et les intérêts des armées garantis. Je rentre avec joie dans les rangs des simples citoyens, heureux, après tant d'orages, de remettre entiers et plus respectables que jamais les destins de la république dont j'ai partagé le dépôt.

« Salut et respect,

« BARRAS [1]. »

Cette retraite de Barras, détruisant la majorité directoriale restée à Paris, enlevait à nos adversaires leur point d'appui au moment même où ils commençaient à manœuvrer de ce côté. Le gouvernement se trouvait dissous. Cet incident arrivait à propos pour nous faire gagner un temps dont les Anciens allaient sans doute profiter. Les jacobins, déconcertés, demandèrent une seconde lecture de la lettre; elle fut faite sur-le-champ. Plusieurs membres s'écrièrent : « Qu'est-ce que cela veut dire? Est-ce une démission? » Après un quart d'heure d'incertitude, on demanda la formation de la liste décuple pour remplacer le directeur démissionnaire... Je saisis avec empressement cette proposition, qui exigeait au moins une heure, et j'allais faire préparer le scrutin; mais le député Crochon, pour mieux faire encore, demanda un délai.

« Nous ne pouvons pas, dit-il, mettre une telle précipitation à nommer les candidats de la magistrature suprême. Il faut y réfléchir. La constitution nous a donné le droit de passer cinq jours à former la liste des dix candidats à chaque place de directeur. Ce délai a pour motif l'importance de cette élection. La constitution nous a presque défendu d'élire *ex abrupto*... C'est peut-être parce qu'on n'a pas assez médité sur les choix qui ont été faits que les événements actuels arrivent. Je demande l'ajournement à demain. »

1 Nous répétons la lettre de Barras, déjà insérée dans les extraits précédents des *Mémoires de Gohier,* parce que la version qu'en donne Lucien offre quelques variantes (L.)

Ce délai paraissait si raisonnable, que la majorité allait le prononcer... L'échec reçu au commencement de la séance allait être réparé. L'un des jacobins, le plus redoutable par son talent et son courage, Grandmaison, qui occupait la tribune, ne savait trop lui-même comment combattre le délai demandé par Crochon, et j'étais impatient de lever la séance et de connaître enfin le motif du retard des Anciens. Grandmaison jetait des doutes sur la légalité de la démission de Barras : « Avant tout, disait-il, il faut savoir si cette démission n'est pas l'effet des circonstances extraordinaires où nous nous trouvons. Je crois bien que parmi les membres qui se trouvent ici, il en est qui savent d'où nous sommes partis et où nous allons. »

L'orateur est interrompu tout à coup par un grand mouvement qui se manifeste vers la porte, et qui semble être le commentaire vivant de ses dernières paroles... Au lieu du message des Anciens tant désiré, des militaires paraissent à la porte de notre salle... Le général Bonaparte entre; il est suivi de quatre grenadiers de notre garde; d'autres soldats, des officiers, des généraux, occupent l'entrée de l'Orangerie. L'assemblée entière, indignée de ce spectacle, est debout. Une foule de membres s'écrient : « Des hommes armés ici!... » On se précipite au-devant du général, on le presse, on l'apostrophe, on le repousse quelques pas en arrière... Plusieurs bras lèvent des poignards et le menacent... Les grenadiers font à Bonaparte un rempart de leurs corps et l'entraînent hors de la salle. Un d'eux, le grenadier Thomé, eut son habit percé. Les spectateurs s'étaient précipités dans les jardins par les fenêtres basses de l'Orangerie.

Tout cela s'était passé en un clin d'œil... La consternation de nos amis, les cris de fureur de nos adversaires, la retraite précipitée des militaires, le cliquetis des armes, faisaient en ce moment ressembler l'Orangerie à un pêle-mêle de champ de bataille... Je m'efforçai de rappeler l'assemblée à l'ordre; je pris la parole pour tâcher de justifier mon frère... J'annonçai qu'il venait sans doute nous rendre compte de quelque affaire pressante, et je demandai si l'on prétendait le condamner sans l'entendre... Rien ne put calmer la tempête.

Comme notre position était changée!... Depuis l'ouverture de la séance, je ne cherchais qu'à retarder la lutte jusqu'à la proposition formelle du conseil des Anciens, et nous avions réussi. C'était de là que l'action devait partir. Mais au lieu de cette démarche solennelle et convenue, le général, non mandé, se présente avec des militaires!

Point de députation des Anciens, point de membres du Directoire avec lui!... Il se présente et s'avance dans l'enceinte législative, au moment où les esprits étaient le plus exaltés et où Grandmaison annonçait un projet de dictature militaire!... Il s'avance avec un entourage de soldats naturellement suspect à toute assemblée civile!... On ne pouvait plus mal faire; on ne pouvait payer de sa personne plus à contre-temps. Là, mon frère hasarda audacieusement la plus mauvaise manœuvre qu'il eût jamais faite. Sieyès la désapprouvait en dehors de la salle, et moi je fus frappé de stupeur quand de ma place j'aperçus, au bout de cette immense galerie, des panaches militaires. Cette manœuvre devait nous perdre. Jusque-là nous dominions nos adversaires. La translation était fondée en droit; elle était accomplie. Les militaires ne faisaient qu'obéir au décret. Le gouvernement était dissous par la démission de Barras; il fallait en venir nécessairement à une transaction entre les deux conseils. Oui, nous eussions amené la majorité des Cinq-Cents à confirmer le consulat provisoire et les commissions législatives, dont l'œuvre devait être soumise à la votation populaire. L'entrée du général fut sur le point de renverser les combinaisons préparées avec tant de soins. Heureusement nos adversaires ne surent pas profiter de leur immense avantage, en se bornant à censurer le général, en protestant qu'ils n'étaient pas libres à Saint-Cloud et en se séparant. J'aurais été forcé, moi-même, de mettre aux voix ces propositions... Mais ils se laissèrent emporter hors de toute limite, et ils sortirent eux-mêmes de la légalité pour en appeler à la force matérielle. Cela était insensé, quand six mille hommes couvraient la place de Saint-Cloud, prêts à défendre les Anciens et leur général. C'était vouloir combattre une armée avec quelques vociférations.

Les excès auxquels nous allons voir les jacobins se porter effacèrent la faute commise par le général en violant notre enceinte. Cette double faute peut nous confirmer, une fois de plus, que la violence est un mauvais conseiller et que le génie ne peut pas toujours suppléer à l'expérience.

La retraite de mon frère et notre trouble avaient tellement enivré les vainqueurs qu'ils perdirent leur sang-froid, et nous rendirent, en un moment, l'avantage que nous avions perdu : je fus prompt à le ressaisir...

Au milieu de l'agitation générale qui s'augmentait à chaque instant, et après diverses propositions émises et abandonnées, une voix retentissante s'écrie : *Hors la loi !... hors la loi Bonaparte et ses complices !...* Cent voix répétèrent ce cri comme un signal... Le bureau est envahi. *Marche, président,* me dit un collègue peu courtois; *mets aux voix le hors la loi.* L'horreur de ces interpellations me poussa, presque à mon insu, à descendre de l'estrade. Je laissai le fauteuil au vice-président Chazal, dont le coup d'œil sûr et le courage ne pouvaient être surpassés; j'étais arrêté par un [illegible] qui m'accablait de reproches et hurlait sur tous les tons : » *Hors la loi!... Reprends ton fauteuil, et ne nous fais pas perdre de temps. Aux voix le hors la loi du dictateur !...* » Je me trouvais alors debout au pied de la tribune. En jetant les yeux autour de moi, j'aperçus le brave général Frégeville, l'un de nos inspecteurs, qui, calme au milieu du tumulte, cherchait à m'approcher; il y parvint avec peine : « Faites avertir le général que le président a été réduit à abandonner le fauteuil, et qu'il requiert la force armée pour protéger sa sortie. Avant dix minutes il faut interrompre la séance, ou je ne réponds plus de rien. » Frégeville s'éloigna, et je parvins à monter à la tribune, où je demeurai quelque temps en observation : le tumulte continuait et je n'étais pas pressé de parler. Nos amis, indignés des cris *hors la loi!* adressaient des reproches aux plus exaltés, et ils parvinrent à obtenir un peu de silence; Bertrand du Calvados en profita avant moi : je lui cédai la parole sans regret.

« Lorsque le conseil des Anciens, dit Bertrand, a transféré le Corps législatif en cette commune, il en avait le droit constitutionnel ; quand il a nommé un général commandant en chef, il a usé d'un droit qu'il n'avait pas. Je demande que vous commenciez par déclarer que le général Bonaparte n'est pas le commandant des grenadiers qui composent votre garde. »

Cette proposition, appuyée par des acclamations nombreuses, me fit croire que les généraux Jourdan et Augereau allaient être nommés chefs de la garde du conseil, et qu'ils s'étaient déterminés à tirer l'épée contre Bonaparte et les Anciens. Nous ne pouvions empêcher cette nomination, qui eût amené le conflit que nous désirions éviter à tout prix. Je me rassurai bientôt : aucun des généraux ne se montra dans ce moment décisif. Leur ami, le député Talot, se présenta seul à la tribune, où je lui cédai mon tour comme je l'avais cédé à Bertrand... J'attendais.

« Non, dit cet orateur, le conseil des Anciens n'a pas eu l'intention de nous faire délibérer à huis-clos et entourés de baïonnettes. Eh quoi ! nous représentons le peuple français, et c'est dans un village, au milieu d'une force armée considérable, dont nous ne disposons pas, que nous délibérons !... Non que je craigne les soldats qui nous entourent ils ont combattu pour la liberté ; ce sont nos parents, nos frères, nos fils, nos amis. Nous avons été nous-mêmes dans leurs rangs. Et moi aussi, j'ai porté la giberne de la patrie! Je ne puis craindre le soldat républicain dont les parents m'ont honoré de leurs suffrages. Mais je déclare que la constitution a été outragée. Le conseil des Anciens n'avait pas le droit de nommer un général ; Bonaparte n'avait pas le droit de pénétrer dans cette enceinte sans y être mandé : voilà la vérité. Quant à vous, vous ne pouvez voter plus longtemps dans une pareille position ; vous devez retourner à Paris ; marchez-y revêtus de votre costume, et votre retour y sera protégé par les citoyens et les soldats... Je demande qu'à l'instant vous décrétiez que les troupes qui sont actuellement dans cette commune font partie de votre garde. Je demande que vous adressiez un message au conseil des Anciens pour l'inviter à rendre un décret qui nous ramène à Paris. »

Il était évident que Talot, proposant en même temps de voter et de partir pour Paris, ne s'était pas entendu avec

Bertrand, dont la motion précise était bien plus dangereuse. La nomination d'un autre général était en ce moment la seule mesure à craindre, parce qu'elle pouvait jeter de l'incertitude parmi les troupes. Je vis, avec l'espoir d'éviter le combat, le peu d'accueil et l'hésitation des jacobins. Les cris de *hors la loi!* avaient été condamnés par la plus grande partie d'entre eux; quelques-uns, revenus de leur première exaltation, désapprouvaient ces cris de proscription; d'autres les trouvaient trop précoces. Mais ils retentissaient toujours à nos oreilles... nous ne pouvions croire à la modération de nos adversaires.

Grandmaison voulut ramener le conseil à déclarer la nomination du général Bonaparte inconstitutionnelle. Crochon réclama la parole contre cette proposition. On voulut l'intimider par des clameurs : « Vous cherchez, lui criait-on, à nous faire perdre le temps : aux voix la motion de Grandmaison ! » Ces clameurs furent, cette fois, combattues par les clameurs de nos amis qui reprenaient courage : « Laissez parler ! Il n'y a plus de liberté ! » Crochon était à la tribune; il fut certainement l'un de ceux qui me secondèrent avec le plus de constance.

« Non, dit-il, nous ne devons pas prendre une mesure précipitée. Le décret de translation est constitutionnel; il fallait bien nommer un général pour en assurer l'exécution. Vous voulez déclarer que Bonaparte, choisi par les Anciens, n'est pas le commandant de votre garde... Mais c'est donner le signal d'un combat. »

Beaucoup de voix appuyèrent Crochon; mais Destrem, Blin, Delbrel, demandèrent que l'on délibérât sur la proposition de Grandmaison; le vice-président ne pouvait pas résister plus longtemps. Je pris alors la parole après l'avoir jusque-là cédée à tant d'orateurs qui se neutralisèrent réciproquement par leurs motions contradictoires.

« Je ne viens pas m'opposer directement à la proposition; mais il est temps de faire observer au conseil que les soupçons élevés si légèrement ont amené de bien tristes excès. Une démarche, même irrégulière, pouvait-elle faire oublier si vite tant de hauts faits, tant de services rendus à la patrie?... »

Des murmures m'interrompent. On s'écrie : « Le temps se passe ! aux voix la proposition !... » Je reprends en dominant ces murmures :

« Non ! vous ne pouvez voter une pareille mesure avant d'entendre le général ; je demande qu'il soit appelé à la barre... J'entends dire que vous ne le reconnaissez pas... Mais une partie de ce conseil le reconnaît, mais le conseil des Anciens, l'armée, le peuple le reconnaissent...Ces interruptions concertées qui étouffent la voix de vos collègues sont indécentes... Elles continuent... elles augmentent... je n'insisterai donc pas davantage. Quand le calme sera rétabli parmi vous, quand l'inconvenance extraordinaire qui s'est manifestée aura complétement disparu, vous rendrez justice vous-mêmes à qui elle est due, dans le silence des passions. »

Je ne pus pas en dire davantage : des rumeurs venant du dehors alarmaient nos adversaires Ils redoublèrent de violence pour m'empêcher de continuer et pour voter contre le général. Je pris alors le parti de me dépouiller de ma toge, et, en la déposant sur la tribune, je pus à peine m'écrier encore :

« Il n'y a plus ici de liberté. N'ayant plus le moyen de me faire entendre, vous verrez au moins votre PRÉSIDENT, en signe de deuil public, déposer ici les marques de la magistrature populaire. »

Ce mouvement de déposer ma toge sur le bord de la tribune produisit plus d'effet que mon discours. Beaucoup de députés pensèrent que c'était un signal convenu. Nos amis, devenus plus actifs, m'environnent. Une foule de membres m'invitent à reprendre le fauteuil... On se lève de tous les bancs, dans une agitation difficile à caractériser, mais qui me parut plutôt un retour à de meilleurs sentiments. Je descendis de la tribune, au pied de laquelle j'avais aperçu le général Frégeville, à la tête d'un bon nombre de nos amis, qui s'étaient réunis pour me défendre. Environné de ce groupe, je fais quelques pas, et au lieu de monter au fauteuil, je marche vers la porte... Le détachement que j'avais requis s'avançait vers moi. L'officier qui le commandait me dit : « Citoyen président, nous voici par l'ordre du général. » Je lui réponds à haute voix : « Nous vous suivrons ; ouvrez-nous le passage. » Et en me retournant vers le vice-président, je lui fais signe de rompre la séance. Beaucoup de membres, outre le groupe qui m'entourait, se lèvent en s'écriant : « Suivons notre président. » D'autres s'écrient : « Il n'y a plus de conseil : la liberté a été violée ! »

Cette accusation n'était pas fondée ; le dévouement de nos grenadiers avait été requis par moi, comme président chargé de la police de la salle. Lorsqu'une partie de l'assemblée était en butte aux menaces et aux violences, c'était bien le cas d'user de mon droit. La première entrée des grenadiers avec le général fut irrégulière ; mais, cette seconde fois, l'entrée des soldats était dans l'ordre. Le général ne pouvait pas, sans se rendre coupable, refuser d'obtempérer à ma réquisition ; et lorsqu'une assemblée ose mettre des citoyens hors la loi, ceux qu'elle condamne ainsi à la mort sans jugement ont le droit de se défendre et de repousser leurs assassins.

A peine hors de l'Orangerie, je me précipite dans la cour, ou mon frère, immobile et soucieux, était à cheval au milieu des groupes et des généraux : « Un cheval pour moi, général !... un cheval !... et un roulement de tambour !... » En un clin d'œil, je me trouve sur le cheval d'un dragon. Le roulement avait été suivi d'un profond silence. J'adresse aux troupes ce discours :

« Français, le président du conseil des Cinq-Cents vous déclare que l'immense majorité de ce conseil est, en ce moment, sous la terreur de quelques représentants à stylets qui assiégent la tribune, menacent de mort leurs collègues et leur proposent les délibérations les plus affreuses.

« Je vous déclare que ces audacieux brigands, inspirés sans doute par le génie fatal du gouvernement anglais, se sont mis en rebellion contre le conseil des Anciens, en demandant la mise *hors la loi* du général chargé d'exécuter le décret du conseil... comme si nous étions encore à ces temps affreux de leur règne où ce mot de *hors la loi* suffisait pour faire tomber les têtes les plus chères à la patrie.

« Je vous déclare que ce petit nombre de furieux se sont mis eux-mêmes hors la loi par leurs attentats contre la liberté de leurs collègues. Au nom de ce peuple qui, depuis tant d'années, est la victime ou le jouet de ces misérables enfants de la Terreur, je confie aux guerriers le soin de délivrer la majorité des représentants du peuple, afin que, protégés contre les stylets par les baïonnettes, nous puissions délibérer en paix sur les intérêts de la république.

« Général, et vous, soldats, et vous tous, citoyens, vous ne reconnaîtrez pour députés de la France que ceux qui se rendent avec leur président au milieu de vous... Quant à ceux qui persisteraient à rester dans l'Orangerie pour y voter des *hors la loi*, que la force les expulse !... Ces proscripteurs ne sont plus les représentants du peuple, mais les représentants du poignard... Que ce titre leur reste... qu'il les suive partout... et lorsqu'ils oseront se montrer à leurs commettants, qui les désavouent, que tous les doigts accusateurs les désignent sous ce nom mérité de représentants du poignard ! »

Des acclamations bruyantes m'avaient interrompu à chaque phrase. Le général donna sur-le-champ l'ordre de dissoudre l'assemblée. Un détachement de la garde législative s'avança, et en quelques minutes la salle était vide. Une partie des députés m'avaient suivi ; les autres se retirèrent après une sommation réitérée, et se dispersèrent dans les jardins et dans le village de Saint-Cloud.

Plusieurs écrivains ont avancé qu'en parlant aux troupes, sur la place de Saint-Cloud, j'avais calomnié mes adversaires ; qu'il n'y eut point de poignard tiré, point de menaces de mort, enfin que tous ces excès furent supposés pour autoriser notre usurpation... Le bon sens du public a su apprécier ces étranges accusations. Des hommes de parti n'ont vu peut-être ou n'ont voulu voir que ce qui leur convenait. D'autres n'ont écrit qu'après les événements, et ils ont écrit cependant avec la même assurance que s'ils avaient tout vu... Ils ont fait, comme à l'ordinaire, des livres avec des livres. C'est tout simple. Mais que pèse tout cela contre la notoriété publique, constatée par les actes officiels du temps, contre les témoignages des acteurs principaux, contre le décret qui accorde une pension au grenadier Thomé, pour avoir couvert de son corps son général ?

Quelle histoire est plus appuyée que celle de brumaire sur des documents authentiques? Quels événements ont eu plus de témoins?... Nous avons agi, parlé devant le peuple et l'armée. Mille voix auraient démenti les fables qu'on aurait eu la témérité d'inventer. Ceux qui ont tant de peine à croire aux poignards de Saint-Cloud nous permettront d'être moins incrédules, nous qui avons été exposés à leurs coups.

Quant au reproche d'avoir dissous par la force armée une pareille assemblée, ces messieurs en parlent bien à leur aise... Ils ignorent probablement ce que signifiait ce décret de mise *hors la loi* suspendu pendant plus d'une heure sur nos têtes, et qui eût été prononcé sans mon inébranlable résistance et celle du vice-président Chazal... Qu'ils apprennent donc qu'un tel décret, renouvelé des beaux jours de 93, n'est rien moins qu'un arrêt de mort et une invitation à tous les citoyens de courir sus à ceux qui en sont frappés. C'est une attaque bien autrement directe que celle des fameuses ordonnances de juillet... Ce n'est pas un seul poignard, mais mille poignards tournés contre des proscrits privés tout à la fois de défenseurs, de juges et des jurés!... C'est violer, non des articles réglementaires, mais des articles fondamentaux du pacte social... C'est condamner, sans forme de procès, ceux qu'il plaît à la majorité d'assassiner. Quiconque saisit cette arme empoisonnée devient un misérable assassin, malgré tous les cris de *Vive la Constitution!* étrange accompagnement de sa fureur. Quiconque fait ainsi un appel public au meurtre, si le meurtre retombait sur sa propre tête, aurait mérité son sort !

Et que dire de nos metteurs *hors la loi,* quand on pense qu'il s'agissait de mettre aux voix un décret de mort contre Bonaparte ! et de le faire mettre aux voix par Lucien Bonaparte!... Certes, c'eût été la première fois qu'un président eût prononcé la condamnation de son frère et sa propre condamna-

1 Nous avons souvent entendu des républicains énergiques, pour ne rien

tion. C'eût été la première fois que, par un seul assis ou levé, une assemblée eût frappé de mort, avec une partie de ses membres, les premiers généraux de la République, le conseil des Anciens et deux directeurs!... C'eût été assez bien faire les affaires des rois coalisés contre nous que de les débarrasser d'un seul coup de tant de héros vainqueurs de l'Italie, de l'Allemagne et de l'Égypte, et surtout des vainqueurs futurs de Marengo, d'Hoënlinden, d'Iéna et d'Austerlitz!

Si ces prétendus patriotes exclusifs méritaient ainsi une couronne civique, c'était donc à la main de notre grand ennemi, c'était à la main de Pitt qu'il appartenait d'attacher notre couronne sur le front de nos proscripteurs... Et si, quel-

dire de plus, faire un reproche à Lucien Bonaparte de cet acte de courage. « Nouveau Timoléon, s'écrient-ils, il devait mettre aux voix la *mise hors la loi* de son frère. » Telle ne pouvait être la ligne de conduite d'un homme de la trempe de Lucien Bonaparte, d'un esprit *à racines dans le cœur*, si l'on peut s'exprimer ainsi. Il eut toujours horreur de la guerre fraternelle, malgré les trop justes raisons et les occasions qu'il eut de la faire, de la faire même avec succès, ainsi que certaines parties de ses *Mémoires* encore inédites le prouvent évidemment. Mais Lucien n'a jamais transigé avec les principes de sagesse et d'humanité qui règlent toutes les actions de l'homme vraiment vertueux. Toute sa conduite politique et privée, toutes ses théories politiques et même ses inspirations poétiques portent cette empreinte sacrée de droiture et de philanthropie. C'est ce sentiment absolu, inflexible chez lui, et s'élevant, en fait d'opinion morale, au-dessus de tous les préjugés vulgaires et scolastiques divinisés depuis tant de siècles, qui lui fit hardiment placer les deux Brutus aux enfers lorsque, dans sa majestueuse épopée de *Charlemagne*, il donne la description de ce lieu de châtiment. Nous ne pouvons mieux en faire juger qu'en citant le passage tout entier :

Dans la troupe maudite on voit ces homicides,
Qui, de leur propre sang méconnaissant la voix,
Et cachant leurs forfaits sous le manteau des lois,
Immolèrent leurs fils de leurs mains parricides :
Ici Timoléon gît près de Manlius,
Ici les deux Brutus,
Cruels ambitieux, héros de l'imposture...
Oui, malgré les clameurs de l'aveugle univers,
Les premiers des liens sont ceux de la nature,
Et celui qui les brise appartient aux enfers.

(Note des dépositaires des *Œuvres posthumes* et de tout le portefeuille de *Lucien Bonaparte*.)

ques mois auparavant, les canons de la tour de Londres avaient appris au peuple anglais indigné la mort de Bonaparte, ils ne fussent pas restés muets sans doute pour l'hécatombe de Saint-Cloud, dont Bonaparte n'eût été que la première victime !

Si les écrivains qui m'ont jugé si sévèrement s'étaient rappelé les circonstances que je viens d'exposer, ils auraient senti que mon discours sur la place de Saint-Cloud fut ce qu'il devait être... « Président, mets aux voix la mise hors la loi de Bonaparte ! » Quand ces cris retentissaient à mes oreilles, comment eussé-je pu trouver des expressions trop ardentes ?... Ah ! s'ils avaient vaincu, nos adversaires se seraient-ils contentés de nous expulser ?... Pauvre France ! l'échafaud eût dévoré de nouveau tes plus illustres, tes meilleurs citoyens ; et dans le nord, comme dans le midi, comme dans l'orient, le crêpe funèbre eût voilé tous les drapeaux de la République.

## IV.

### Séance du soir et comité secret des Anciens.

Lorsque ma voix autorisait à bon droit la mise *hors la salle* des metteurs *hors la loi* (suivant l'expression de Sieyès), j'ignorais ce qui s'était passé au conseil des Anciens : je reviens donc d'une demi-heure en arrière.

Cette demi-heure devait être employée, suivant le plan convenu, à prononcer le décret des Anciens pour le consulat provisoire, à le proclamer aussitôt devant le peuple et les troupes, et à l'adresser au conseil des Cinq Cents par une grande députation de vingt membres. On sentira sans peine combien ce mode, en conservant toujours un appui civil à la force armée, eût prouvé aux plus exaltés qu'il n'y avait plus d'espoir de détruire un fait accompli. La nomination de trois consuls et de deux commissions législatives eût d'ailleurs rassuré la grande majorité de nos adversaires, auxquels on avait persuadé que nous voulions établir un dictateur militaire.

Malheureusement le général crut devoir se présenter au conseil des Anciens, et il fit consumer en révélations incomplètes et au moins inutiles cette demi-heure fatale dont chaque minute nous semblait bien lourde dans l'Orangerie.

Je transcris ici le procès-verbal de cette partie de la séance des Anciens, qui fut immédiatement suivie de l'entrée de mon frère aux Cinq-Cents. Il me suffit de répéter que ces deux démarches mirent tout en péril, et que, sans elle, nous n'eussions pas été réduits à la triste nécessité de faire évacuer notre salle par la force armée.

A quatre heures après midi, un mouvement se manifeste dans le conseil ; tous les membres se remettent en place. On annonce le général Bonaparte ; il entre, suivi de ses aides de camp. Il demande la parole ; le président la lui accorde.

Le général Bonaparte :

« Représentants du peuple,

« Vous n'êtes pas dans des circonstances ordinaires ; vous êtes sur un volcan. Permettez-moi de vous parler avec la franchise d'un soldat, avec celle d'un citoyen zélé pour le bien de son pays, et suspendez, je vous prie, votre jugement jusqu'à ce que vous m'ayez entendu.

« J'étais tranquille à Paris, lorsque je reçus votre décret qui me parlait de vos dangers et de ceux de la république. A l'instant j'appelai, je retrouvai mes frères d'armes et nous vînmes vous donner notre appui ; nous vînmes vous offrir les bras de la nation, parce que vous en étiez la tête. Nos intentions furent pures, désintéressées ; et pour prix du dévouement que nous avons montré hier, aujourd'hui déjà on nous abreuve de calomnies. On parle d'un nouveau César, d'un nouveau Cromwel ; on répand que je veux établir un gouvernement militaire !...

« Représentants du peuple, si j'avais voulu opprimer la liberté de mon pays, si j'avais voulu usurper l'autorité suprême, je ne me serais pas rendu aux ordres que vous m'avez donnés ; je n'aurais pas eu besoin de recevoir cette autorité du sénat. Plus d'une fois, et dans des circonstances extrêmement favorables, j'ai été appelé à la prendre. Après nos triomphes en Italie, j'y ai été appelé par le vœu de la nation ; j'y ai été appelé par le vœu de mes camarades, par celui de ces soldats qu'on a tant maltraités depuis qu'ils ne sont plus sous mes ordres, de ces soldats qui sont obligés encore aujourd'hui d'aller faire dans nos départements de l'Ouest une guerre horrible, que la sagesse et le retour aux principes avaient calmée, et que l'ineptie ou la trahison vient de rallumer.

« Je vous le jure, représentants du peuple, la patrie n'a pas de plus zélé défenseur que moi ; je me dévoue tout entier pour faire exécuter vos ordres ; mais c'est sur vous seuls que repose son salut, car il n'y a plus de Directoire. Quatre des membres qui en faisaient partie ont donné leur démission, et le cinquième a été mis en surveillance pour sa sûreté.

« Les dangers sont pressants ; le mal s'accroît. Le ministre de la police vient de m'avertir que dans la Vendée plusieurs places venaient de tomber dans les mains des chouans.

« Représentants du peuple, le conseil des Anciens est investi d'un grand pouvoir, mais il est encore animé d'une plus grande sagesse. Ne consultez qu'elle et l'imminence des dangers. Prévenez les déchirements ; évitons de perdre ces deux choses pour lesquelles nous avons fait tant de sacrifices : la liberté et l'égalité. »

*Linglet :*

Et la constitution ?...

*Bonaparte :*

« La constitution !... vous l'avez violée au 18 fructidor ; vous l'avez violée au 22 floréal ; vous l'avez violée au 30 prairial !...La constitution ! elle est invoquée par toutes les factions, elle est violée par toutes. Elle ne peut être pour nous un moyen de salut, parce qu'elle n'obtient plus le respect de personne.

« Représentants du peuple, j'espère que vous ne voyez pas en moi un misérable intrigant qui se couvre d'un masque hypocrite. J'ai fait mes preuves de dévouement à la république, et toute dissimulation m'est inutile. Je ne vous tiens ce langage que parce que je désire que tant de sacrifices ne soient pas perdus. La constitution a été violée plusieurs fois, et puisqu'il ne nous est plus permis de lui rendre le respect qu'elle devait obtenir, sauvons au moins les bases sur lesquelles elle repose ; sauvons l'égalité et la liberté. Trouvons le moyen d'assurer à chaque homme la liberté qui lui est due et que la constitution directoriale n'a pas su lui garantir.

« Je vous déclare qu'aussitôt que les dangers qui m'ont fait confier des pouvoirs extraordinaires seront passés, j'abdiquerai ces pouvoirs. Je ne veux être, à l'égard de la magistrature que vous aurez nommée, que le bras qui la soutiendra et fera exécuter ses ordres. »

Le conseil accorde au général Bonaparte séance dans son sein.

*Cornudet :*

« Vous venez de l'entendre, représentants du peuple ! Qui douterait maintenant qu'il y ait eu conspiration?... Celui à qui vous avez décerné tant d'honneurs, celui devant qui l'Europe et l'univers se taisent d'admiration, sera-t-il regardé comme un vil imposteur?... Je vous le déclare : j'ai participé à la mesure de translation qui vous a été proposée, parce que j'avais eu connaissance des propositions qui avaient été faites au général Bonaparte. Quelle qualification faudra-t-il donner maintenant aux doutes de ceux qui demandent des preuves ? »

*Fargues :*

« Puisqu'on a demandé des preuves, je propose qu'on fasse imprimer à trois mille exemplaires le discours du général Bonaparte. »

Cette proposition est adoptée.

*Le général Bonaparte :*

« S'il faut s'expliquer tout à fait, s'il faut nommer les hommes je les nommerai. Je dirai que les directeurs Barras et Moulins m'ont proposé de me mettre à la tête d'un parti tendant à renverser tous les hommes qui ont des idées libérales. »

*Quelques voix :*

« Un comité général »

*Beaucoup d'autres :*

« Non! non! que tout soit dit en public! »

*Laussat :*

« Je m'oppose à la formation d'un comité général. Puisque le général Bonaparte vient de nous dénoncer la conspiration et les conspirateurs, il faut que tout soit dit et fait à la face de la France. Nous serions les plus indignes des hommes si nous ne prenions pas, à cet instant, toutes les mesures qui peuvent sauver la patrie. »

*Cornudet :*

« Je demande que le général continue de s'expliquer en public ; et, après, je ferai la motion de demander au conseil des Cinq-Cents s'il veut proposer, et à l'instant même, des mesures de salut public. Quand il s'agit de sauver la patrie, tout le monde a part à la magistrature, et les représentants du peuple ne sont que les premiers désignés pour proposer les mesures de salut.

« Songeons que si la liberté est perdue pour nous, elle est perdue pour l'univers entier. Je demande que le général Bonaparte continue : il n'y a plus rien à cacher après ce qu'il a dit. »

*Duffau :*

« Je vois dans l'assemblée beaucoup d'agitation, tandis qu'il ne devrait y avoir que du calme.

« Que sommes-nous, nous, si ce n'est des républicains, des représentants du peuple français ?... On a parlé d'une conspiration, nous devons la connaître, nous devons en recevoir les détails du *général Bonaparte*, puisque notre commission des inspecteurs n'a pas voulu nous les donner. »

*Le président Lemercier :*

« Je ne souffrirai pas que nos collègues soient calomniés. La commission des inspecteurs n'a jamais refusé de donner les détails sur la conspiration, elle en a déjà donné ; il n'y a qu'un moment qu'un de ses membres disait encore qu'elle en donnerait bientôt de plus grands. Je rends la parole à l'orateur. »

*Duffau :*

« Je demande que le conseil se forme en comité secret pour entendre le général Bonaparte. »

*Plusieurs voix :*

« Non ! non ! publiquement ! »

Le conseil arrête que le général sera entendu en public.

*Le général Bonaparte :*

« Je vous le répète, représentants du peuple, la constitution, trois fois violée, n'offre plus de garantie aux citoyens ; elle ne peut entretenir l'harmonie, parce qu'il n'y a plus de diapason ; elle ne peut pas sauver la patrie, parce qu'elle n'est plus respectée de personne. Je le répète encore : qu'on ne croie pas que je tiens ce langage pour m'emparer du pouvoir après la chute des autorités ; le pouvoir ! on me l'a offert encore depuis mon retour à Paris. Les différentes factions sont venues sonner à ma porte ; je ne les ai point écoutées, parce que je ne suis d'aucune coterie, parce que je suis que du grand parti du peuple français.

« Plusieurs membres du conseil des Anciens savent que je les ai entretenus des propositions qui m'ont été faites. Je n'ai accepté l'autorité que vous m'avez confiée que pour soutenir la cause de la République Je ne vous le cache pas, représentants du peuple, en prenant le commandement, je n'ai compté que sur le conseil des Anciens. Je n'ai point compté sur le conseil des Cinq-Cents qui est divisé ; sur le conseil des Cinq-Cents, où se trouvent des hommes qui voudraient nous rendre la Convention, les comités révolutionnaires et les échafauds ; sur le conseil des Cinq-Cents, où les chefs de ce parti viennent de prendre séance en ce moment, et d'où viennent de partir des émissaires chargés d'aller organiser un mouvement à Paris.

« Que ces projets criminels ne vous alarment pas : environné de mes frères d'armes, je saurai vous en préserver. J'en atteste votre courage, vous, mes braves camarades... vous, aux yeux de qui on voudrait me peindre comme un ennemi de la liberté... vous, grenadiers, dont j'aperçois d'ici les bonnets... vous, braves soldats, dont j'aperçois les baïonnettes que j'ai si souvent fait tourner à la honte de l'ennemi, à l'humiliation des rois, et que j'ai employées à fonder des républiques.

« Et si quelque orateur, payé par l'étranger, parlait de me mettre *hors la loi*, qu'il prenne garde de porter cet arrêt contre lui-même ! S'il parlait de me mettre *hors la loi*, j'en appellerais à vous, mes braves compagnons d'armes ; à vous, braves soldats que j'ai tant de fois menés à la victoire ; à vous, défenseurs de la république, dont j'ai partagé les périls pour affermir la liberté et l'égalité... Je m'en remettrais, mes braves amis, au courage de vous tous et à ma fortune.

« Je vous invite, représentants du peuple, à vous former en comité secret, et à y prendre des mesures salutaires que l'urgence des dangers commande impérieusement ; vous trouverez toujours mon bras pour exécuter vos résolutions. »

*Le président* :

« Général, le conseil vient de prendre une décision pour vous inviter à dévoiler dans toute son étendue le complot dont la république était menacée. »

*Général Bonaparte :*

« J'ai eu l'honneur de dire au conseil que la constitution directoriale ne pouvait sauver la patrie, et qu'il fallait arriver à un ordre de choses tel que nous puissions la retirer de l'abîme où elle se trouve. La première partie de ce que je viens de vous répéter m'a été dite par deux membres du Directoire que je vous ai nommés et qui ne seraient pas plus coupables qu'un très-grand nombre d'autres Français, s'ils n'eussent fait qu'articuler une chose connue de la France entière. Puisqu'il est reconnu que la constitution ne peut plus sauver la république, hâtez-vous donc de prendre des mesures pour la retirer du danger, si vous ne voulez pas recevoir de sanglants et d'éternels reproches du peuple français, de vos familles et de vous-mêmes. »

Après avoir prononcé ces mots, le général se retire.

Il déclinait ainsi les révélations que le conseil lui demandait en comité secret ; il avait enfin senti qu'il fallait sortir du défilé périlleux où il s'était engagé.

La séance, un moment suspendue, est reprise pour entendre le message du conseil des Cinq-Cents, qui annonçait notre réunion en majorité dans l'Orangerie.

*Courtois :*

« Je déclare au conseil qu'en ce moment on organise un mouvement à Paris ; mais nous saurons y résister. »

Un mouvement tumultueux se manifeste tout à coup dans le conseil et dans le palais. On entend partir de cette cour les cris répétés de : *Vive Bonaparte !*

*Dalphonse :*

« Le général vous l'a dit; la constitution n'obtient plus les respects de personne, parce qu'elle a été violée : j'estime beaucoup les talents d'un général qui réunit l'admiration de l'Europe et la reconnaissance de la France; mais cela ne m'empêchera pas de dire ma pensée.

« Le 18 fructidor a creusé l'abîme dans lequel la constitution est tombée, mais je n'ai point participé au 18 fructidor. Quelles que soient les destinées réservées à la France, je désire qu'elle sache que j'ai traversé la révolution avec une âme pure. Je ne la souillerai pas aujourd'hui. Les maux qui nous environnent sont immenses, mais nous devons être au-dessus d'eux. Ces maux ont pris naissance dans l'abus qu'on a fait de la constitution... Eh bien ! c'est dans la constitution qu'il faut trouver le remède. On peut donner à la France un directoire digne d'elle et propre à sauver la liberté, mais toutes les mesures doivent être prises par le Corps législatif entier et conformément à la constitution. Tout ce qui s'écartera de cette base, loin de sauver la république, rétablira la royauté sur les débris de la liberté publique.

« Je demande que nous fassions tous le serment de fidélité à la constitution de l'an III ! »

*Condorcet :*

« Je demande au conseil de ne plus se laisser enchaîner par de prétendus principes et par des abstractions funestes qui entraînent beaucoup plus loin qu'on ne veut. Qu'entend-on par constitution ?... Est-ce la souveraineté du peuple, la liberté, l'égalité, la division et l'indépendance des pouvoirs ? je lui jure fidélité : je veux conserver ces bases sacrées; mais rappelez-vous que c'est au nom de la liberté qu'un directoire coupable vous demanda d'attenter à la liberté de la république. Le 18 fructidor a vu mutiler la représentation nationale. Cent cinquante représentants du peuple ont été arrachés du Corps législatif par la main parricide qui, le 22 floréal, ferma les portes de la législature aux députés envoyés par le peuple. Peut-on appeler un pouvoir national, un pouvoir conservateur, celui qui assassine la nation dans la première des autorités ? Ne nous attachons donc pas à des abstractions, mais aux véritables principes et à la raison. Il est impossible qu'une organisation où le pouvoir exécutif peut mutiler la représentation nationale, où le Corps législatif est obligé de s'insurger pour se défendre, il est impossible qu'une pareille organisation subsiste. Cet état de choses est contraire à la raison et à la souveraineté nationale.

« Je demande l'ordre du jour sur la proposition de notre collègue Dalphonse, et qu'il soit fait un message au conseil des Cinq-Cents pour lui communiquer les faits dénoncés par le général Bonaparte, et lui demander s'il veut proposer des mesures pour sauver la patrie. »

*Guyomard :*

« Nous avons prêté au 1er vendémiaire le serment de maintenir la constitution, et je pense, comme notre collègue Dalphonse, que nous ne devons aujourd'hui entendre ni faire aucune proposition contraire à la constitution.

« Au surplus, que nous prêtions ou non le serment aujourd'hui, nous n'en sommes pas moins liés par celui que nous avons prêté précédemment. Si nous sommes réduits au point que les partisans de la constitution doivent être regardés comme des factieux, je déclare que je serai plutôt seul de cette faction que de manquer à mon serment. La constitution est au-dessus du Corps législatif : il ne peut pas y toucher.

« Je demande que le conseil ne prenne que des mesures sages et constitutionnelles. »

*Fargues*, entrant dans la salle:

« Le général Bonaparte vient de me faire appeler, et je suis douloureusement affecté d'être obligé de rendre au conseil ce qu'il m'a dit. Vous savez avec quelle bienveillance il a été accueilli parmi vous · en sortant de notre salle il est allé dans le conseil des Cinq-Cents, où il a été accueilli par des poignards ! »

*Courtois :*

« Par Aréna ! »

*Fargues :*

« Par Aréna, à l'égard duquel le général a commis le crime d'avoir porté la lumière dans des marchés scandaleux passés à l'armée d'Italie.

« Le général vous demande de prendre des mesures pour déjouer le mouvement que des émissaires partis de la salle des Cinq-Cents sont allés organiser à Paris. Je vous propose de vous former en comité général. »

*Le président :*

« Je crois avoir donné quelques preuves de dévouement à la constitution de l'an III et de courage à la défendre : toute la France sait que je lui fis élever un autel dans le sanctuaire des lois, au moment où il était à peine permis d'en parler. Je le fis pour parer au retour de la charte monstrueuse de 91, ou du code sanguinaire de 93. Je porte à notre pacte social la même vénération ; mais je n'attache pas un sens littéral et judaïque à quelques articles réglementaires qui énervent sa force : je m'attache aux grands principes de ce pacte, à la liberté, à l'égalité, à la souveraineté du peuple, à la faculté imprescriptible pour tout homme de parler et d'écrire... Je conclus à ce que le conseil se forme en comité général. »

Cette proposition est adoptée. A sept heures, la séance devient secrète.

Pendant ce comité des Anciens, j'étais parvenu près de mon frère, sur la place de Saint-Cloud.

La salle des Cinq-Cents à peine évacuée, je priai ceux de mes collègues qui m'entouraient sur la place et surtout nos inspecteurs, de se répandre de tous côtés, dans les jardins et hors même de Saint-Cloud, pour ramener ceux qui voudraient nous rejoindre, et qui, tout en désapprouvant la motion de mise hors la loi, étaient restés par faiblesse avec ceux dont ils condamnaient les excès.

Mon frère et Sieyès m'engagèrent ensuite à me présenter au conseil des Anciens, quoiqu'il fût en comité secret, afin de leur rendre compte de ce qui s'était passé aux Cinq-Cents et de hâter leur décision. Sieyès m'apprit alors, en peu de mots, qu'en présence de mon frère il s'était manifesté dans ce conseil une opposition inattendue ; que les députés Dalphonse et Guyomard y avaient demandé le serment à la constitution directoriale, et que Bonaparte, interpellé de préciser les révélations qu'il avait cru devoir faire, s'était brusquemment retiré au lieu de satisfaire à la demande des Anciens. On aura vu, en effet, par le procès-verbal, que l'attaque de Dalphonse et de Guyomard n'était pas à dédaigner; les discours de ces députés étaient simples et modérés, et n'en étaient que plus dangereux. Heureusement nos adversaires des Cinq-Cents avaient été moins bien inspirés, sans quoi, peut-être, nous eussions été réduits à remplacer les directeurs démissionnaires et à renoncer à tout projet de réforme.

Je sentais combien l'hésitation des Anciens pouvait devenir fatale; je me rendis à ce conseil, où je fus admis tout de suite, et mon rapport me parut y exciter la plus vive approbation. Ce rapport, fait en comité secret, ne fut pas publié dans les journaux. Je traçai d'abord avec véhémence, mais avec sincérité, le tableau de notre triste séance, et à la fin de ma harangue j'attaquai sans ménagement ceux qui hurlaient depuis une heure pour demander nos têtes.

« Les voilà, disais-je, les constitutionnels par excellence : ils parlent sans cesse d'ordre légal, de liberté... et ils veulent juger, sans les entendre, tous ceux qui ne pensent pas comme eux !... Ils jurent sans cesse fidélité à une constitution qu'ils ont violée vingt fois, et qui n'est plus dès lors qu'une lettre morte... Et ils ne se font pas scrupule de condamner en masse tous ceux qui suivent votre direction !... Dans quel article de la constitution ont-ils trouvé le droit de mettre hors la loi leurs collègues et ceux que la confiance du peuple, l'amour de l'armée, la vénération de l'Europe environnent depuis longtemps ?... Pourquoi, puisqu'ils s'arrogent sur nous droit de vie et de mort, ne pourrions-nous pas nous arroger le même droit sur eux ?... Ont-ils le privilége du *hors la loi ?* Qui le leur a donné ?.. Certes, ce n'est pas le peuple; car si le peuple a mis pour un moment Bonaparte hors la loi, ce fut pour l'affranchir des lois de la santé publique, afin de contempler quelques jours plus tôt le plus illustre de ses défenseurs. Pendant la tourmente d'horrible mémoire qui, en 93, couvrit la France de deuil et frappa d'horreur le monde entier, l'atroce jurisprudence du *hors la loi* ne fut pas inconnue sans doute; mais en 93 vit-on jamais, je ne dis pas des Français, mais des hommes vouloir forcer un frère à prononcer la mort de son frère ?.. son frère ?... Le vit-on jamais ?... Eh bien, représentants du peuple, c'est ce que vient de voir l'Orangerie de Saint-Cloud... Auprès de ce spectacle l'image de la Convention recule effacée : les imitateurs ont surpassé le modèle.

« Mais, je le proteste devant vous au nom du conseil que je préside, ces constitutionnels du *poignard* et du *hors la loi* n'étaient qu'en très-petit nombre parmi nous. Ils avaient entraîné, par la calomnie et par la fanatique et fausse application des meilleurs principes, des hommes trop faciles à se laisser égarer. « Une dictature militaire, « disaient-ils, va être établie. Plus de représentation populaire, plus « de république ; le sabre pour toute loi... » C'est ainsi qu'ils ont ébloui, entraîné ces citoyens, ces collègues généreux, que chaque minute ramène autour de nous, et dont j'entends d'ici la voix répondre à mon appel. Eux et nous, nous attendons que les pères de la patrie s'expriment.

« Après avoir détourné de nous les périls de l'émeute, après nous avoir signalé le mal présent, il est temps de nous indiquer le remède pour l'avenir. Ne tardez pas davantage à proclamer le résultat de vos méditations ; que les faisceaux consulaires, ce signe glorieux des libertés républicaines de l'ancien monde, se lèvent, pour démentir nos calomniateurs et rassurer le peuple français, dont le vote universel ne tardera pas à consacrer vos travaux. »

Les témoignages d'une adhésion unanime avaient souvent accueilli ces paroles ; ma sortie de la salle fut immédiatement suivie d'un décret pour l'ajournement des deux conseils au 1er nivôse, et pour la nomination d'une commission exécutive provisoire et d'une commission législative. Le retour d'un assez grand nombre de nos collègues dispersés n'était pas assez certain pour que les Anciens voulussent l'attendre, et ils votèrent leur décret malgré l'absence de l'autre conseil. Ils suspendirent ensuite leur séance, pour nous laisser le temps, si cela était possible, de nous réorganiser.

Je dois déclarer ici que, dans l'horrible scène de la mise hors la loi, le général Jourdan n'était pas dans la salle des Cinq-Cents ; je l'aperçus un moment, près de la porte, sérieux et calme comme à son ordinaire.

En sortant de la séance des Anciens, j'étais retourné dans la salle des inspecteurs, où se trouvaient Bonaparte et les deux ex-directeurs. « Le citoyen Sieyès avait raison, me dit le général; quels fous furieux!... J'avoue qu'il valait mieux les consigner. » Encore tout ému des dangers imprévus que nous venions de courir, je répondis, du premier mouvement : *Il valait encore mieux ne pas aller aux conseils*... « Oh! oh! dit alors mon frère en s'adressant à Sieyès, le citoyen président nous gronde, et il n'a peut-être pas tort : chacun son métier. »

Il acheva cette réponse en me félicitant sur mon succès au conseil des Anciens.

## V.

Séance de nuit des Cinq-Cents. — Serment et proclamation des trois consuls provisoires.

Sieyès n'était qu'à demi satisfait. Il m'engagea instamment à réunir tout ce qu'on pouvait de notre conseil et à rentrer en séance. « Il ne faut publier le décret des Anciens que s'il est impossible de réunir les Cinq-Cents. Nous vous laissons le temps, et il serait bien désirable que vous puissiez réussir. »

Je pensais comme Sieyès, sans le concours de notre conseil, la révolution me paraissait incomplète.

Je quittai les trois futurs consuls, et je rentrai dans l'Orangerie, d'où j'expédiai de nombreux messagers pour y réunir nos collègues.

Il était nuit. En moins d'une heure tout fut remis en ordre. On régla l'ordre de la parole, suivant les propositions dont chaque orateur inscrit s'était chargé, et, vers neuf heures, la séance de nuit du 19 brumaire commença.

Nous adressâmes d'abord un message aux Anciens, pour leur annoncer que nous étions réunis. Les Anciens rapportèrent de suite leur décret, rendu deux heures auparavant, et ils attendirent les résolutions de notre conseil.

J'avais repris le fauteuil ; j'ouvris la séance par ce discours :

« Représentants du peuple,

« La république, mal gouvernée, tiraillée dans tous les sens, minée par le désordre des finances, croulait de toutes parts. Point de confiance, et dès lors nous avons vu tarir toutes nos ressources... Le gouvernement, faible et divisé, n'a pu empêcher la guerre civile de se rallumer au milieu de nous... Les puissances étrangères ne trouvant plus de garantie, toute espérance de paix semblait éloignée pour longtemps.

« Les bons citoyens sentaient le mal, et leurs vœux appelaient le remède. La sagesse du conseil des Anciens s'est alarmée : les yeux toujours fixés sur les tentatives ténébreuses d'une faction redoutable, les Anciens ont transféré notre résidence hors de Paris.

« C'est à nous maintenant qu'appartient l'initiative ; c'est nous qui devons proposer les moyens d'arrêter la dissolution générale qui nous menace. Le peuple et l'armée nous regardent. Pourrions-nous craindre de sonder la plaie ? Pourrions-nous, par une lâche pusillanimité, changer en découragement les espérances de la république ?...

« Entraîné par le torrent de l'opinion, un membre du Directoire a déposé la magistrature suprême. Deux autres l'ont imité, persuadés que la cause de nos maux est dans les défauts de notre système politique, ou du moins dans son insuffisance Il n'y a plus de pouvoir exécutif... L'expérience ne nous a que trop prouvé, depuis cinq ans, que l'organisation de notre constitution est aussi vicieuse que ses bases sont sacrées. Cette organisation incohérente nécessite chaque année une secousse politique, et ce n'est pas pour éprouver des secousses annuelles que les peuples se donnent des constitutions.

« Le sentiment national universel attribue nos maux aux vices de la nôtre. Placés, comme nous le sommes, à l'abri des factions, nous n'aurions pas d'excuse si nous ne faisions pas ce que nous semble exiger le bien de la patrie. En ne prêtant pas un prompt appui à l'édifice qui chancelle, en oubliant que le salut de la république est la loi suprême, en abandonnant le timon à la secte jacobine, nous appellerions sur nous l'exécration méritée du siècle présent et des siècles futurs.

« Il existe des principes constitutionnels : nous voulons tous maintenir et consolider ces principes ; mais il n'existe plus d'organisation constitutionnelle, puisque celle qui existait a été violée tour à tour par tous les partis.

« On peut en imposer par des mots vides de sens à des peuples ignorants et crédules, mais on ne peut en imposer au peuple le plus instruit et le plus impatient de la terre.

« Croyez-vous que ce peuple ignore par qui, comment le Directoire et les conseils législatifs ont été fréquemment décimés? Ce pacte social, qui n'a pu garantir aucun droit, et dont tant de mains ont arraché les pages à peine écrites, n'est plus qu'une arme offensive ou défensive dont chaque faction cherche à se prévaloir à son tour. Les droits respectifs des autorités et des individus n'étant pas garantis par ce pacte, devons-nous tarder à le modifier? Et si nous tardions encore, les fauteurs des dangers de la patrie ne ressaisiraient-ils pas, à la première occasion, l'avantage que nous aurions laissé échapper?

« Telle est la question que chacun de vous doit se faire. Méditez et prononcez ensuite dans toute la liberté de votre âme sur la situation de la patrie. Cet ancien palais des rois, où nous siégeons dans cette nuit solennelle, atteste que la puissance est bien fragile et que la gloire seule est durable !...

« Si nous sommes indignes aujourd'hui du premier peuple de la terre; si, par des considérations pusillanimes et déplacées, nous ne changeons pas l'état de désordre où il se trouve; si nous décevons l'attente universelle, nous perdons par cela même tout titre à la gloire et nous ne garderons pas longtemps la puissance : d'autres mains nous l'arracheront justement.

« Quand la mesure des maux est comble, l'indignation des peuples s'approche... et les chefs, les législateurs timides et malhabiles tombent sous le fardeau qu'ils n'ont pas su porter.

« J'ai cru, représentants du peuple, dans un pareil moment, pouvoir vous adresser ce langage. De vos délibérations dépendent la prospérité publique et la paix européenne... Vous devez secouer tous les liens des jours tranquilles, et ne vous souvenir que du bonheur de la France. Pour assurer ce bonheur, marchons sans hésitation au but indiqué par le conseil des Anciens... Je demande la formation d'une commission spéciale de neuf membres, chargée de vous proposer les moyens d'améliorer la situation de la république. »

Cette commission est nommée de suite; elle se retire pour remplir son mandat, séance tenante.

Le député Bérenger prend la parole : il retrace les événements de la journée, les dangers courus personnellement par le général Bonaparte, au moment de son entrée au conseil des Cinq-Cents, les périls du Corps législatif lui-même, la sagesse des mesures prises pour le sauver, le courage, le dévouement et la fidélité dont toutes les troupes ont donné des preuves égales.

On demande, de plusieurs points de la salle à la fois, qu'un témoignage de reconnaissance nationale soit donné aux citoyens qui ont concouru dans cette journée au salut de la patrie.

Le conseil prend, au milieu des acclamations les plus vives, la résolution suivante :

« Le conseil des Cinq-Cents, considérant que le général Bonaparte, les généraux et l'armée sous ses ordres ont sauvé la majorité du Corps législatif et la république, attaquée par une minorité composée d'assassins ;

« Considérant qu'il est instant de leur témoigner la reconnaissance nationale ;

« Déclare qu'il y a urgence ; »

Et après avoir déclaré l'urgence, le conseil prend la résolution suivante :

« Le général Bonaparte, les généraux Lefebvre, Murat, Gardanne, les autres généraux et particuliers dont les noms seront proclamés, les grenadiers du Corps législatif et du Directoire exécutif, les sixième, soixante-dix-neuvième, quatre-vingt-sixième de ligne, les huitième et neuvième de dragons, et les grenadiers qui ont couvert le général Bonaparte de leur corps, ont bien mérité de la patrie. »

Les ennemis du 18 brumaire ont accusé d'imposture le premier considérant de cet acte, où il est dit que *la majorité du Corps législatif* fut sauvée par le général Bonaparte.

Dans les corps politiques divisés en deux chambres, il n'est pas rare de voir une chambre s'attribuer sans raison la plénitude du pouvoir et ne compter l'autre pour rien. Le parlement britannique offre en ce moment même à l'observateur un exemple frappant de cette figure de rhétorique, *pars pro toto*, substituée bizarrement à un calcul positif [1].

[1] Ceci a été écrit en 1836, sous le ministère Melbourne.

Le ministre Melbourne a pour lui une petite majorité de la chambre des communes, et il a contre lui une très-grande majorité de la chambre haute.

En additionnant ces nombres, il est évident que ce ministère a contre lui la majorité du parlement, même en oubliant que la chambre des lords, indépendamment du nombre d'individus, est l'égale de l'autre chambre; et cependant on ne cesse de répéter, verbalement et par écrit, et il est presque généralement reconnu, que le ministère Melbourne a la majorité parlementaire!... Cette assertion, numériquement erronée, tient à ce qu'on se laisse insensiblement entraîner à ne plus compter pour membres du Parlement que les membres de la chambre élective, quoiqu'il paraisse bien étrange à un homme impartial que l'on puisse refuser à un pair au moins autant de valeur parlementaire qu'à un député des communes. Cette personnalité de corps, si l'on peut s'exprimer ainsi, cet égoïsme collectif, qui fausse aujourd'hui sous nos yeux le calcul de la majorité parlementaire britannique, faussait en 1799 le calcul de la majorité législative française, et, dans notre cas, l'erreur était encore plus choquante, puisque le conseil des Anciens, sortant comme l'autre conseil de l'élection populaire, il n'y avait pas même un mauvais prétexte pour ne pas le compter dans la représentation nationale.

Cette majorité législative n'était pas cependant exempte de toute alarme. Les uns affirmaient, d'après leurs lettres de Paris, que les jacobins s'étaient retirés dans les faubourgs, où ils avaient rallié de nombreux partisans. D'autres annonçaient qu'à l'exemple des fédéralistes du temps de la Gironde, ils s'étaient dispersés dans les départements, et qu'ils en appelaient aux armes. On nous reprochait de n'avoir pas arrêté les exaltés; et dans la crainte d'une guerre intestine, nous n'étions pas éloignés de regretter la modération de notre victoire.

Dans le courant de la nuit, de nouveaux rapports augmentèrent nos alarmes; des dispositions et des mesures violentes se manifestèrent dans les deux conseils. J'y cédai comme les autres, et mes paroles, au lieu d'être plus calmes, devinrent plus emportées qu'au moment même de la lutte. Vers dix heures, je remontai à la tribune, où je prononçai le discours suivant :

« Ce matin, des assassins, revêtus de la toge, ont fait retentir ces voûtes des cris de leurs fureurs. Votre courage, celui des soldats de la patrie ont neutralisé tous leurs efforts... A cette heure, leur règne est passé. Mais achevons de peindre à la France épouvantée la hideuse physionomie de ces enfants de la Terreur. Ce qui se dit dans cette nuit du 19 brumaire, au milieu de cette enceinte, sera répété par la postérité.

« Pendant que votre commission travaille à remplir son mandat, permettez-moi de vous entretenir pour la dernière fois de ceux qui avaient juré notre perte.

« Ils répétaient sans cesse les mots d'*attentat à la constitution* et de *serments violés !*... Eux qui affectaient aujourd'hui tant de scrupules politiques, lorsqu'il s'agissait d'améliorer le sort de la patrie, que disaient-ils, que faisaient-ils, il y a quelques mois?... Se souvenaient-ils de leurs serments, lorsque, conspirant dans les ténèbres et ralliant tous les éléments révolutionnaires, ils rappelaient la discorde et l'épouvante au sein de la république, et désignaient nos têtes à la proscription? Pensaient-ils que nous eussions oublié, que la France eût oublié ces jours de deuil où les emblèmes de la Terreur paraissaient de nouveau sur l'horizon?... Leurs projets de Convention, de comité de salut public, comment les accordaient-ils avec leur serment à la constitution directoriale?... Qu'avaient-ils fait de leurs serments, ce jour où, dans leur caverne du Manége, profanant leurs caractère de législateurs, ils se mêlaient aux assassins pour diriger les poignards sur leurs collègues?... Était-ce par amour de la constitution qu'ils s'écriaient, au milieu de leurs sicaires, que nos têtes n'étaient plus populaires, et que le peuple devait, en nous frappant, se sauver lui-même? Audacieux conspirateurs, ils provoquaient alors à l'insurrection... Aujourd'hui, devenus tout à coup scrupuleux, ils invoquaient cette charte sur laquelle ils ont imprimé depuis longtemps leurs mains ensanglantées !

« Ils espéraient faire déborder une seconde fois, sur notre sol, le torrent de leur domination sanglante, et ils ne se trouvaient pas alors retenus par la digue constitutionnelle ! Ils viennent de nous opposer aujourd'hui cette digue comme un obstacle insurmontable. C'est ainsi que leurs convictions dépendent de leurs passions du moment. Ils changent de masque, mais leur figure est toujours la même... c'est celle de 93!!!

« Cette hideuse figure vient de se démasquer tout entière. Le moment est venu de la retracer sans ménagement aux regards de nos commettants.

« Nous avions gardé le silence sur ces complots, parce que nous avions présumé que nos adversaires préféraient la générosité à la justice... Mais ils sont habitués à prendre la générosité pour de la faiblesse; nous devons cesser d'être généreux.

« Ils parlent toujours du peuple et au nom du peuple! Eh bien, je l'évoque aujourd'hui ce peuple français répandu sur le sol de la grande république, ce peuple dont les millions de suffrages seront appelés bientôt à juger nos travaux, ce peuple immense et souverain qui ne se concentre pas dans la population d'une commune... Je l'évoque autour de cette tribune... que ses flots nous pressent, qu'il écoute; et qu'il prononce entre nous et nos adversaires.

« Depuis que la constitution de l'an III a été mise en activité, les démagogues ne cessent de conspirer contre elle pour lui substituer leur code chéri de 93. Ils crurent, il y a quatre mois, voir arriver le moment favorable. Ils conspiraient alors le jour et la nuit... et c'était sans doute en faveur du peuple, car ils voulaient lui rendre les inappréciables bienfaits du maximum, des suspects et des emprunts forcés!... les tribunaux révolutionnaires et les échafauds, complément nécessaire de ces premiers bienfaits, n'eussent pas tardé à les suivre, pour achever ce qu'ils appelaient le bonheur commun!

« La patrie fut un moment en proie aux ennemis du dehors; et comme s'ils avaient attendu ce signal, ils s'élancèrent aussi en vautours sur la patrie.

« Voulaient-ils alors la constitution de l'an III, ces sénateurs intègres qu'un zèle de conservation dévore aujourd'hui?... La voulaient-ils lorsque des hordes déguenillées, ramassées par leurs ordres et poussées autour des deux palais législatifs, préludaient à notre assassinat par les injures?... Des voix féroces nous poursuivaient sur notre passage... Eux, observaient, écoutaient complaisamment les cris de mort qui nous menaçaient!... Ces hommes bourreaux, ces femmes furies souriaient à leurs sourires! Ils fraternisaient ensemble!...

« Oui, nous avons vu des législateurs traverser ces files de brigands d'un air calme et d'un pas lent, comme le triomphateur qui savoure à longs traits l'encens populaire! Ils montraient leurs cartes à ces groupes infernaux, et ils étaient salués du titre de députés fidèles !... Ils étaient fidèles en effet aux doctrines de 93 ! Et ils osaient aujourd'hui simuler un fanatisme ardent pour la constitution directoriale !... C'en est trop : il est passé le temps de l'indulgence; les hommes de bien se sont aussi *fédérés*; ils ont senti que la guerre civile même serait préférable à l'infamie d'un tel joug.

« Mais vous, pères de la patrie, vous qui voulez donner à la république le repos au dedans et la paix au dehors, vous vous êtes enfin séparés de ces hommes que leur petit nombre doit épouvanter. Leur groupe proscripteur est livré pour tout châtiment à la contemplation du public, à l'animadversion des citoyens et des guerriers, à l'horreur du monde.

« Et nous aussi, nous sommes en présence de nos contemporains. Lorsque naguère des hurlements de mort étouffaient ici la voix des représentants de trente millions de Français, j'ai déposé la toge sur cette tribune... Je rougirais de l'avoir reprise si, délivrés du joug des démagogues, vous pouviez reculer devant la haute initiative qui vous appartient.

« Je demande que votre commission soit entendue sans désemparer, et que, dans cette séance décisive, nous votions toutes les mesures nécessaires au salut de la république. »

Le conseil adopta ma proposition.

Après une demi-heure d'attente, le rapporteur de la commission des neuf, Boulay de la Meurthe, se présente à la tribune. Il établit la nécessité de constituer un état provisoire et intermédiaire pendant lequel on préparera les meilleurs moyens de remédier aux défauts de l'organisation constitutionnelle.

« Nous l'avons tous reconnu, dit-il, notre pacte social est vicieux sous le rapport de la division des pouvoirs. La forme du gouvernement est telle, qu'elle ne peut se maintenir que par des perturbations continuelles. Tantôt le pouvoir exécutif a pu, à son gré, chasser du Corps législatif les membres qui lui faisaient ombrage, et tantôt le Corps législatif a pu renverser du fauteuil directorial les magistrats qu'il ne voulait pas y laisser.

« Les journées des 18 fructidor, 22 floréal et 30 prairial ont prouvé les funestes effets de l'organisation actuelle des pouvoirs.

« Le résultat de ces changements imprévus, de ces oscillations perpétuelles a dû être le mécontentement général, la perte du crédit public, qui ne peut se vivifier que par la stabilité du gouvernement. Il faut faire cesser un état qui nous mènerait bientôt à une dissolution totale, et, pour y parvenir, il faut apporter des changements à la charte directoriale, pour la rasseoir sur des bases durables.

« Ces bases sont la souveraineté du peuple, l'unité, l'indivisibilité de la république, la liberté, la propriété et la sûreté !

« Mais en ce moment nous n'avons plus de Directoire : quatre directeurs, ont donné leur démission, le cinquième est mis en état de surveillance. Il faut, à leur place, recourir à un gouvernement provisoire. Avant de réparer les vices d'un pacte tant de fois impunément violé, et dont il n'existe plus depuis longtemps que l'ombre, il faut un gouvernement ferme et provisoire, qui assure la paix intérieure et extérieure ; il faut une direction forte et sage, qui rende à notre malheureuse patrie le calme dont elle a besoin, la liberté pour laquelle elle a tout fait.

« C'est dans ces vues que votre commission vous propose le projet de résolution dont il va vous être donné lecture. »

Le commissaire Villetard succède à Boulay de la Meurthe, et lit le projet ci-après :

« Le conseil des Cinq-Cents, considérant la situation de la république, déclare l'urgence, et prend la résolution suivante :

« Art. 1er. Il n'y a plus de Directoire, et ne sont plus membres de la représentation nationale, pour les excès et les attentats auxquels se sont constamment portés le plus grand nombre d'entre eux, notamment dans la séance de ce matin, les individus ci-après nommés... (*suivent soixante-deux noms*).

Art. 2. Le Corps législatif crée provisoirement une commission consulaire exécutive, composée des citoyens Sieyès, Roger-Ducos et Bonaparte, général ; ils porteront le nom de *Consuls de la république française.*

« Art. 3. Cette commission est investie de la plénitude du pouvoir directorial, et spécialement chargée d'organiser l'ordre dans toutes les parties de l'administration, de rétablir la tranquillité intérieure, et de procurer une paix honorable et solide.

« Art. 4. Elle est autorisée à envoyer des délégués avec un pouvoir déterminé et dans les limites du sien.

« Art. 5. Le Corps législatif s'ajourne au 1er ventôse prochain ; il se réunira de plein droit, à cette époque, à Paris, dans ses palais.

« Art. 6. Pendant l'ajournement du Corps législatif, les membres ajournés conservent leur garantie constitutionnelle.

« Art. 7. Ils peuvent, sans perdre leur qualité de représentants du peuple, être employés comme ministres, agents diplomatiques, délégués de la commission consulaire exécutive, et dans toutes les autres fonctions civiles ; ils sont même invités, au nom du bien public, à les accepter.

« Art. 8. Avant sa séparation, et séance tenante, chaque conseil nommera dans son sein une commission composée de vingt-cinq membres.

« Art. 9. Les commissions nommées par les deux conseils statueront, avec la proposition formelle et nécessaire de la commission consulaire exécutive, sur tous les objets urgents de police, de législation et de finances.

« Art. 10. La commission des Cinq-Cents exercera l'initiative ; la commission des Anciens l'approbation.

« Art. 11. Les deux commissions sont encore chargées de préparer dans le même ordre de travail et de concours les changements à apporter aux dispositions organiques dont l'expérience fait sentir les vices et les inconvénients.

« Art. 12. Les changements ne peuvent avoir pour but que de consolider, garantir et consacrer inviolablement la souveraineté du peuple français, la république une et indivisible, le système représentatif, la division des pouvoirs, la liberté, l'égalité, la sûreté et la propriété.

« Art. 13. La commission consulaire exécutive pourra lui présenter ses vues à cet égard.

« Art. 14. Enfin les deux commissions sont chargées de préparer un code civil.

« Art. 15. Elles siégeront à Paris, dans les palais du Corps législatif, et elles pourront les convoquer extraordinairement pour la ratification de la paix, ou dans un grand danger public.

« Art. 16. La présente sera imprimée, envoyée par des courriers extraordinaires dans les départements, et solennellement publiée et affichée dans toutes les communes de la république ; elle sera portée sur-le-champ au conseil des Anciens par un messager d'État. »

Cette résolution était la même qui eût été proposée sur le message des Anciens, et si nous eussions pu neutraliser l'opposition des jacobins. L'article premier fut le seul article ajouté après les excès de la journée.

Cette exclusion de soixante-deux membres du Corps législatif fut sans doute une mesure blâmable, et d'autant plus blâmable qu'elle était parfaitement inutile. Je n'en fus instruit qu'en l'entendant lire à la tribune. En faisant cette remarque, je n'entends pas condamner mes collègues ; j'aurais probablement fait ce qu'ils ont fait, si les rapports de Paris m'avaient alarmé comme eux. Je veux dire seulement que cette proscription était indigne de nous. Ceux qui l'avaient proposée et ceux qui la votèrent ne tardèrent pas à regretter de l'avoir ajoutée en tête de la résolution convenue. On fut entraîné par la crainte de voir ces députés se réunir autre part et causer des troubles. On crut les désarmer en révoquant leur mandat par un décret d'exclusion ; on crut étouffer ainsi tout germe de guerre civile.

Après une lecture de ce projet, le député Cabanis, l'un des membres de la commission des neuf, prononça un discours trop remarquable pour qu'on puisse se contenter d'en donner l'extrait ; on trouvera le texte entier dans les notes [1], ainsi que le rapport de Boulay de la Meurthe. Cabanis conclut en proposant au conseil d'adresser aux Français la proclamation suivante :

« Français, la république vient encore une fois d'échapper aux fureurs des factieux. Vos fidèles représentants ont brisé le poignard dans ces mains parricides ; mais après avoir détourné les coups dont vous étiez immédiatement menacés, ils ont senti qu'il fallait enfin prévenir pour toujours ces éternelles agitations ; et ne prenant conseil que de leur devoir et de leur courage, ils osent dire qu'ils se sont montrés dignes de vous.

« Français, votre liberté, toute déchirée et toute sanglante encore des atteintes du gouvernement révolutionnaire, venait de trouver un asile dans le sein d'une constitution qui lui promettait alors du moins quelque repos. Le besoin de ce repos était alors généralement senti ; il restait dans toutes les âmes une terreur profonde des crises dont vous sortiez à peine. Votre gloire militaire pouvait effacer les plus

1 Ces notes accompagnent le second volume des *Mémoires de Lucien Bonaparte*, demeuré inédit. (*Note des premiers éditeurs.*)

gigantesques souvenirs de l'antiquité. Dans l'étonnement et l'admiration, les peuples tressaillaient de votre gloire et bénissaient secrètement le but de vos exploits, vos ennemis vous demandaient la paix. Tout, en un mot, semblait se réunir pour vous assurer enfin la jouissance tranquille de la liberté et du bonheur.

« Mais des hommes séditieux ont attaqué sans cesse avec audace les parties faibles de votre constitution; ils ont habilement saisi celles qui pouvaient prêter à des commotions nouvelles. Le régime constitutionnel n'a bientôt plus été qu'une suite de révolutions dans tous les sens, dont les différents partis se sont successivement emparés; ceux mêmes qui voulaient le plus sincèrement le maintien de cette constitution, ont été forcés de la violer à chaque instant pour l'empêcher de périr. De cet état d'instabilité du gouvernement, est résultée l'instabilité plus grande encore dans la législation; et les droits les plus sacrés de l'homme social ont été livrés à tous les caprices des factions et des événements.

« Il est temps de mettre un terme à ces orages : il est temps de donner des garanties solides à la liberté des citoyens, à la souveraineté du peuple et à l'indépendance des pouvoirs constitutionnels, à la république enfin, dont le nom n'a servi que trop souvent à consacrer la violation de tous les principes; il est temps que la grande nation ait un gouvernement digne d'elle, un gouvernement ferme et sage, et qui puisse vous donner une prompte et solide paix, vous faire jouir d'un bonheur véritable.

« Français, telles sont les vues qui ont inspiré les énergiques déterminations du Corps législatif.

« Afin d'arriver plus rapidement à la réorganisation définitive et complète de toutes les parties de l'établissement public, un gouvernement provisoire est institué; il est revêtu d'une force suffisante pour faire respecter les lois, pour protéger les citoyens paisibles, pour comprimer tous les conspirateurs et les malveillants.

« Le royalisme ne redressera pas la tête; les traces hideuses du gouvernement révolutionnaire seront effacées; la république et la liberté cesseront d'être de vains noms : une ère nouvelle commence.

« Français, ralliez-vous autour de vos magistrats. Il ne se ralentira pas le zèle de ceux qui ont osé concevoir pour vous de si belles et de si grandes espérances. C'est maintenant de votre confiance, de votre union, de votre sagesse que dépend tout le succès.

« Soldats de la liberté, vous fermerez l'oreille à toute insinuation perfide; vous poursuivrez le cours de vos victoires; vous achèverez la conquête de la paix, pour revenir bientôt, au milieu de vos frères, jouir de tous les biens que vous leur aurez assurés, et recevoir de la reconnaissance publique, les honneurs et les récompenses réservés à vos glorieux travaux. »

Cette proclamation, ainsi que la résolution consulaire, furent unanimement adoptées après les discours de quelques orateurs.

A minuit, je dus suspendre la séance, en attendant la décision des Anciens.

A une heure, un message des Anciens nous annonce l'adoption de notre projet.

Sur la motion du général Frégeville, on arrête que les trois consuls seront appelés dans le sein des conseils, pour y prêter serment. On procède, en les attendant, au scrutin des vingt-cinq députés qui doivent composer la commission législative.

A deux heures, le tambour battant aux champs annonce l'arrivée des trois consuls. Ils se placent debout en face du bureau.

Je me lève, et après avoir donné lecture de la loi qui leur délègue provisoirement le pouvoir exécutif, je me découvre et leur adresse ces mots :

« Citoyens consuls, le plus grand peuple de la terre vous confie ses destinées ; dans trois mois l'opinion vous attend !... Le bonheur de trente millions d'hommes, la tranquillité intérieure, les besoins des armées, la paix : tel est le mandat qui vous est donné. Il faut sans doute du courage et du dévouement pour se charger d'aussi importantes fonctions ; mais la confiance du peuple vous environne, et le corps législatif sait que vos âmes sont tout entières à la patrie.

« Citoyens consuls, nous venons, avant de nous ajourner, de prêter le serment que vous allez répéter devant nous, le serment sacré de fidélité inviolable à la souveraineté du peuple, à la république française une et indivisible, à la légalité, à la liberté et au système représentatif

Le silence le plus profond régnait dans la salle. Les consuls Sieyès, Bonaparte et Roger-Ducos répètent, l'un après l'autre, la formule que je viens de prononcer. Je leur en donne acte par ces mots : « Citoyens consuls, nous recevons votre serment. » Les consuls se retirent au milieu des cris de *vive la république!* et je clos ainsi la séance du 19 brumaire :

« Représentants du peuple,

« La liberté française est née dans le Jeu de paume de Versailles. Depuis l'immortelle séance du Jeu de paume, elle s'est traînée jusqu'à vous, en proie tour à tour à l'inconséquence, à la faiblesse et aux maladies convulsives de l'enfance.

« Elle vient aujourd'hui de prendre la robe virile; elles sont finies dès aujourd'hui toutes les convulsions de la liberté... A peine venez-vous de l'asseoir sur la confiance et l'amour des Français, et déjà le sourire du calme et de la paix brille sur ses lèvres.

« Écoutez, citoyens, les bénédictions de ce peuple et de ces armées, si longtemps le jouet des factions; que ces bénédictions pénètrent jusqu'au fond de vos âmes. Entendez aussi ce cri de la postérité : la liberté française, née dans le Jeu de paume de Versailles, fut consolidée dans l'Orangerie de Saint-Cloud. Les constituants de 89 furent les pères de la révolution! Les législateurs de l'an VIII furent les pacificateurs de la patrie.

« Ce cri sublime retentit déjà dans l'Europe rassurée ; il s'accroîtra chaque jour, et, dans sa course universelle, il remplira bientôt les cent bouches de la Renommée.

« Vous venez de créer une magistrature extraordinaire et momentanée dont le mandat est de ramener l'ordre et la victoire, seuls moyens d'arriver à la paix.

« Près de cette magistrature, vous avez placé deux commissions pour les seconder, et préparer la réforme que réclament tous les vœux.

« Dans trois mois, vos consuls et vos commissaires vous rendront compte de leurs travaux. Le bonheur de la France en sera l'unique but: ils sont investis de tous les pouvoirs nécessaires pour l'atteindre... Plus d'actes révolutionnaires. — Plus de titres, plus de listes de proscription. — Liberté, sûreté pour tous les citoyens! garantie pour les gouvernements étrangers qui voudront faire la paix! — Et quant à ceux qui voudraient continuer la guerre... s'ils ont été impuissants contre la France désorganisée, livrée à l'ineptie et au pillage, que sera-ce aujourd'hui?

« Qu'il est beau le mandat que vous avez donné aux consuls de la république! Dans peu le peuple français et vous, jugerez s'ils auront su le remplir.

« Je déclare au nom du corps législatif que le conseil des Cinq-Cents est ajourné au 1er ventôse prochain, à Paris, dans son palais.

« A cette déclaration solennelle la présente session se termine. Puisse la prochaine s'ouvrir avant trois mois au milieu d'un peuple heureux, tranquille et pacifié. »

Les cris de *vive la république!* répondent à mon discours de clôture et les députés se séparent.

Vers la fin de la nuit nous entrâmes dans Paris. Sieyès et moi, ainsi que le général Gardanne, nous étions dans le carrosse de Bonaparte; Roger-Ducos nous avait précédés. Paris était illuminé; la nouvelle de la défaite des jacobins avait été reçue avec des transports de joie par toutes les classes, non-seulement dans la ville, mais dans les faubourgs. En nous séparant, Bonaparte nous dit : « A demain; nous avons détruit... Il nous faut maintenant reconstruire, et reconstruire solidement. »

Le lendemain, les trois consuls s'établirent au Luxembourg. Les directeurs Gohier et Moulins l'avaient quitté la veille; et Barras était à sa terre de Grosbois.

Le général Bonaparte avait fait publier, le 19 au soir, cette proclamation adressée en son nom aux Français :

« Français, à mon retour à Paris, j'ai trouvé la division dans toutes les autorités, et l'accord établi sur cette seule vérité, que la constitution était à moitié détruite et ne pouvait sauver la liberté.

« Tous les partis sont venus à moi, m'ont confié leurs desseins, dévoilé leurs secrets et m'ont demandé mon appui; j'ai refusé d'être l'homme d'un parti.

« Le conseil des Anciens m'a appelé; j'ai répondu à son appel. Un plan de restauration générale avait été concerté par des hommes en qui la nation est accoutumée à voir des défenseurs de la liberté, de l'égalité, de la propriété; ce plan demandait un examen calme, libre, exempt de toute influence et de toute crainte. En conséquence, le conseil des Anciens a résolu la translation du corps législatif à Saint-Cloud, où il m'a chargé de la disposition de la force nécessaire à son indépendance. J'ai cru devoir à mes concitoyens, aux soldats périssant dans nos armées, à la gloire nationale acquise au prix de leur sang d'accepter le commandement.

« Les conseils se rassemblent à Saint-Cloud; les troupes républicaines garantissent la sûreté au dehors. Mais des assassins établissent la terreur au dedans; plusieurs députés du conseil des Cinq-Cents, armés de stylets et d'armes à feu, font circuler tout autour d'eux des menaces de mort.

« Les plans qui devaient être développés sont resserrés, la majorité désorganisée, les orateurs les plus intrépides déconcertés, et l'inutilité de toute proposition sage devient évidente.

« Je porte mon indignation et ma douleur au conseil des Anciens; je lui demande d'assurer l'exécution de ses généreux desseins; je lui représente les maux de la patrie qui les lui ont fait concevoir : il s'unit à moi par de nouveaux témoignages de sa constante volonté.

« Je me présente au conseil des Cinq Cents, seul, sans armes, la tête découverte, tel que les Anciens m'avaient reçu et applaudi; je venais rappeler à la majorité ses volontés et l'assurer de son pouvoir.

« Les stylets qui menaçaient les députés sont aussitôt tournés sur leur libérateur; vingt assassins se précipitent sur moi et cherchent ma poitrine; les grenadiers du corps législatif, que j'avais laissés à la porte de la salle, accourent et se mettent entre les assassins et moi. L'un de ces braves grenadiers (Thomé) est frappé d'un coup de stylet dont ses habits sont percés. Ils m'enlèvent.

« Au même moment, les cris de *hors la loi!* se font entendre contre le défenseur de la loi. C'était ce cri farouche des assassins contre la force destinée à les réprimer.

« Ils se pressent autour du président; la menace à la bouche, les armes à la main, ils lui ordonnent de prononcer le *hors la loi*. L'on m'avertit, je donne l'ordre de l'arracher à leur fureur, et six grenadiers du corps législatif s'en emparent. Aussitôt après, des grenadiers du corps législatif entrent au pas de charge dans la salle et la font évacuer.

« Les factieux, intimidés, se dispersent et s'éloignent. La majorité, soustraite à leurs coups, rentre librement et paisiblement dans la salle de ses séances, entend les propositions qui devaient lui être faites pour le salut public, délibère et prépare la résolution salutaire qui doit devenir la loi nouvelle provisoire de la république.

« Français, vous reconnaissez sans doute à cette conduite le zèle d'un soldat de la liberté, d'un citoyen dévoué à la république. Les idées conservatrices, tutélaires, libérales, sont rentrées dans leurs droits, par la dispersion des factieux qui opprimaient les conseils et qui, pour être devenus les plus odieux des hommes, n'ont pas cessé d'être les plus misérables. « Signé : BONAPARTE. »

Cette pièce, qui fut rédigée à la hâte par un aide de camp, manque d'exactitude en plusieurs parties principales.

La réquisition de la force armée, faite par moi comme président, mon discours aux troupes sur la place de Saint-Cloud et mon intervention au comité secret des Anciens, y sont entièrement passés sous silence. Ces particularités capitales n'étaient pas cependant de nature à être omises : les deux premières sont indispensables à la justification du général, la dernière décida le conseil des Anciens, que n'avaient point décidé les révélations non complétées du général. Comment s'étonner des inexactitudes et des lacunes que présentent les histoires écrites après les événements, lorsqu'on en trouve de pareilles dans un document écrit le 19, à Saint-Cloud?... En comparant le résumé publié au nom du général avec mon récit et avec le *Moniteur*, le lecteur en appréciera les différences essentielles.

Le premier acte consulaire fut la proclamation suivante qui annonçait à la France et à l'Europe l'heureuse fin de la révolution de brumaire :

« *Les consuls de la république aux Français* :

« Français,

« La constitution de l'an III périssait ; elle n'avait su ni garantir vos droits, ni se garantir elle-même. Des atteintes multipliées lui ravissaient sans retour le respect du peuple ; des factions haineuses et cupides se partageaient la république. La France approchait enfin du dernier terme d'une désorganisation générale.

« Les patriotes se sont entendus. Tout ce qui pouvait vous nuire a été écarté ; tout ce qui pouvait vous servir, tout ce qui était resté dans la représentation nationale, s'est réuni sous les bannières de la liberté.

« Français, la république raffermie et replacée dans l'Europe au rang qu'elle n'aurait jamais dû perdre, verra se réaliser toutes les espérances des citoyens, et accomplira ses glorieuses destinées.

« Prêtez avec nous le serment que nous faisons d'êtres fidèles à la république une et indivisible, fondée sur l'égalité, la liberté et le système représentatif.

« Par les consuls de la république,

« ROGER-DUCOS, BONAPARTE, SIEYÈS. »

## XI.

### But de la révolution de brumaire.

Cette proclamation et le serment prêté par les consuls provisoires dans la nuit de Saint-Cloud, résument le but que les hommes de brumaire se proposaient : il n'était *alors* question dans l'esprit d'aucun de nous de l'*unité du pouvoir exécutif*.

Nous pensions que les trois consuls provisoires, égaux en droits, seraient élus consuls définitifs. Napoléon disait dans son intérieur : « Les consuls étant rééligibles; nous n'avons qu'à bien faire, et la France ne demandera pas mieux que de nous réélire toujours. »

Son ambition en brumaire n'allait pas plus loin.

Nous étions tous persuadés intimement que les Français étaient républicains jusqu'au fond de l'âme... Et aucun de nous n'avait d'arrière-pensée. Sur ce point l'expérience de Sieyès, le coup d'œil de Bonaparte ne voyaient pas au delà.

Voilà ce qu'on doit se dire pour ne pas changer l'histoire en roman.

C'est d'après ce but, bientôt dépassé sans doute, mais alors l'unique but de tous, que la révolution de brumaire doit être appréciée. Si une réaction, peut-être trop vive, vers les idées de concentration du pouvoir entraîna la France à dévier du but de brumaire, jusqu'au point d'abjurer la république... je le répète, la faute n'en est pas à nous, ou plutôt la faute n'en est à personne, puisque la votation universelle, libre et trois fois exprimée, a consacré ce changement de principes du peuple français, puisque le peuple cesserait d'être souverain s'il n'était pas le maître de passer, à son gré, de la république à la monarchie, et de la monarchie à la république.

Quant au choix à faire entre ces deux formes de gouvernement, je crois avoir, dans le premier volume de mes *Mémoires,* suffisamment manifesté mes opinions. Je ne m'exagère pas l'importance de celles ci, comme on doit bien le penser. La voix d'un proscrit n'est-elle pas à la lettre, si ce n'est dans l'esprit, la voix de celui qui crie dans le désert?...

Cependant, comme la proscription d'un citoyen ne s'étend pas jusqu'à celle de sa pensée, et que j'écris dans un pays dont le génie de la liberté éclaircit le sombre horizon (1), j'éprouve, sous cette heureuse influence, quelque consolation aux nombreux chagrins qui assiégent mon âme, en me retraçant les souvenirs de ma vie orageuse. Un jour peut-être, dans cette oublieuse patrie que pourtant on ne peut oublier, quelques amants des sages libertés, s'associant de cœur à mes idées, diront de Lucien Bonaparte : « Il aimait la li-« berté autant que nous, et sa vie presque tout entière fut « l'expiation de cet amour sacré. »

C'est dans cette espérance que je me suis déterminé à écrire ces *Mémoires.*

## XII

Quelques conséquences du 18 brumaire par rapport à moi. — Quelques lettres de mes amis. — Mes idées ; mes espérances.

J'ai désiré surtout écrire moi-même l'histoire de la révolution de brumaire, parce qu'il ne m'en est tombé entre les mains aucune relation qui fût exacte et impartiale. Certains auteurs ont trouvé bon de passer sous silence jusqu'au nom des acteurs qui ont le plus contribué au succès de ces mémorables journées... D'autres, en rendant peut-être quelque justice à la courageuse coopération du président du conseil des Cinq-Cents, ont voulu méconnaître, et même dénaturer ses intentions.

J'espère les avoir exposées assez clairement avec les faits, pour qu'on puisse justement conclure qu'à l'âge de 25 ans, lorsque j'eus l'honneur d'être appelé à la présidence du conseil des Cinq-Cents, j'étais convaincu que la forme de gouvernement la meilleure et la plus parfaite était réalisée

(1) On n'a pas oublié que l'auteur habitait alors l'Angleterre.

dans le système de cette république consulaire auquel j'avais été initié et même en quelques points associé par l'illustre citoyen (1), véritable Mentor de ma jeune vie publique. S'il est vrai que cette participation avait assez exalté les sensations de mon cœur et les facultés de mon esprit pour me faire contribuer avec quelque énergie à l'accomplissement d'une révolution dont le résultat fut de substituer à cette république anarchique, sanglante, irréligieuse, affaiblie et corrompue, la pure, sage et glorieuse république de brumaire, quel homme raisonnable pourrait me faire un reproche d'un si heureux changement?

N'est-ce pas au soleil de cette révolution que mon frère, le général Bonaparte, revêtu de la dignité de premier consul, brilla sans contredit de son plus bel éclat, soit comme général à la bataille de Marengo, soit comme suprême magistrat populaire, à la tête de l'administration générale, dont il sut d'un seul coup d'œil embrasser et débrouiller toutes les parties?... Oui, je me sens l'orgueil, ou plutôt je goûte le bonheur de penser qu'alors j'avais bien MÉRITÉ DE LA PATRIE, et je ne crains pas qu'aucune voix contemporaine démente la mienne.

Sans doute il est permis d'être étonné, et je le suis encore moi-même, que cette république consulaire, ainsi établie, ait duré si peu de temps; car, s'il est naturel que tous les êtres vivants, individuellement ou collectivement, tendent de tous leurs efforts à se tirer d'une position pénible, douloureuse et même seulement gênante pour se placer dans une meilleure, on peut sans doute être surpris de ce que la constitution de la république consulaire, qui fut remarquable par les améliorations et le bien-être qu'elle répandit sur toute la surface de la France, ait été si facilement sacrifiée à ce qu'on pourrait appeler la *personnification* du pouvoir monarchique que l'on avait si barbarement détruite dans l'infortuné Louis XVI, le mieux intentionné des souverains.

On ne peut nier non plus, je le dis avec peine, que l'exer

(1) L'auteur veut désigner l'abbé Sieyès.

cice de ce pouvoir d'un seul n'ait bientôt dépassé toute limite, et que la faculté de tout faire à sa guise, n'ait par la suite produit les plus grands excès : faculté dangereuse, ou plutôt arme fatale à ceux qui ont l'imprudence de s'en servir et qui fut, en effet, la principale cause de la chute de l'Empire.

Il y a près de trois siècles, on a bien vu les Danois, lassés du joug de leurs tyrans, les Christiern et autres abominables monarques que les faibles entraves imposées à leur despotisme par une constitution imparfaite semblaient avoir rendus plus cruels, on a bien vu ces Danois, à la suite d'une victoire remportée par le peuple opprimé sur la royauté opprimante, se constituer un beau jour en assemblée délibérante, pour décider quoi?... Que le gouvernement despotique était le meilleur de tous, pour l'adopter à l'unanimité, et, ce qu'il y a de plus étonnant, pour assurer la tranquillité particulière et publique. Que conclure de cette apparente aberration des facultés d'un peuple et surtout de son heureux résultat? C'est que des circonstances locales, des mœurs, des idées particulières, peut-être une force d'opinion morale plus puissante que la force matérielle, rendaient moins possible ou plus difficile d'abuser d'une souveraineté ainsi abdiquée sans frein et sans condition.

On doit supposer, d'après cette détermination des Danois, qu'un abus de confiance du souverain vis-à-vis de son peuple leur paraissait la plus grande forfaiture de la couronne; et pour que pareil événement ne se soit pas renouvelé depuis ce temps, il faut aussi que tous les successeurs des Wasa aient été et soient bien pénétrés de ce principe, « que tromper un peuple confiant en son roi est, de la part de ce roi, le plus grand de tous les crimes ».

N'en déplaise pourtant à ce peuple éclairé et encore patriarcal, comme la plupart des autres nations scandinaves, quelle barrière pourait-il opposer aux abus de pouvoir sans nombre, aux crimes de toute espèce qui viendraient fondre sur la patrie, s'il s'élevait au milieu d'eux un nouveau Christiern V; Christiern V, dont le nom seul inspira assez d'horreur aux Danois pour qu'il soit passé en lois de l'État que son nom ne sera plus porté par aucun de leurs rois? Que ferait-il?.... Espérons qu'il n'aura pas à subir une pareille épreuve, et faisons des vœux pour que rien ne vienne détruire son illusion.

Le gouvernement du pape est aussi absolu dans le fond et dans la forme; mais on doit croire que sa haute et divine suprématie spirituelle modifie, épure, perfectionne toutes les institutions émanant du pouvoir temporel, lequel, en effet, dans tout ce qui est du ressort de l'humanité et de la religion, offre un rare modèle à imiter.

Les exemples que je viens de citer pourraient peut-être paraître justifier la préférence qu'on accorderait au gouvernement absolu sur l'anarchie; mais il y a loin de là à prouver qu'il vaille une république constitutionnelle, telle que notre république consulaire.

Quoi qu'en disent certains journalistes, que l'on serait tenté de prendre pour les frères de lait de Robespierre et de Marat, tant ils regrettent le règne de la terreur; quelque dédain qu'ils exhalent pour cette bienfaisante divinité de brumaire, en la traitant de métaphysique utopie, il n'est pas moins vrai que son règne fut paisible et prospère ; il n'est pas moins vrai qu'ainsi placée sur son piédestal, avec ou sans mon concours personnel et entourée de son auréole de gloire, elle eut assez de charmes à mes yeux pour m'avoir inspiré le courage ou, si l'on veut, l'abattement d'une âme trompée dans la candeur, je puis le dire, de sa sincérité républicaine, et pour m'avoir fait préférer tout éloignement des affaires publiques au chagrin de rester le témoin, et peut-être un des coopérateurs forcés du renversement de cet ordre de choses, qui me semblait alors au-dessus de tout autre, et qui certainement valait mieux que l'absolutisme qui lui succéda.

D'ailleurs, il ne faut pas se tromper; la république consulaire, qui n'était que l'application très-épurée des grands principes de la république une et indivisible, avait inspiré des sentiments unanimes de sympathie et de confiance: et si mon frère put changer aussi facilement qu'il le fit sa glorieuse et invincible épée républicaine en sceptre souverain, c'est que l'on dut croire, et que l'on crut en effet, qu'il ne pourrait point et que surtout il ne voudrait point s'écarter des idées vraiment libérales, manifestées par le premier consul. . . . . . . . . . . . . . . . . . . . Non, la couronne décernée au général Bonaparte, et qui alors constitua une véritable légitimité, ne fut point le symbole hétérogène, le signe de l'esclavage auquel avait voulu se soumettre un peuple régénéré aux cris de liberté de la révolution de 89; elle fut, au contraire, une révélation de la puissance de ce peuple, puis qu'elle émanait de sa volonté souveraine. . . . . . . . . . . . . Aussi, est-il du devoir de tout historien français, en retraçant cette époque, de motiver aux yeux des jeunes générations cette adhésion de leurs pères au changement de la république consulaire en empire absolu, changement dont la gloire immense, mais désastreuse de nos armées, ne suffirait pas pour les justifier.

Ce n'est pas à moi de chercher ici à prouver ce que des considérations d'un ordre particulier me font envisager comme impossible; il faut laisser ce soin aux commentateurs aux yeux desquels mes réticences obligées paraîtront mériter quelque attention.

Je me bornerai seulement à reproduire, en les choisissant au milieu de beaucoup d'autres, quelques fragments de lettres qui me furent adressées par plusieurs des plus sages et des plus illustres représentants de cette époque, au sujet du fameux sénatus-consulte organique qui appelait Napoléon au trône impérial, et qui, sans m'exclure positivement des droits éventuels à l'hérédité, ne m'y appelait pas moi-même comme deux autres de mes frères.

« . . . Qu'avez-vous fait, Lucien, ou plutôt qu'avons-nous laissé faire? » m'écrivait, sous la date du 29 mai 1804, mon incomparable ami le général Gouvion Saint-Cyr, incomparable par la réunion du philosophe pratique et celle du guerrier vaillant et généreux, et reproduisant de nos jours le type des plus beaux caractères dont Plutarque nous offre le portrait dans ses *Hommes illustres;* « oui, qu'avons-nous laissé faire? m'écrivait-il. Tout ce qui pense avec moi et comme moi se demande comment votre grand frère usera cette puissance absolue dont vient imprudemment de l'investir un peuple enivré de l'éclat de ses triomphes militaires.

« Ah ! pourquoi lui-même ne renouvela-t-il pas l'exemple de Washington, que nous l'entendîmes si souvent proclamer plus grand à ses yeux par ses refus de s'élever au-dessus de ses concitoyens, qu'il ne l'eût été en montant sur le trône ?

« Comment est-il possible que le général Bonaparte, premier consul d'une puissante république, aimé et révéré au dedans, redoutable à nos ennemis du dehors, ait eu la fausse et déplorable modestie de se croire moins que les souverains qu'il a vaincus et qu'il lui faudra encore vaincre pour le maintien de son élévation personnelle, aux dépens de cette France, qui a le désir et le besoin de la paix? Il vaincra sans doute, nous vaincrons avec lui. Mais où nous mènera cette gloire militaire?... Il est bien aisé de le prévoir, à la perte de nos libertés politiques et peut-être même individuelles, achetées si chèrement!... Déjà de funestes révélations de caractère nous ont été faites; vous les avez déplorées comme moi.

. . . . . . . . . . . . . . . . . « Oh! mon cher Lucien, quand j'envisage cet état de choses, lorsque je me vois obligé d'en être le témoin, ma seule consolation, vous pouvez m'en croire, est de vous voir en dehors de ce pêle-mêle de princes, de ce flux et reflux de courtisans avides des faveurs nouvelles d'un nouveau pouvoir absolu.

« Vous connaissez les flatteurs, Lucien,

« Hélas ! ils ont des rois égaré le plus sage. »

« L'empereur Napoléon surpassera-t-il en sagesse le roi Salomon ? Pourra-t-il sortir victorieux des assauts journaliers que lui livrera la courtisanerie de ces valets improvisés qui remplissent déjà les antichambres de l'ancien palais des rois, d'où nous les avions expulsés ? L'expérience de tous les temps ne nous a-t-elle pas prouvé que les désirs d'un empereur sont des volontés, que ces volontés deviennent des lois de fait ?... C'en est donc fait; nous n'avons plus, au lieu de chamarrer nos uniformes, qu'à porter le deuil de nos libertés...

« Mais, je le répète, ce ne sera pas moi qui témoignerai à LUCIEN le regret de ne pas le voir sur les degrés d'un trône qui, tout légitimé qu'il doit être à nos yeux par l'aveugle bon plaisir du peuple, est pour moi cependant la cause du plus amer chagrin, et me fera, je crois, mourir de ma douleur... Mais vous, Lucien, qu'allez-vous devenir... vous si pur, si dévoué à la liberté? » . . . . . . . . . . . . . . . . . . . etc., etc. »

La modestie, vraie ou fausse, telle que l'on voudra me la supposer, m'interdit de pousser plus loin les citations de cette lettre d'un généreux et inconsolable républicain.

Cependant, et malgré le singulier reproche que m'ont adressé des journalistes anti-brumairiens de parler trop souvent de moi, comme il me paraît assez naturel, et même quelque peu nécessaire de parler de soi quand on écrit ses *Mémoires*, je vais reproduire ici quelques parties de ma réponse à ce noble ami :

« ..... Oui, lui disais-je, vous avez raison de craindre les effets du poison de la flatterie ; nul ne peut y résister. Du reste, cher général, ce que l'avénement du consul au trône impérial vous a tout à fait dévoilé, je l'avais douloureusement entrevu avant que je dusse quitter la France. Mes frères et sœurs, moi-même, n'avions-nous pas déjà des flatteurs ?.... Oui, vous avez raison de me féliciter de n'être pas entré dans cette gabare de princes et de princesses, remorquée par tous les renégats de notre république ; car qui sait si l'exemple de tant d'apostasies ne m'auraient pas moi-même démoralisé politiquement et même philosophiquement ?...

« J'ai tout lieu de penser que ce fut cet entraînement général, et surtout l'exemple de tous ces hommes que l'on avait vus si ardents à défendre les principes opposés, qui purent amener notre grand citoyen Sieyès, à accepter la terre de Crosne et à braver ainsi le péril de laisser entacher sa réputation. Il est peut-être excusable d'avoir pensé que l'opinion des hommes si faciles à renier leur orthodoxie politique ne méritait pas qu'on lui sacrifiât les douceurs et les agréments de la vie, qui, d'ailleurs, lui étaient offerts à titre de récompense nationale...

« Oui, l'apostasie est contagieuse : Napoléon lui-même subit cette influence.

« Ne convenez-vous pas, cher général, que ce guerrier, naguère votre égal, aujourd'hui votre empereur, vous l'avez connu zélé et sincère républicain? — Non, me répondez-vous; il nous abusait par de fausses apparences. — Eh bien! moi, je vous affirme qu'il s'abusait lui-même : le général Bonaparte a été longtemps aussi républicain que vous et moi. Il servit la république conventionnelle avec l'ardeur que vous connaissez et que vous n'auriez peut-être pas osé déployer vous-même sur un pareil terrain et contre pareille population... Aussi le gouvernement directorial, auquel le général portait tant d'ombrage, ne le soupçonna-t-il jamais d'aspirer à cette couronne qu'il vient aujourd'hui de poser sur sa tête. Mais ce qu'il redoutait avec raison dans Bonaparte, c'était le général républicain ambitieux, actif, entreprenant, capable enfin de tout renverser pour arriver à la magistrature suprême, le seul but de ses efforts et à laquelle il parvint en effet au 18 brumaire.

« Soyez-en convaincu, son avénement au trône impérial était si peu prémédité qu'il l'étonne encore lui-même; et il prévoyait si peu un pareil succès en France,... au XIX^e siècle,... qu'il nous a bien des fois répété à Joseph et à moi, que *l'Europe n'était pas un terrain pour lui, qu'il lui fallait l'Asie et qu'il avait manqué sa fortune à Saint-Jean-d'Acre.*

« Voilà quelles étaient encore les idées de mon frère deux mois après le 18 brumaire.

« D'un autre côté, ses dispositions naturelles étaient loin de le porter à rechercher les basses adulations dont vous me dites qu'on l'entoure aujourd'hui. J'en pus juger par mes propres yeux. Ce ne fut qu'avec une sorte de dégoût qu'il put s'accoutumer à recevoir le grossier encens dont quelques personnages, tels que Talleyrand, Fouché et autres, cherchèrent bientôt à l'enivrer. Je l'ai vu ne céder qu'avec le plus pénible effort à la nécessité de fouler du pied tous ces hommes avilis par tant de bassesse. Oui, je l'ai vu rougir à ce spectacle ; car, malgré ce que vous me dites de son mépris pour les hommes, Napoléon n'a commencé à les mépriser que depuis son élévation au pouvoir.

« Le caractère indépendant des altiers montagnards de l'île française qui nous a vus naître, lui avait appris à respecter la dignité de l'homme; et ce ne fut que lorsque la magistrature consulaire fut remplacée par le consulat à vie, lorsque l'on pensa à former une espèce de cour aux Tuileries et que l'on entoura M^me^ Bonaparte de préfets et de dames du palais, ce fut seulement alors que l'on put s'apercevoir de quelque changement dans l'esprit du maître, et qu'il se laissa aller à traiter tout ce monde-là comme d'ailleurs il le désirait.

« La création d'une cour ne pouvait qu'enfanter des courtisans ; et Napoléon ne put alors marcher que sur le terrain qu'on lui avait fait. Ainsi, mon noble ami, et vous pouvez en juger mieux que personne, un ardent cheval de bataille hésite d'abord, recule plusieurs fois avant de marcher volontairement sur le corps des guerriers étendus dans les champs du carnage; mais quand l'accumulation des cadavres devient telle que le généreux coursier ne trouve plus une place qui n'en soit obstruée, il faut qu'il se décide ; tout en y répugnant, il avance, marche, foule, écrase tout ce qui se trouve sur son passage. Il ne vous paraîtra pas extraordinaire, mon général, que l'éloquente description que vous me faites de la cour actuelle des Tuileries, m'ait fourni cette comparaison..., etc... »

Oui, Napoléon, tu fus coupable sans doute d'avoir absorbé nos libertés publiques dans les rayons de ta gloire militaire; mais il faut avoir la force et la justice de l'avouer, elles te furent immolées d'avance par ceux-là mêmes qui devaient en être les gardiens et les défenseurs ; et, il faut le dire, jamais l'abjection d'un corps politique ne fut plus patente que celle de la majorité de ce sénat qui ne pouvait entendre sans rougir et sans s'en faire une honteuse application, ce vers de Racine, en parlant du sénat romain :

> Sa prompte servitude a fatigué Tibère.

L'illustre sénateur Lanjuinais, quoique son opinion fût celle de plusieurs autres, fut le seul qui eut le courage de la parole pour défendre la liberté mourante, et il combattit le dernier dans les rangs d'une magnanime, mais trop faible minorité, qui comptait encore d'ardents et sages patriotes, tels que Dupont (de l'Eure) et Boulay (de la Meurthe). Mon cher et ancien collègue Lemercier, l'ex-président du conseil des Anciens, ainsi que plusieurs autres qui finirent par se rallier à la force des circonstances, m'écrivirent à Rome et me donnèrent la première nouvelle de l'adoption du sénatus-consulte organique (1). Leurs lettres étaient empreintes d'une certaine douleur concentrée, difficile à épancher par écrit; et je sentais que quelques-uns d'entre eux retenaient encore vis-à-vis de moi l'expression de leur chagrin, en pensant que je serais déjà assez péniblement atteint par l'exclusion dont j'étais l'objet. Ils se trompaient bien, hélas! ce n'était pas sur moi que je pleurais...et c'est dans ce sens que je leur répondais. . . . . . . . . . . . . . . . . . . . .

Les lettres de ces braves gens m'arrivèrent presque toutes sous la date des derniers jours de mai et des premiers jours de juin 1804. Depuis ce moment, l'Empire se consolidant de plus en plus, leur correspondance devint plus rare; et ce fut moi, je dois le dire à l'honneur du culte qu'ils rendirent à l'amitié dans son exil, ce fut moi qui cessai le premier de leur écrire.

(1) Le sénatus-consulte organique, dont il est ici question, est celui du 18 mai 1804 ; c'est celui qui proclamait Napoléon empereur et réglait la constitution et l'hérédité de l'empire.

FIN DES EXTRAITS DES MÉMOIRES DE LUCIEN BONAPARTE.

# IV

# SOUVENIRS

DU SÉNATEUR COMTE

LE COUTEULX DE CANTELEU.

# SOUVENIRS

DU SÉNATEUR COMTE

# LE COUTEULX DE CANTELEU.

---

## NOTICE SUR L'AUTEUR.

Nous publions pour la première fois un curieux fragment des *Mémoires*, ou plutôt du journal familier de l'ex-constituant puis sénateur comte Le Couteulx de Canteleu.

Nous en devons l'obligeante communication au petit-fils de l'auteur, le comte Emmanuel Le Couteulx de Canteleu, esprit curieux et libéral, cœur chevaleresque, tempérament d'artiste, dont les recherches historiques sur la franc-maçonnerie et son rôle pendant la Révolution ont eu un succès mérité, et auquel ses écrits spéciaux sur les principales questions sportiques et cynégétiques ont créé une réputation et une autorité légitime, reconnue même à l'étranger.

Il a bien voulu réunir lui-même pour nous sur son illustre aïeul quelques notes biographiques que nous résumons comme il suit :

La famille Le Couteulx est originaire d'Yvetot, où, dès le XIV$^{e}$ siècle, elle faisait un grand commerce avec l'étranger et armait des navires dont les explorations hardies ont contribué à la découverte de plus d'une terre inconnue du nouveau monde, colonisée plus tard.

Barthélemy-Thomas Le Couteulx (père du sénateur, plus tard pair de France, grand officier de la Légion d'honneur, etc.), seigneur de Canteleu, Croisset, Farceaux, etc., fut conseiller au parlement de Rouen, ensuite premier président de la cour des comptes, aides et finances de Normandie.

Son fils Barthélemy Le Couteulx, comte et pair de France, était né à Rouen en 1749. Échevin de la ville de Rouen à l'époque de la convocation des Etats généraux, le tiers-état du bailliage de cette ville le nomma son député. Approuvant les réformes réclamées par l'opinion, il adopta les principes de la révolution avec une grande modération, et dans l'accomplissement de son mandat, se montra toujours fidèle à la cause de la liberté réglée par les lois. Il toucha rarement dans ses discours aux grandes questions politiques, mais porté par son goût et ses connaissances commerciales vers les matières de finance et d'administration, il s'en occupa presque exclusivement. Il soutint d'abord les plans présentés par Necker et fut élu pour présenter le rapport relatif à la vente des 410 millions des biens du clergé, malgré l'offre tardive que faisait cet ordre de pareille somme.

Désigné en 1790 pour remplir la place de caissier de l'extraordinaire, il la refusa, alléguant qu'un emploi de finance ne pouvait pas se concilier avec l'idée que l'on doit se faire de l'indépendance d'un député.

C'est lui qui prit ainsi l'initiative sur le respect de ce

principe, plus tard converti en loi et d'après lequel un mandataire de la nation ne pouvait, pendant l'exercice de ses fonctions, accepter aucun emploi du gouvernement.

En mai de la même année, il proposa un projet de banque territoriale, et quand on discuta la suppression du privilége de la compagnie des Indes, il démontra la nécessité de ne pas ordonner cette suppression sans avoir pris des renseignements positifs sur la situation de cette compagnie et sur les droits des actionnaires.

Le 17 avril, il avait appuyé et justifié la demande d'un emprunt de 40 millions que le ministre Necker avait demandé à l'Assemblée.

Dès ce moment il fut le rapporteur de toutes les opérations financières qui eurent lieu pour venir au secours du Trésor. Il exposa le résultat de la contribution patriotique, fit suspendre l'échange des billets de la caisse d'escompte contre les assignats et fit décréter leur admission dans les caisses publiques.

La calomnie essaya de dénaturer ses mobiles. Il fut accusé d'avoir fait un voyage à Rouen afin d'y corrompre l'opinion publique relativement à ces opérations. Sa justification franche et énergique, et qui fit alors un grand effet, parut dans le *Moniteur* du 18 septembre 1790.

Peu de temps après, il proposa la suppression des receveurs généraux et l'institution des receveurs de districts.

En 1791 il présenta le rapport concernant l'émission d'une monnaie de cuivre, s'éleva contre la formalité de l'enregistrement à laquelle on voulait soumettre les lettres venant de l'étranger. Au moment où le roi Louis XVI devint prisonnier, il fit tous ses efforts pour obtenir qu'il fût renvoyé devant les comices et y employa une somme de 2 millions mis à sa disposition par la cour d'Espagne.

Incriminé gravement à ce sujet, il fut arrêté par ordre du comité de salut public, ainsi que son cousin Laurent Le Couteulx, M. Magon de La Balue et M. Pourrat et emprisonné à Port-Libre le 14 pluviose an II.

Laurent le Couteulx y mourut. Quant à lui, sauvé par le dévouement de sa femme, qui sut intéresser en sa faveur ceux dont dépendait son sort, il ne sortit de Port-Libre qu'à la mort de Robespierre.

Devenu membre du Conseil des Anciens, il continua à s'occuper de finances, parla successivement en faveur de l'emprunt forcé et de la loi du 9 floréal an XI, et combattit avec vigueur la résolution du Conseil des Cinq-Cents, qui dans la vente des biens nationaux, faisait une exception en faveur des maisons religieuses.

Devenu, en 1796, président du Conseil des Cinq-Cents il prit part à un grand nombre de mesures importantes qu'il soutint avec une grande énergie, fit de nombreux rapports dont les conclusions furent adoptées, publia une brochure sur le percement de l'isthme de Suez, et les avantages qui en résulteraient pour le commerce avec l'Inde, s'occupa particulièrement de l'échange de Madame Royale et fut un des commissaires désignés pour y procéder.

En mai 1797 il s'opposa au rétablissement des loteries et le 4 décembre suivant, proposa la liquidation de la dette publique et un mode de paiement des deux tiers consolidés.

Après le 18 fructidor les proscrits trouvèrent en lui un généreux défenseur. Il fit d'énergiques appels en leur faveur et déclara publiquement au Conseil que dans toutes les pièces qui leur étaient soumises, il n'y en avait pas une qui pût motiver la déportation.

Lorsque le commerce de Paris envoya une députation au Directoire exécutif, afin d'être autorisé à ouvrir un emprunt, ce fut M. Le Couteulx qu'il choisit pour porter la parole. Il publia à cette époque le compte rendu des opérations de la commission de surveillance du Trésor. Il vota en faveur des créanciers des émigrés.

Le 9 novembre 1797, sa voix s'éleva encore en faveur des déportés et de leurs familles, dans l'intérêt desquels il proposa de nommer une commission qui serait chargée de présenter les moyens d'adoucir leur situation.

En 1798, il publia un essai sur les contributions proposées en France pour l'an VII. Dans le dernier mois qu'il siégea au Conseil, il défendit l'impôt sur le sel et vota pour son rétablissement.

Ses derniers discours dans cette assemblée ont tous pour objet des questions relatives aux prises maritimes.

Mêlé activement au 18 brumaire, il fut ensuite nommé membre du sénat conservateur et plus tard devint régent de la banque de la France.

En 1804, nommé commandeur de la Légion d'honneur, il fut créé comte de l'Empire et investi de la sénatorerie de Lyon. En 1814 il fut nommé commissaire extraordinaire de la 22ᵉ division militaire à Tours.

Au retour des Bourbons, qui lui devaient tant d'obligations et pour les efforts qu'il avait faits pour sauver le malheureux Louis XVI (ce qui lui avait valu son arrestation sous la Terreur et la perte de toute sa fortune) et pour l'échange de Madame Royale, il fut nommé de suite pair de France, puis grand officier de la Légion d'honneur.

Il se fit remarquer par la sagesse de ses vues et la modération de ses opinions, et combattit avec énergie certaines mesures qui lui paraissaient trop réactionnaires.

Il mourut le 21 septembre 1818, laissant deux fils : Barthélemy Le Couteulx, auditeur au conseil d'État, qui lui succéda à la pairie ;

Ch. Emmanuel Le Couteulx, aide de camp du prince de Neufchâtel, puis colonel du 6e de la garde, etc. »

---

# SOUVENIRS

DU COMTE

# LE COUTEULX DE CANTELEU.

## I.

La première entrevue que j'aie eue avec l'Empereur, a eu lieu en janvier 1796. Le gouvernement directorial était établi, et je fus invité à dîner avec le général Bonaparte chez le directeur Barras. J'ignorais alors que ce général, né en Corse, avait été élevé à l'école de Brienne et qu'en 1789 il était déjà officier d'artillerie. Sur son nom, je le croyais Italien, étranger à la France et apparu dans nos armées avec la révolution.

Je n'étais pas prévenu en faveur de ceux qui, à cette époque, et avec un nom étranger, étaient au service de la république française. Plusieurs transfuges venaient alors se jeter à travers tous nos désordres, se mêlaient de nos affaires pour embrasser, disaient-ils, une si belle cause, celle de la révolution française. Toutefois le général Bonaparte avait en janvier 1796 le commandement des troupes de Paris. Le directeur Barras, en vendémiaire 1795, l'avait mis à la tête de celles qui repoussèrent par la force l'insurrection des journées dites vendémiaires, et son succès dans cette circonstance assez grave me plaisait. Il m'inspirait de l'intérêt pour lui; enfin ce nouveau chef s'annonçait pour n'être pas de ceux qui favoriseraient encore l'anarchie. Le dîner auquel j'étais invité chez le directeur Barras était donné en célébration d'une fête républicaine; je ne m'en rappelle pas l'objet. Barras avait réuni chez lui à ce dîner plusieurs dames : M^me^ de Beauharnais, Mmes Tallien et Carvoisin. Dans le cours du dîner je ne distinguai le général Bonaparte des autres généraux que par la conversation très-animée qu'il avait avec ces dames. Au café, cette conversation fut bientôt suivie d'une excessive gaieté; cependant on pouvait s'apercevoir qu'elle était d'un meilleur ton et d'un meilleur genre que celui de la grossière joie qui régnait alors dans les réunions pareilles.

Je me disposais à prendre part à la conversation de ces dames lorsqu'à peine entré dans le salon particulier où elles s'étaient retirées pour donner sans doute un plus libre essor aux propos animés du général Bonaparte, qui paraissaient leur plaire infiniment, ce général se leva du canapé où il était assis au milieu de ces dames, et m'adressant la parole, il me reconduisit dans le salon. Là, placé devant la cheminée, il me dit que depuis longtemps il désirait s'entretenir avec moi sur les finances de la république.

« — Vous vous êtes particulièrement occupé des finances à l'assemblée constituante, continua-t-il; et déjà vous avez présenté au Conseil des Anciens plusieurs rapports dans lesquels j'ai reconnu que vous faites de bonne foi des efforts pour créer ou fournir des ressources à ce nouvel ordre de choses; mais vous voulez encore tirer parti des assignats; détrompez-vous, M. Le Couteulx, il faut en venir à l'argent. »

Je fus, je l'avoue, étonné de l'audace de cette assertion. Ceux qui se rappellent quelle était encore la frayeur qui frappait les esprits, au souvenir des proscriptions exercées et de celles qui menaçaient toujours les dépréciateurs du papier-monnaie, peuvent se faire une idée de ma surprise.

Je répliquai au général qu'il me paraissait très-dangereux, presque impossible d'anéantir ainsi tout d'un coup la seule valeur circulante en France, excessivement dépréciée, lui disais-je, mais cependant la seule valeur d'échange et représentative à laquelle se trouvaient réduits tous les pécules individuels du peuple français; celle avec laquelle enfin il pouvait encore pourvoir aux besoins journaliers de la vie.

« — Ce ne sont pas les assignats, croyez-moi, me dit le général, qui font venir à Paris sur nos tables toutes les bonnes choses qu'on y sert aujourd'hui avec un nouveau luxe; ce ne sont pas les assignats qui paieront à sa source l'excellent vin qu'on vient de nous donner. Ce n'est pas avec ces chiffons que les vendeurs à la halle paient dans les départements ce qu'ils vendent à Paris, à moins qu'ils n'aient à compter avec un de vos fermiers qui, avec le prix d'une poularde, reçoit assez d'assignats pour vous payer son fermage. Toutes les transactions se résolvent en argent du jour où le signe représentatif a un cours qui vous avertit tous les jours que sa valeur est variable et peut être réduite à 0.

« Vous craignez, dites-vous, ajouta le général, que le peuple, à la disparition des assignats, n'ait plus le moyen de pourvoir à ses besoins. Le peuple a des assignats, il est vrai, mais il les a pour ce qu'ils valent et il reçoit toujours en échange de son travail la valeur qu'il lui faut pour se nourrir et entretenir sa famille. Brisez la planche des assignats, brisez cette planche stérile, on survivra à cette destruction, attendu qu'on cultivera toujours du blé, du lin, et qu'on élèvera encore des bestiaux. Les productions de la terre et de l'industrie, la culture et le travail feront bientôt reparaître le numéraire du moment où il n'y aura plus de papier-monnaie. Faites que la république ne reçoive les impôts qu'en argent, ou au taux du change des assignats; autorisez les propriétaires à ne recevoir leurs fermages, leurs rentes qu'au même cours et de la même manière. »

La facilité avec laquelle s'énonçait ce jeune général, ses phrases brèves et rapides et la sécurité avec laquelle il bravait l'opinion populaire me firent bientôt voir l'homme auquel j'avais affaire.

« —Croyez-vous, lui dis-je, que l'autorité de ce gouvernement nouveau soit assez bien établie pour hasarder cette transition du papier-monnaie au numéraire sans nouveaux troubles ? Tous les jours, dans tous les instants, il faut trouver les moyens de combattre l'anarchie.

« — De l'argent, du canon, et des barils de farine, il y a de tout cela en France, me répondit le général Bonaparte. Voilà ce qu'il faut contre l'anarchie; mais le gouvernement n'aura aujourd'hui ni argent, ni farine, ni canons avec des assignats, avec du papier-monnaie. »

Quelle que fût l'opinion que le général me donnait de son caractère, de son esprit et de la vigueur de ses pensées, je ne pouvais encore prévoir tout ce que son génie, son audace et sa force d'attention devaient un jour produire; nous étions à Paris trop préoccupés de notre gouvernement naissant et de sa frêle autorité pour hasarder de nouveaux troubles. On ne voulut pas en effet brusquer le passage des assignats à l'argent. Le projet de mettre en émission un papier-monnaie intermédiaire remboursable en acquisition de biens nationaux soumissionnés à un denier déterminé et sans enchères fut adopté. Le mandat fut bientôt frappé de la même dépréciation que les assignats, quoiqu'il ait été donné en échange des assignats en raison de 30 capitaux d'assignats pour un capital de mandats. Toutefois on ne laissa pas que d'y trouver d'assez urgentes ressources. Il fut plus facile ensuite, et cela eut lieu assez promptement, de supprimer le papier-monnaie. Enfin il n'y eut pas de troubles; mais on serait peu fondé à dire et à prétendre qu'il n'y aurait pas eu beaucoup d'agitation et de désordres si les assignats avaient été réduits à rien aussi hardiment que voulait le faire le général Bonaparte.

Le général Bonaparte partit pour l'Italie; et bientôt le succès de ses armes et ses nombreuses victoires, dues autant à son génie politique et administratif qu'à ses grands talents militaires, le présentèrent à l'Europe comme un homme extraordinaire. Aucune des précédentes guerres d'Italie, guerres toujours sanglantes et toujours prolongées, par la diversité des intérêts des petits États, ne fut aussi promptement, aussi entièrement terminée que celle conduite par Bonaparte. On chercherait vainement dans l'histoire un autre exemple d'une aussi grande conquête entreprise avec autant d'audace, suivie avec autant d'ardeur et de prudence, assurée par la possession de toutes les places fortes, achevée par des batailles décisives, affermie enfin par une paix avantageuse aux deux partis dans l'espace de seize mois.

Le général Bonaparte, le conquérant, le pacificateur, le

législateur de l'Italie revint à Paris, et fut bientôt l'objet d'une secrète envie. On ne peut en méconnaître les effets dans la précipitation avec laquelle, sous prétexte de diriger contre l'Angleterre toutes les forces de la république, on désorganisa son armée, on la dissémina sur les côtes des deux mers et l'on essaya de faire un généralissime inutile de celui pour lequel il n'y avait plus d'autre gloire à acquérir que celle d'affermir la paix sur le continent. Les déviations des préliminaires de Leoben et bientôt après l'interprétation évasive, même l'inexécution d'un article important du traité de Campo Formio durent refroidir notre héros; non-seulement le genre des négociations, mais encore la lenteur des formes et les discussions presque interminables auxquelles donnait lieu la politique tranchante du Directoire s'opposaient au désir qu'avait Bonaparte de conduire son ouvrage jusqu'à la conclusion d'un traité définitif.

D'un autre côté la situation intérieure de la France ne lui permettait pas de prendre part à la conduite des affaires.....

Bonaparte, depuis son retour d'Italie, m'avait donné d'honorables témoignages de son estime, de sa confiance, j'oserais dire de son amitié. Il voulut que je vinsse souvent dîner chez lui et il rechercha avec empressement la société de Madame Le Couteulx de Canteleu. Ma femme et moi nous pouvions dire que nous étions alors dans la plus grande intimité de sa maison. Dans ses entretiens je pus me persuader qu'il avait essayé volontiers d'user de son influence pour donner cette impulsion que la nation fatiguée de tant de troubles semblait attendre de son courage, de ses talents et des circonstances. Il paraissait déjà destiné en effet à finir la révolution et il aurait préféré, je puis l'attester, les hasards de cette entreprise à ceux de l'expédition en Égypte, si le Directoire avait été alors moins persuadé que son autorité et celle des conseils pouvaient s'affermir dans une constitution républicaine. Le directeur Rewbell, ce col de fer ainsi que le désignait alors le cabinet de Saint-James, s'irritait à la moindre insinuation qui lui était faite d'amener les esprits à une institution dictatoriale qui paraissait avoir été, non oubliée, mais écartée dans la constitution directoriale. Elle paraissait alors commandée par les circonstances; mais Rewbell ne se dissimulait pas que la dictature ne pouvait être confiée qu'à un militaire, c'est à dire à un homme qui eût acquis le droit de commander les armées, et ce directeur, j'en suis persuadé, prenait alors toutes ses mesures pour surveiller Bonaparte et son parti.

Un jour que j'avais accompagné le général Bonaparte et sa femme à l'Opéra, je sortis de leur loge pour aller voir le directeur Rewbell qui était ce même jour à ce spectacle. A peine étais-je assis auprès de lui qu'il me dit tout bas à l'oreille :

« — Citoyen Le Couteulx, point de dictateur; prenez-y garde, il nous conduirait pieds et poings liés sous le joug des Bourbons. »

Le général Bonaparte me disait de son côté et me le répétait souvent :

« — Vous serez tous asservis sous la verge de ce jacobin, de ce rude et brutal directeur.

Il me fut alors évident que l'espèce de dictature dont le général s'était déjà trouvé investi à l'époque des préliminaires de Leoben avait fait naître de vives alarmes parmi les membres marquants du gouvernement français et que le Directoire pouvait très-bien à cette époque avoir encore assez d'accord et de force pour précipiter l'homme qui aurait voulu prendre ce poste dangereux. Ce fut dans ces circonstances que Bonaparte proposa au Directoire son expédition d'Égypte comme un moyen de porter à l'Angleterre des coups plus sûrs que ceux dont on la menaçait en préparant une descente sur les côtes. On assure qu'avant de quitter l'Italie ce général avait médité plus d'un projet sur l'Orient et qu'en touchant au rivage de la mer Adriatique, la vue de l'ancienne Macédoine et du Péloponèse, en lui rappelant d'autres conquêtes, d'autres modèles, avait enflammé de nouveau son avidité de gloire. On ne peut s'empêcher de voir dans ce projet, tout romanesque qu'il est en apparence, de grandes vues qui furent souvent méditées par l'ancien gouvernement. L'objet n'était pas uniquement de parvenir à détruire la puissance territoriale des Anglais dans l'Inde et d'y tarir la source principale de leurs richesses.

L'occupation de l'Égypte pouvait aussi balancer ces avantages, donner un nouveau cours aux spéculations commerciales et par là même accroître les forces et les richesses des puissances maritimes rivales de la Grande-Bretagne.

C'est sous ce point de vue que je saisissais le but de cette expédition, et c'est en me livrant à des recherches sur le commerce qui se faisait dans l'Inde avant la découverte du passage par le cap de Bonne-Espérance que j'eus l'idée, quelques mois après le départ de cette expédition, et lorsque sa destination ne fut plus ignorée, de faire mieux connaître tous les avantages qu'on pouvait obtenir de l'occupation de l'Égypte, de sa colonisation et de la navigation qui pouvait s'ouvrir dans l'Inde par la mer Rouge. A cet effet, je publiai un écrit qui attira alors l'attention publique, et cependant je n'eus d'autre mérite que celui de faire un extrait de plusieurs pages de recherches historiques sur la connaissance que les anciens avaient de l'Inde et sur les progrès du commerce avec cette partie du monde avant la découverte du passage par le cap de Bonne-Espérance, traduit de l'anglais de W. Robertson.

Toutefois, quand on se rappelle que les hommes qui gouvernaient alors la France se persuadaient que le gouvernement républicain et l'autorité directoriale avaient pris de nouvelles forces au dedans depuis la violation qui avait été hasardée contre les membres opposants dans les deux conseils, et qu'ils en acquéraient au dehors en affectant la domination, on est tenté de croire que le général Bonaparte saisit peut-être le seul moyen qui lui restât dans de pareilles circonstances pour échapper aux dangers de sa propre renommée. Il s'affranchissait ainsi de la dépendance des deux partis qui, depuis la révolution du 18 fructidor, se disputaient le pouvoir; il s'ouvrait une nouvelle carrière malgré ceux qui, ne lui réservant qu'un rôle secondaire, un simulacre de guerre contre la Grande-Bretagne, croyaient pouvoir prendre sa place, au rang où il s'était élevé, rang le seul convenable à ceux qui devaient gouverner la France. Aucune autre main que la sienne ne devait poser en France les bases d'un bon gouvernement, les maintenir et les consolider; mais à cette époque ni lui ni personne en France ne pouvait le prévoir. Si ce grand homme en avait eu l'inspiration, elle s'était éteinte. Son imagination, son avidité de gloire lui traçaient une autre destinée en Asie, en Afrique, dans la Turquie européenne.

Je n'entreprendrai pas de faire même un précis de la campagne d'Égypte. Cette campagne, cette expédition a été marquée par le soin d'éviter sous tous les rapports les événements militaires. L'administration que le conquérant sut y établir, les institutions qu'il y avait formées, enfin l'Égypte ancienne et moderne, tout est connu aujourd'hui d'après les nombreux écrits et les excellents ouvrages que cette expédition a fait mettre au jour aussi complétement, aussi parfaitement qu'il est possible de le désirer. Un siècle de possession ne nous aurait pas donné des renseignements et des instructions sur cet antique berceau des connaissances humaines plus étendus que ceux qui ont été recueillis d'après les travaux que le génie du général a pu faire entreprendre au milieu des armes et des combats.

Le général, peu de jours après la bataille d'Aboukir et de retour à Alexandrie, informé par quelques communications avec des parlementaires des vaisseaux anglais, des premiers revers qu'avaient essuyés les armées de la République en Italie et sur le Rhin; instruit de cette funeste lutte entre les factions qui opprimaient alternativement la France, achevaient de l'immoler à leurs fureurs et cherchaient dans leur mutuelle destruction la garantie de leur pouvoir et celle de leur impunité, se détermina à retourner en Europe. Il se rendit au Caire, s'y occupa d'assurer l'ordre intérieur, la solde de l'armée, de pourvoir à ses besoins. La situation intérieure et extérieure de l'Égypte lui permit enfin de quitter l'armée et l'Égypte, et pour accomplir d'autres desseins, de confier aux flots sa fortune. Il s'en ouvrit, dit-on, seulement au général Berthier; il donna l'ordre à l'amiral Gantheaume de se préparer à appareiller avec deux frégates, un aviso et une tartane sans l'instruire de la destination de ces bâtiments. Les personnes auxquelles il accorda la périlleuse faveur de l'accompagner, les généraux Lannes, Marmont, Murat, Andréossi, les savants Monge et Berthollet, le chef de brigade Bessières et ses guides reçurent des billets cachetés qu'ils ne devaient ouvrir que le 5 fructidor, à telle heure et à tel point du rivage : ils y trouvèrent l'ordre de s'embarquer sur-le-champ et sans se permettre aucune communication. Un semblable paquet, qui ne devait être ouvert que vingt-quatre heures après le départ des bâtiments, fut destiné au général Kléber et renfermait pour lui la nomination de commandant général et pour Desaix celle de commandant dans la haute Égypte.

Ce ne fut que le 7 fructidor que le général Bonaparte, contrarié d'abord par les vents, quitta la rade d'Aboukir. Après avoir eu seulement connaissance d'une frégate anglaise en croisière sur la côte, il fit voile pour l'île de Corse et relâcha à Ajaccio, le 9 vendémiaire. Enfin l'on apprit tout à coup que le général Bonaparte venait de débarquer en Provence. Cette nouvelle produisit une sensation générale, et la France entière fut dans l'attente. Sa marche à travers les départements eut l'air d'un triomphe et dès qu'il parut dans la capitale tous les partis l'entourèrent, toutes les fractions se pressèrent autour de lui. C'est le 9 octobre qu'il avait pris terre à Fréjus, et le 9 novembre au soir, 18 brumaire an VIII, la France était déjà affranchie du joug du Directoire.

J'étais à cette époque président du département de la Seine. Le directeur Sieyès m'avait fait appeler à cette présidence pour retirer cette administration des mains d'anciens meneurs du parti jacobin auxquels elle avait été livrée.

Je n'entrerai pas ici dans les détails de cette révolution du 18 brumaire qui se préparait plusieurs mois avant l'arrivée en France du général Bonaparte, mais à laquelle il manquait un chef militaire. Plusieurs mémoires du temps ou publiés depuis, ont commis beaucoup d'erreurs sur les faits antécédents à cette explosion. Je me bornerai dans ce moment à dire que plus d'un an avant ce retour inopiné du général Bonaparte, M. de Talleyrand, alors ministre des relations extérieures, avait expédié en Égypte un monsieur de

Sauvebœuf avec des dépêches pour le général; et cette mis sion et les dépêches dont M. de Sauvebœuf était porteu avaient pour objet de prier avec instances le général de revenir en France. Son départ d'Égypte fut retardé par divers événements connus. Cependant quelques membres du Directoire, les têtes froides et les hommes à bonnes intentions des deux conseils voyant le Directoire lui-même livré à une lutte qui menaçait successivement tous ses membres, nos armées de tous côtés battues, dispersées et découragées, avaient senti enfin la nécessité de créer un dictateur et cherchaient un homme avant le retour du général Bonaparte; on ne pouvait s'accorder sur ce choix important. On allait forcer le dénouement et le choix des partis; mais bientôt après l'arrivée du conquérant de l'Italie et de l'Égypte, des conférences dirigées par ce chef amenèrent promptement les hommes courageux, mais sensés et ceux qui lui étaient particulièrement dévoués à se concerter pour déterminer et arrêter les moyens d'exécution qui pouvaient amener un changement dans le gouvernement tel qu'on le désirait. La veille du 18 brumaire, je fus invité à dîner chez Cambacérès, alors ministre de la justice, et mis dans le secret. Le lendemain un comité vint se former à l'hôtel même du département; il y fut recueilli dans le cabinet de Réal, alors commissaire du Directoire près l'administration du département. J'y ouvris séparément une séance administrative extraordinaire, et plusieurs dispositions importantes pour le succès de cette journée y furent prises de concert, entre l'administration et ce comité qui était présidé et dirigé par M. de Talleyrand fortement secondé par le commissaire Réal.

C'est ici que je dois placer les entretiens, les conversations que dans le temps j'eus avec le directeur Sieyès, commissaire du Directoire, Réal et le général Bonaparte, tels que je les ai mis par écrit ces jours mêmes, peu d'instants après qu'ils ont eu lieu. J'ai conservé les brouillons, les feuilles sur lesquelles je les transcrivais au moment même de cette révolution.

Je crois ne pouvoir mieux faire connaître les hommes et

les choses dans cette importante circonstance qu'en mettant ici les principaux acteurs dans l'action que leur donne leurs propres dialogues, très-exactement recueillis par moi tels qu'ils se sont tenus. Je commencerai par la conversation que j'eus le 8 brumaire avec le général Bonaparte, le matin à 11 heures, jour et heure auxquels il m'avait donné un rendez-vous chez lui.

— *Le Général Bonaparte.* Je voudrais causer avec vous sur la situation de Paris.

— *Le Couteulx.* Est-ce relativement à la situation où nous nous trouvons sous le rapport des finances, du commerce ou eu égard à nos agitations politiques?

— *G. B.* Sous les uns et les autres rapports.

— *Le C.* L'argent, le crédit et le revenu public, tout est desséché, perdu par de mauvaises lois. Point de travail; mais Paris restera tranquille. Il ne peut plus y avoir d'agitation qu'entre les gouvernants. Le peuple de Paris regardera faire.

— *G. B.* Ne désire-t-on pas un gouvernement plus central?

— *Le C.* On désire un gouvernement.

— *G. B.* Mais ne craint-on pas les prochaines élections?

— *Le C.* On désire assez généralement trouver un moyen de moins répéter les élections.

— *G. B.* Ne craint-on pas que le Directoire, qui est divisé ne soit entraîné par cette nouvelle crise, celle des élections?

— *Le C.* C'est la majorité du corps législatif qui influera.

— *G. B.* Ne craignez-vous pas la force du parti qui a voulu déclarer la patrie en danger et que pensez-vous de leurs moyens? Le peuple sera-t-il pour eux?

— *Le C.* Ils pourraient avoir quelques groupes de la plus vile populace, mais le peuple de Paris ne s'y réunira pas. Il y a aujourd'hui à Paris moins de populace qu'on ne le croit; il n'y en a jamais eu moins. Il y a beaucoup de petites fortunes faites à Paris dans la révolution, ce qui a beaucoup étendu la classe de la petite bourgeoisie; et cette classe est ce que j'appelle le peuple de Paris, qui, je le répète, à l'avenir regarder à faire les gouvernants ou les meneurs entre eux.

— *Le G. B.* Toute la France, tous les partis attendent beaucoup de moi. Si ce ne sont que des conseils, il faut qu'on se persuade que les conseils ne peuvent servir de rien, auprès d'un Directoire délibérant sans action, sans exécution, sans union. Il faut un gouvernement et il n'y a pas de gouvernement.

— *L. C.* C'est vrai; mais, général, sont-ce encore les journées du 18 fructidor, du 22 floréal, du 30 prairial qu'on voudrait nous donner?

— *Le G. B.* Non sans doute. Ces trois journées sont trois boulets qui ont percé le vaisseau et il est coulé bas. Vous n'avez plus de constitution ni de liberté.

— *Le C.* Alors vous voulez nous donner une nouvelle constitution.

— *Le G. B.* Oui, et avec moi tous les vrais amis de la liberté.

— *L. C.* Voulez-vous en venir à un gouvernement héréditaire?

— *Le G. B.* Non sans doute.

— *L. C.* Ah!... vous nous donnerez des consuls, deux consuls.

— *Le G. B.* Cela pourrait aller.

— *Le C.* Vous ne vous éloignerez pas de Sieyès?

— *L. G. B.* Non, la force que j'aurais en main n'éloignerait pas la sagesse d'un conseil.

— *L. C.* Est-ce que votre nouvelle révolution serait faite par la force militaire?

— *Le G. B.* Non, les moyens qui se présentent seraient purement civils. Sans doute la force militaire serait à l'appui. Mais dites-moi quelle opinion a-t-on de Barras? bien mauvaise sans doute; c'est un homme coulé!

— *L. C.* Barras ne jouit pas de l'estime publique; mais la majorité des Français paraît préférer encore dans le gouvernement un homme qui a un nom connu que celui qui en a un inconnu et ignoble. J'entends aujourd'hui par un nom connu, un nom de famille ancienne, ou un nom prôné, illustré. On veut enfin un homme bien entouré et qui ait par lui-même une honorable existence.

— *Le G. B.* Sieyès se conduit bien depuis qu'il est directeur?

— *L. C.* Oui, il paraît décidé aujourd'hui à prendre les hommes pour ce qu'ils sont, et persuadé enfin qu'on peut tirer parti de tous quand on sait les gouverner.

— *Le G. B.* Oui, on en est content; mais vous n'aurez pas la paix avec ce Directoire. Il n'offre aucune garantie dans l'intérieur ni à l'extérieur; il faut un gouvernement et vous n'en avez pas.

— *L. C.* Il en faut un plus particulièrement pour donner à l'État un revenu, des finances; on a donné au Directoire tous les moyens de dépenser les recettes qui peuvent encore arriver dans le trésor national, mais aucun pour régulariser cette recette, la bien établir; en réalité il n'a aucune force pour monter une bonne administration.

On nous interrompit et le général me laissa enfermé dans son cabinet; il revint reprendre la conversation; on interrompit de nouveau. Le général me pria à dîner pour le lendemain et je me retirai.

Le lendemain, après le dîner chez le général et une conversation dans laquelle il ne fut rien traité que sur des vues générales, je fus faire une visite au directeur Sieyès et voici la conversation qui eut lieu entre moi et cet abbé célèbre.

— *L. C.* Citoyen directeur, je viens de dîner chez le général Bonaparte.

— S. Oh! vous êtes du petit nombre des privilégiés. Vous a-t-il parlé des affaires politiques?

— *L. C.* Oui, et assez pour me donner le besoin de vous en entretenir.

— *S.* Passons dans mon cabinet.

— *L. C.* Je ne vous tairai rien de notre entretien, il ne m'en a pas recommandé le secret. Je répétai mot pour mot l'entretien qui précède. Sieyès y prenait un grand intérêt et marquait beaucoup de bienveillance pour le général Bonaparte. Lorsque je lui eus dit tout, Sieyès reprit la parole :

— *S.* Vous serez bien étonné, lorsque je vous dirai que le général a eu avec moi presque la même conversation. Je vois qu'il ne sait pas trop à quel projet il s'attachera; mais nous sommes d'accord sur une chose, c'est que rien ne peut marcher dans l'état où sont nos affaires. Vous avez dit qu'on voulait un gouvernement; moi aussi, j'en veux un et suis prêt à donner ma démission si on me donne un gouvernement sous lequel je puisse dire enfin que la France est gouvernée et administrée.

— *L. C.* Je soupçonne le général d'avoir saisi le projet de la présidence réunissant les pouvoirs du Directoire avec un conseil de ministres; mais je me persuade qu'il tient à vous assez peut-être pour ne pas éloigner l'idée d'un gouvernement représentatif avec deux consuls.

— *S.* La présidence est le projet de Barras; mais il la veut pour lui et a déjà fait pour cela des choses que je ne puis dire..... exécrables.

— *L. C.* Il m'a paru qu'on ne peut rien dire de Barras en mal que le général Bonaparte ne soit porté à croire; on m'a même assuré qu'il lui a dit lui-même tout ce qu'il est possible de dire, et que sauf des coups de pieds dans le ventre, il le traite aussi durement qu'on hasarderait de le faire avec un homme pris en flagrant délit.

— *S.* On me l'a dit aussi; même j'ai fait à cet égard quelques réflexions au général, auxquelles il m'a répondu avec esprit; mais légèrement. Je l'ai laissé dans la confiance de ses forces; mais je lui ai observé que les idées du XVI^me^ siècle ne pouvaient avoir aucun succès à la fin du XVIII^me^. Cela est vrai, m'a-t-il dit : aujourd'hui un Cromwell second serait un homme sans pouvoir, ni sans influence. Son fanatisme de représentation n'aurait aucun succès. J'ai continué et lui ai dit (c'est toujours Sieyès qui parle) qu'une autre observation importante à faire dans le jour, était qu'on pouvait s'égarer en admettant une idée devenue presque populaire, c'est celle d'après laquelle on prétend qu'un homme d'une volonté ferme maîtrise les événements. Je lui ai dit qu'à la vérité la volonté faisait toujours aller en avant, mais que la révolution nous avait donné l'expérience que les gens qui allaient toujours en avant faisaient foule et qu'il en résultait tant d'événements imprévus que ces hommes de forte volonté étaient bien étonnés de se trouver entraînés par ces événements et d'en devenir le jouet tôt ou tard. — Mais, m'a répondu le général (c'est toujours le directeur Sieyès qui parle), vous ne prétendez pas que l'esprit et le jugement, la partie intellectuelle enfin, soit dans la foule? — Non, ai-je répondu, aussi vous ai-je distingué comme étant peut-être le seul, parmi ces gens qui vont toujours en avant, dont la partie intellectuelle balance la volonté.

Le ministre Talleyrand est entré.

Sieyès a continué la conversation en disant : Nous ne devons pas interrompre la conversation entre personnes au fait de ce qui se prépare.

Le ministre Talleyrand a dit que le général Bonaparte lui avait parlé dans le même sens qu'il avait parlé avec moi et que le matin même il avait professé autant d'estime pour Sieyès, autant d'envie de marcher avec lui, qu'il lui avait manifesté de mépris pour Barras et d'envie de lui en donner des preuves d'éclat.

— *L. C.* Quoi qu'il en soit, je me serais bien gardé de faire la confidence que je viens de vous faire à d'autres qu'à ceux qui, selon moi, savent le mieux rendre justice au général, l'estimer et le distinguer.

— *Sieyès.* Jamais je ne ferai rien qui lui nuise et j'ai la confiance qu'il est bien convaincu que je veux comme lui sauver la France sans y mettre rien de personnel. Comme lui, je crois que nous ne pouvons le faire que sur la base d'un gouvernement représentatif; et au surplus je ne suis pas de ceux qui veulent placer sur leurs toits le drapeau tricolore; mais on peut être sûr que je ne m'en éloignerai pas. Que le général Bonaparte juge lui-même les hommes qui ont tant de confiance dans leurs volontés.

Augereau n'a-t-il pas eu la fatuité d'aller chez lui, lui dire que s'il le voulait, lui Bonaparte, il le ferait roi ; Barras ne lui a-t-il pas dit qu'il fallait un président? Qu'il se persuade donc que tous ces gens-là ont tout au plus ce courage matériel, si commun en France, cette énergie des étourdis qui produit moins de succès que de revers, et avec laquelle on ne se tire pas toujours d'une mauvaise affaire.

Le ministre Talleyrand a demandé à Sieyès de lui présenter Rœderer qu'il voulait voir et qui était resté dans la voiture. Rœderer n'avait pas vu Sieyès depuis trois ou quatre ans. Talleyrand est allé le chercher. Boulay de la Meurthe est entré. Sieyès a dit : nous ne ferons rien, Boulay, qu'en nous alliant, en nous serrant avec les constituants. Eux seuls ont un véritable intérêt à ce que la révolution ne soit pas dégradée.

Rœderer est entré. Je suis resté quelques minutes et je suis parti.

Le 12 brumaire j'étais au département. Après une de nos séances ordinaires, Réal, le commissaire du gouvernement auprès de l'administration dont j'ai déjà dit que j'étais alors président, m'entraîna dans son cabinet pour me conter une conversation qu'il avait eue la veille avec le général Bonaparte. A peine rentré chez moi, je m'empressai de la mettre par écrit telle que Réal me l'avait rendue et la voici :

— *Réal.* Général, Barras travaille pour lui et le voilà réuni à Moulins et à Gohier; il faut, quelle que soit votre répugnance, travailler cet homme-là.

— *Le G. B.* Eh bien, il avance notre affaire. De quoi s'agit-il? d'améliorer le gouvernement par un changement et sous une forme convenus ; c'est à moi qu'il appartient de faire ce qu'il faut pour qu'il soit mis de côté. Je déclare que je ne veux pas de sa présidence, mais je ferai tout pour que le gouvernement se centralise.

— *Réal.* Il faut, général, que Barras ne soit pas président; mais il faut aussi que nul autre que vous soit chef du gouvernement, et il n'est pas impossible de forcer Barras à se donner tout entier au succès de ce que nous désirons tous.

— *Le G. B.* Je ne donnerai aucune confiance à celui qui veut m'envoyer de nouveau en Italie pour hasarder ma réputation. Je dirai un jour tout ce qu'il a fait, tout ce qu'il laissé s'ourdir contre moi, lors de mes plus grands succès en Italie, pour me retirer hommes et argent. Je ferai connaître quelles étaient alors mes ressources; on ne les retrouvera ni pour moi ni pour aucun général, parce qu'elles ne se représentent pas deux fois dans la vie d'un homme, ni même dans un siècle. D'ailleurs il n'est pas dans la force humaine de combattre la combinaison de dénuement du Directoire. Je n'ai plus d'autres ennemis de la république à combattre que ceux qui l'ont gouvernée, ces avocats dictateurs qui n'ont pas su, même dans leur toute-puissance, nous donner un code civil, et ce lâche ambitieux de Barras qui se fait leur complaisant.

— *Réal.* Eh bien! général, il faut les museler, mais il s'agit aujourd'hui de donner la paix à la France et à l'Europe. Ne voyez plus vos ennemis, ne voyez plus ces stupides gouvernants, ne voyez ni l'Italie, ni l'Angleterre, ni l'Orient. Voyez seulement la France, voyez-la tout entière. Vous seul pouvez faire la révolution qu'elle attend. Si vous ne subjuguez pas Barras et ne le réunissez pas à vous, à Sieyès et à Ducos, vous serez obligé d'avoir recours aux conseils; alors vous faites une mauvaise répétition du 30 prairial. Je l'avais prédit dans le temps à Barras, qui voulut absolument se servir de ces conseils au lieu de les cisalpiner. Qu'en est-il résulté? ils se sont emparés du mouvement et ce mouvement n'a été en leurs mains qu'une pétaudière. Général, vous seul, vous pouvez présenter une garantie à la France, vous seul pouvez persuader que ce que vous ferez ne sera point pour vous, parce qu'en effet vous seul avez jusqu'à ce jour fait fléchir votre ambition, votre volonté personnelle devant les grands intérêts de la patrie.

— *Le G. B.* Il faut qu'avant tout je lui dise en face ce qu'il a fait de l'or qu'il distribue à tous, jacobins ou royalistes, qu'il salarie ainsi indistinctement pour dire dans les tripots que je suis devenu fou. Il faut que je lui dise que rien de ce qu'il a fait à Berlin ne m'est inconnu, le misérable!

— *Réal.* Le traître est à vous si vous le voulez; faites-lui sentir qu'il a un plus grand intérêt à vous servir.

— *Le G. B.* Je vous le répète, je n'ai d'autre volonté que celle de tirer la France de l'état où elle est. Nos armées sont fumantes d'indignation ; la Vendée devient une contagion. Qui veut servir un gouvernement sans argent, sans crédit, sans considération, sans espérances et sans forces?

— *Réal.* Arrachez donc les rênes de ces mains inhabiles et coupables; mais gardez-les dans vos mains et persuadez-vous bien que c'est à vous seul, général, à ramener la confiance et l'espérance.

On vint, me dit Réal, annoncer au général que Fouché était dans son salon depuis une heure.

Le général Bonaparte voulait le faire attendre; je proposai avec instances de le faire entrer. C'est un des hommes, dis-je au général (c'est Réal qui parle), qu'il faut dans une pareille affaire; d'ailleurs il sait tout, je vous le déclare; je l'ai mis dans le secret.

Fouché entra et la conversation s'ouvrit tout de suite sur les moyens les plus convenables pour mettre à exécution ce qu'on a vu s'opérer dans la fameuse journée du 18 brumaire.

J'ai déjà dit que la veille de ce 18 brumaire je fus invité à dîner chez le ministre de la justice, Cambacérès, et mis dans le secret de ce qui devait avoir lieu le lendemain.

Je trouve dans mes notes sur cette journée une lettre que j'écrivais du département même, où je restais à mon poste après l'assemblée de ce comité qui s'y était établie pour se concerter avec l'administration dont j'étais le président. Je ne puis mieux faire connaître le début de cette journée qu'en transcrivant ici cette lettre, telle que je l'écrivais rapidement pour rendre compte à M^me^ de Canteleu de ce qui se faisait et du départ du général pour Saint-Cloud; la voici :

« Ma chère amie, j'ai été ce matin aux Tuileries, croyant y voir le général Bonaparte; il y avait laissé son état-major et était allé coucher chez lui. J'ai passé au Directoire, prévenu que Sieyès et Ducos y étaient retournés et devaient y avoir couché (ces deux directeurs avaient été priés au dîner de la veille chez le ministre Cambacérès). Sieyès dormait encore; j'ai vu son frère et j'ai appris de lui que les directeurs, excepté Barras qui était parti, s'étaient trouvés en présence chez les inspecteurs de la salle du Conseil des Anciens aux Tuileries.

Gohier et Moulins y étaient venus pour enfin savoir tout ce que cela voulait dire : Gohier dans la persuasion qu'on n'en voulait qu'à Barras, et que, Barras parti, le Directoire pourrait se remettre sur ses pieds. Le général Bonaparte était présent, et voici le dialogue qui s'est ouvert dans ces explications :

— *Le G. B.* Citoyen Gohier, il ne s'agit pas de reprendre vos séances.

—*Gohier*. Mais...... Eh bien! que veut-on faire, que veut-on que nous fassions?

*Le G. B.* Citoyen Gohier, vous devez savoir ce que vous avez à faire.

— *Gohier*. Mais que voulez-vous que je fasse? On aurait dû me prévenir; nous aurions délibéré.

— *Boulay de la Meurthe*. Citoyen Gohier, c'est votre démission qu'on vous demande et vous pourriez aisément le comprendre.

Moulins était là, debout, la mine très-allongée, ne disant mot.

— *Gohier*. Ma démission, Mais pourquoi? Je suis entré au Directoire avec l'estime publique. J'en sortirai avec cette même estime; nous sommes quatre directeurs; retournons au Directoire et nous délibérerons.

— *Sieyès*. Il n'y a point de Directoire là où il ne peut y avoir de majorité. Il faut que le corps législatif y supplée; il faut créer un gouvernement quelconque, et si ma démission est nécessaire à cet effet, elle est toute donnée.

— *Gohier*. Je ne donnerai pas ma démission sans en avoir délibéré entre nous.

— *Boulay de la Meurthe*. Vous ne voulez pas, citoyen Gohier, qu'on mette à cette demande plus que de l'invitation.

Gohier, à cette insinuation, s'est fâché. Il aurait volontiers donné des ruades. Il a dit qu'on n'aurait rien de lui par violence.

Sur ces entrefaites on est venu dire que Santerre ameutait le faubourg Saint-Antoine. Le général Bonaparte a donné à l'instant ses ordres pour surveiller Santerre et éclairer ses démarches. S'il fait quelque mouvement, a-t-il dit, qu'on le fusille sur-le-champ. Citoyen Moulins, a continué le général Bonaparte, est-il vrai que Santerre....

— *Moulins*. Si Santerre fait ce qu'il ne doit pas faire, je suis fort d'avis qu'on l'arrête.

— *Le G. B.* Il ne s'agit pas de cela, je demande s'il est votre parent?

— *Moulins*. Il n'est ni mon parent, ni mon ami (cependant ils vivaient dans la plus grande intimité).

— *Chazal*. Citoyens Gohier, Moulins, vous ne voulez pas donner votre démission, ce n'est que la rédaction à changer. On placera destitution au lieu de démission.

Il est arrivé chez le frère de Sieyès Benjamin Constant. Il insistait fortement pour qu'une lettre qu'il avait à la main fût remise à Sieyès en mains propres. Il censurait beaucoup et hautement la proclamation du général Bonaparte à ses soldats et particulièrement la phrase : « Vous m'attendiez, je compte sur votre énergie, etc. »

Je suis revenu au département, j'ai su que le général Bonaparte m'avait envoyé chercher. Je m'y suis rendu à l'instant; on m'a fait entrer dans son cabinet à travers une armée de généraux. Il parlait à son aide de camp et sans s'interrompre il a continué :

Dites à Augereau qu'il se tienne tranquille, qu'il convient même qu'il passe la journée chez lui (il était du conseil des Cinq-Cents et convoqué à Saint-Cloud). Augereau doit bien savoir qu'il n'est pas fait pour se ranger avec ceux dont il me parle. Tous ces procureurs, élèves de notaires, apprentis avocats, doivent rentrer dans leurs études. Il se passera encore du temps avant qu'ils redeviennent des législateurs. Le général Augereau sait bien qu'on ne fait pas d'un caporal ou d'un sous-lieutenant un général, un bon militaire en un tour d'élection.

Le général Bonaparte se retournant vers moi : Bonjour

Le Couteulx, me dit-il; comment vont les espérances? Que dites-vous?

— *Le Couteulx.* Général, que ferez-vous aujourd'hui?

— *Le G. B.* On va créer deux consuls, changer les ministres, créer des commissions temporaires supplétives aux deux conseils et ajourner le corps législatif.

— *Le C.* Je ne suis pas embarrassé de vos forces ; quelle antichambre! l'élite des généraux français! mais en hommes civils, qu'avez-vous ?

— *Le G. B.* Ce qu'il y a de plus fort et de plus ferme dans les deux conseils, Boulay de la Meurthe, Chazal, Chénier, Regnier, etc.; mais dans ces conseils, il y a peu d'hommes. Je les ai vus, entendus, hier toute la journée. Que de pauvretés! quels vils intérêts! bien peu d'entre eux, presqu'aucuns ne sont entrés dans la grande politique des États, des nations; mais parlons de vous ; vous serez ministre des finances, le voulez-vous? Ne serez-vous pas bien à cette place?

— *L. C.* Les bonnes intentions ne suffisent pas. J'y serais toujours dans la crainte des intrigants plus fins que moi. Je serais trompé, et je ne m'en apercevrais que dix minutes après.

— *Le G. B.* Eh bien, prenez dix minutes pour répondre. Au surplus il faut un homme à présenter au commerce, aux honnêtes gens, à l'Europe financière et commerçante, et cet homme-là, c'est vous.

— *L. C.* Mais, général, vous avez des hommes plus forts que moi. Talleyrand, est-ce que vous n'en faites pas un ministre ?

— *Le G. B.* Talleyrand un ministre des finances, non! A ce moment est entré dans le cabinet le général Le Clerc, depuis beau-frère du général.

— *Le Clerc.* Général, voulez-vous que j'aille avec vous à Saint-Cloud ?

— *Le G. B.* Non, mais allez en avant, voyez le général Serrurier ; mais vous n'êtes pas bien avec lui.

— *Le Clerc.* Oh! général, nous nous voyons.

— *Le G. B.* Eh bien, allez en avant pour m'assurer que le

général Serrurier est prêt, que tout est disposé, les salles prêtes à recevoir le corps législatif ; une salle pour mon état-major.

Entre un aide de camp qui dit : Général, votre femme désire vous parler avant que vous ne partiez.

— *Le G. B.* A la bonne heure, j'y monterai ; mais cette journée n'est pas une journée de femmes.

— *Le Couteulx.* Général, voulez-vous qu'elle vienne chez moi à Auteuil ? vous savez que vous pouvez disposer de ma maison.

— *Le G. B.* J'irai peut-être y coucher ; j'aurai peut-être besoin d'y passer une bonne nuit ; mais point de femmes. L'affaire est trop grave. Partons.

Nous partons, et en passant, il me dit : Le Couteulx, ne vous méfiez donc pas de vous. Vous allez au département ; s'il y a quelque chose de nouveau, écrivez-moi. Quant à ce qui se passera à Saint-Cloud, soyez tranquille. A en croire certaines mauvaises cervelles des conseils, il faudrait que j'arrêtasse une quarantaine de leurs collègues ; je ne veux arrêter personne. Ces moyens n'appartiennent qu'à ceux qui nous ont perdus. S'ils ne sont pas entraînés par la force des choses, subjugués par l'ascendant de cet événement dont la toute-puissance est dans l'opinion, alors nous leur ferons sentir leur faiblesse.

— *Le général Lannes.* Général, je vais avec vous.

— *Le G. B.* Non, général, je laisse ici presque toutes les troupes, elles ont besoin de votre présence ; d'ailleurs vous êtes blessé, nous serons longtemps à cheval !

Le général Lannes insiste.

N'en parlons plus, dit le général Bonaparte ; mon ami, restez ici.

Et s'adressant au général Lefebvre : Vous, vous irez en avant avec huit cents hommes.

— *Le G. Lefebvre.* Et avec vous, général ?

— *Le G. B.* Non, je n'irai pas avec les troupes. J'irai en voiture. Berthier, vous viendrez avec moi, vous aussi, gros papa (en frappant sur le ventre du gros général Gardanne). Mais vous Berthier, qu'avez-vous, vous souffrez ?

— *Berthier*. J'ai un clou qui perce et je suis couvert d'un cataplasme.

— *Le G. B.* Eh bien ! restez.

— *Berthier*. Non certes, dussé-je me traîner et souffrir l'enfer, je ne vous quitte pas.

— *Le G. B.* Êtes-vous donc de ceux qui croient que nous allons nous battre ? Généraux, aides de camp, adjudants de place, que chacun de vous ne sorte pas de son poste, quelque chose qu'il arrive. Mes ordres vous arriveront exactement et à temps.

On est monté à cheval, le général en voiture et je suis revenu ici, croyant revenir de la tente de Gengiskan ou de Mahomet. Adieu, ma chère amie.

Réal, notre commissaire, s'est rendu à Saint-Cloud. »

Je ne répéterai pas ici ce qui est si complétement décrit dans les journaux des deux commissions prises l'une dans le conseil des Anciens, l'autre dans le conseil des Cinq-Cents, pour discuter les projets d'une constitution qui aurait pour but principal celui de centraliser le pouvoir exécutif.

Ce fut le 7 décembre 1799 qu'une constitution nouvelle plaça le général Bonaparte comme premier consul à la tête du gouvernement, et dès le premier janvier 1800, il écrivit au roi d'Angleterre pour lui proposer de chercher en commun les moyens de ramener la paix.

Vers le 18 du même mois un traité de pacification fut conclu avec les principaux chefs vendéens, et dès le mois suivant Bonaparte fit clore la liste des émigrés, mettant par là un terme à ce genre de proscription.

Le sort de la Banque de France, la division de l'empire en préfectures, les finances de l'État, et mille autres objets importants qu'il nous est impossible de récapituler ici l'occupèrent dès les premiers instants de son administration, comme si la paix la plus profonde l'eût environné de toutes parts.

Cependant, si la défaite des Russes en Hollande et en Suisse avait éloigné l'orage de ces deux frontières, si nous obtenions même de nouveaux succès en Allemagne, les revers continuaient au Midi.

La république cisalpine tout entière était envahie par les

Autrichiens. Nice était occupée et Gênes allait succomber après la plus héroïque résistance ; mais le pouvoir allait changer de mains et la force publique prenait une nouvelle direction et une tout autre énergie.

Tandis que les deux armées s'avançaient en Allemagne et que Masséna retenait, à force de courage, les Autrichiens devant Gênes, une armée nouvelle, créée comme par enchantement, franchissait, ayant le premier consul à sa tête, ces Alpes regardées comme impénétrables, et redescendant à grands pas vers l'Italie, allait se placer audacieusement entre l'armée de l'empereur d'Autriche et les pays héréditaires.

A son départ de Paris le premier consul, m'adressant la parole, me demanda ce que disait le Parisien de son éloignement et de sa prompte entrée en campagne.

— Général, lui dis-je, les Parisiens sont comme les malades, ils n'aiment pas à voir s'éloigner leur médecin; nous sommes à peine en convalescence; ils s'effraient pour eux-mêmes des nouveaux dangers que vous allez courir. Il ne faut pas dans les circonstances actuelles, me répondit le premier consul, envisager les risques ni les dangers de la guerre, elle est inévitable ; je dois commander l'armée et il faut bien se persuader qu'à la place où je me trouve, si je comptais la vie pour quelque chose, je n'y tiendrais pas longtemps.

Quelques jours avant son départ j'avais été invité à déjeuner aux Tuileries, et le premier consul y avait aussi invité Carnot, l'ex-directeur (en son absence il le plaça momentanément au ministère de la guerre); il emmenait avec lui en Italie le général Berthier.

Carnot, à ce déjeuner, fit quelques questions au premier consul sur la campagne qu'il allait ouvrir.

— Avant tout, lui répondit le premier consul, je vais tomber sur les magasins de l'ennemi ; je descendrai en Italie du haut des Alpes et l'armée autrichienne sera forcée d'abandonner Gênes et de venir à ma rencontre, mais trop tard.

Je fus étonné de cette confidence, elle pouvait être indiscrète. J'en fis l'observation à M. de La Clos, qui était aussi à ce déjeuner.

— Rassurez-vous, me dit La Clos; lors même que le projet du premier consul serait communiqué à M. de Mélas, il croirait que ce que vient de dire le premier consul est dans le dessein de lui faire abandonner le siége de Gênes. La suffisance autrichienne est telle, le cabinet de Vienne est si mal instruit sur nos ressources et la facilité incroyable qu'on peut avoir de nous remettre sur nos pieds, qu'il ne pense pas que nous puissions mettre une armée sur pied, même en France, encore moins lui faire passer les Alpes.

Ce fut le 23 mai 1800 que le premier consul parvint à Ivrée; il entra le 28 dans le Milanais, le 2 juin à Milan. Le 3, il fit occuper Pavie, le 4 il proclama le rétablissement de la République Cisalpine. Brescia fut pris le 5, Plaisance le 9, et après avoir enlevé aux ennemis leurs bagages et tous leurs magasins, il les rejoignit le 13 vers la Bormida et remporta le lendemain sur eux la victoire de Marengo. Le résultat fut la conquête de toutes les forteresses du pays de Gênes, du Piémont et du Milanais, que le général Mélas s'engagea le 15 à remettre au vainqueur, afin d'obtenir de lui de pouvoir recueillir à Mantoue les tristes débris de son armée. La valeur et l'habileté française, secondées enfin par un gouvernement éclairé, actif et prévoyant, ne pouvait plus marcher que de succès en succès, ainsi que nos armées d'Allemagne le prouvèrent encore à la même époque, et cependant le premier consul s'empressait de traiter de la paix et d'adopter les préliminaires qui furent signés le 28 juillet 1800 par MM. de Talleyrand et de Saint-Julien; mais l'empereur François II refusa ensuite de ratifier, ce qui ne tarda pas à faire rompre tous les armistices conclus entre les armées belligérantes.

Le premier consul fut plus heureux du côté de la Russie; il ordonna dans le même temps de traiter avec égards les officiers russes prisonniers de guerre, et cet ordre devint comme le prélude d'un rapprochement entre les deux empires.

L'empereur d'Autriche, ayant rejeté la paix, se rendit lui-même à son armée d'Allemagne......

---

V

---

# SOUVENIRS D'UN SEXAGÉNAIRE

PAR

ARNAULT

DE L'ACADÉMIE FRANÇAISE.

# SOUVENIRS D'UN SEXAGÉNAIRE

## CHAPITRE Ier.

État de la France en 1799 (an VII de la République). — Bonaparte revient d'Egypte. — Dîner chez le directeur Gohier. — Voyage à Mortfontaine.

Depuis le départ de Bonaparte, la prospérité de la France n'avait fait que décroître; quoiqu'il y restât encore des hommes d'un grand talent et de grandes ressources, il semblait qu'il eût emporté avec lui la fortune de la République. Rallumée avec une fureur nouvelle par la plus odieuse violation du droit des gens, le lâche assassinat de nos ministres au congrès de Rastadt, la guerre ne lui était rien moins que favorable. L'armée d'Italie avait porté les trois couleurs aux extrémités de la péninsule. A Rome, à Naples, des républiques avaient été installées. Mais comme l'armée ne se recrutait pas en raison de l'étendue qu'elle embrassait, et qu'elle occupait plus de pays qu'elle n'en pouvait garder, il lui fallut abandonner ses conquêtes dès que Suvarow eut pénétré dans l'Italie supérieure, que la cupidité des administrateurs français avait désarmée. Dans ses batailles de Cassano, de la Trebbia, de Novi, les Français avaient reconquis leur gloire, mais non pas la victoire. Après avoir perdu successivement Vérone, Milan, Alexandrie, Turin et Mantoue, il ne leur restait plus au delà des Alpes que Gênes, sous le canon de laquelle les débris de l'armée de Naples couraient se réunir aux débris de l'armée de Lombardie.

D'autre part, après les journées de Pfullendorf et de Stokach, Jourdan avait été obligé de repasser le Rhin.

Massséna soutenait, à la vérité, en Suisse les efforts des Autrichiens ; mais pourrait-il résister longtemps à leurs forces, appuyées de celles des Russes en marche pour les rejoindre?

Brune tenait en échec 20,000 Anglais débarqués en Hollande ; mais que deviendra-t-il s'ils reçoivent les renforts qu'ils attendent?

Telle était, au mois d'août 1799, la position de la France à l'extérieur. A l'intérieur elle n'était pas moins déplorable ; la guerre ne nourrissant plus la guerre, les contributions levées en Italie et en Suisse ayant été dévorées par l'expédition d'Égypte, et la ressource que l'on trouvait dans les émissions d'assignats n'existant plus, il avait fallu chercher un moyen de subvenir aux besoins de l'État. On avait eu recours à cet effet, à un emprunt forcé, au remboursement duquel on affectait les biens nationaux non vendus, mode d'emprunt, mode de remboursement également odieux à la majorité des prêteurs.

Cependant on avait décrété la *loi des otages,* loi par laquelle les familles se trouvaient responsables dans leurs biens et dans leurs personnes de la conduite des émigrés ou des révoltés qui leur appartenaient. Ces mesures semblaient d'autant plus annoncer le retour du régime de la terreur, que les jacobins, plus ardents que jamais, avaient rouvert leur club au Manége.

Odieux à ceux qui le soupçonnaient d'incliner vers ce système, méprisé de ceux qui le croyaient inepte à le combattre, et déconsidéré par l'élimination de plusieurs de ses membres successivement détrônés par les factions, le Directoire sentait de jour en jour s'évanouir l'autorité qu il avait reconquise par la révolution du 18 fructidor. Les républicains, qui voyaient avec jalousie le règne de cinq hommes sortis de leurs rangs, les royalistes qui ne souffraient qu'avec indignation qu'au roi qu'ils regrettaient on eût substitué cinq bourgeois, trouvant les uns qu'on avait fait trop, et les autres trop peu pour la royauté , appelaient également de tous leurs vœux la chute du Directoire qui, détesté de tout le monde, n'était plus redouté de personne.

Aussi cette chute, qui devait entraîner celle du système dont il faisait partie, était-elle généralement tenue pour certaine; on parlait hautement du système qui lui serait substitué. Je me mêlais peu d'affaires publiques depuis le départ du général Bonaparte; ne courant pas après les nouvelles, je ne les connaissais guère que lorsqu'elles venaient me chercher. Quelques mois avant l'établissement du consulat, j'eus pourtant révélation du projet de constitution dont il faisait partie. M. Jarry de Manci, qui était, me disait-on, en relation avec Sieyès, me l'avait développé tout entier à Migneaux, château situé auprès de Poissy, et appartenant à M. Décréteaux, chez qui je me trouvais avec M. Rœderer. Par cette constitution, où, autant qu'il m'en souvient, la confection de la loi était confiée à peu près comme dans la constitution de l'an VIII, à un tribunat et à un corps législatif qui la discutaient contradictoirement devant un autre corps qui la votait, le pouvoir exécutif était exercé par deux consuls, l'un chef de l'armée, l'autre chef du gouvernement, tous deux élus pour un temps par un sénat, dit *conservateur*, lequel était présidé par un grand électeur, magistrat inamovible, personnage le moins actif de la république, quoiqu'il en fût le plus important. Les attributions de ce grand électeur étaient singulières: il n'avait aucune part au gouvernement, mais par un acte de son autorité les consuls pouvaient être révoqués sans qu'il fût tenu de s'expliquer sur les motifs qui le portaient à provoquer cette mesure, par suite de laquelle, déclarés inhabiles à toute autre fonction que celle d'électeur, ils entraient dans le sénat qui les *absorbait* pour toujours; combinaisons qui avaient pour but de concilier les intérêts de la liberté avec les devoirs de la reconnaissance. Le consul ou les consuls *absorbés* étaient alors remplacés par des individus choisis dès longtemps, bien que ce choix ne fût connu ni d'eux, ni du public, ni du sénat lui-même; car aussitôt après l'élection des premiers consuls on devait procéder à l'élection de leurs successeurs, mais par un scrutin qui resterait dans l'urne électorale, espèce de tire-lire qu'on ne briserait qu'au moment où on aurait intérêt à faire le dépouillement des votes, et on en devait user ainsi immédiatement après l'installation de chaque consul. C'est en conséquence de cette action conservatrice de la constitution, que ce sénat avait reçu son nom.

Je ne sais si ce projet formé d'emprunts faits aux républiques anciennes, combinés avec des idées nouvelles, aurait rempli l'attente de son auteur et concilié l'empire avec la liberté; mais ce qu'il y a de certain, c'est qu'on songeait à en faire l'essai à l'époque où Joubert fut envoyé en Italie, d'où l'on espérait qu'il reviendrait victorieux; et que ce général, qui alliait les vertus d'un républicain aux talens d'un capitaine, était désigné pour remplir les fonctions de consul militaire dans cette constitution. Le consul civil n'eût pas été difficile à trouver; quant au grand électeur, chacun l'a nommé. La mort de Joubert fit tout ajourner.

Quelques mois plus tard ces désignations furent reproduites dans une constitution nouvelle; mais elles s'appliquèrent à des institutions qui fortifièrent un pouvoir d'une tout autre nature, le pouvoir même que ces institutions avaient dû modifier. Bonaparte, trouvant cette organisation toute faite, l'appropria à son gouvernement, en la faisant plier à ses intérêts, comme un habit fait pour autrui qu'on ajuste à sa taille.

Accablé de revers, le gouvernement directorial s'écroulait donc sous le poids de la haine et du mépris, quand, immédiatement après la victoire d'Aboukir, apprenant l'état où se trouvait la France, Bonaparte prit la résolution d'y revenir. Mais pendant les cinquante jours qu'il mit à traverser la Méditerranée, la victoire revenait à nos étendards. La brutale présomption de Suvarow se brisait contre le génie et l'audace de Masséna, et en Hollande l'impéritie du duc d'Yorck battu deux fois, quoiqu'avec des forces supérieures, capitulait avec la fortune de Brune.

La nouvelle du retour de Bonaparte fut reçue néanmoins comme si la France ne pouvait être sauvée que par lui : le souvenir de ses exploits passés éclipsant des victoires toutes récentes, il fut accueilli en France comme un sauveur; il fut reçu à Paris en triomphateur.

Il ne se trompa point sur les sentimens qu'exprimaient les acclamations qui s'étaient élevées sur son passage depuis Fréjus jusqu'à la capitale. C'était surtout contre les ennemis du dedans que la population tout entière lui demandait son appui. Ce qu'il n'avait pas cru devoir faire avant son départ pour l'Égypte, on le sommait de le faire à son retour, que cette résolution justifiait.

N'imaginant pas que la consigne sanitaire pût avoir des complaisances même pour lui, et calculant sa marche d'après les probabilités générales, je ne m'attendais pas à le revoir avant trois semaines, quand j'appris par la voix publique qu'il était arrivé dans sa maison rue de la Victoire. J'y courus. Je l'embrassai si cordialement que, malgré son sang-froid, il ne put s'empêcher de répondre par un témoignage pareil à ce témoignage d'affection : « Eh bien! monsieur le *déserteur*, qu'êtes-vous donc venu chercher à Paris? — Moins de gloire que vous, général, mais enfin un succès » ; et je lui remis un exemplaire des *Vénitiens*. « Vous trouverez là, ajoutai-je, une lettre que je vous ai adressée dans le désert, et que vous pourriez bien n'avoir pas reçue. Ayez la bonté de la lire. Vous y verrez quels ont été mes sentiments. — Je ne l'ai pas reçue en effet. Je la lirai dès ce soir. Venez déjeuner demain à la Malmaison. Vous trouverez ici une voiture qui vous conduira. Nous partons à dix heures précises. »

Dix heures! c'était alors matin pour moi. Je n'allai pas à la Malmaison, mais je me promettais d'aller voir le général à son retour, qui devait avoir lieu le lendemain. Le lendemain, dès le matin, on me remit un billet contenant ce qui suit, et qu'apportait un gendarme dont l'apparition ne laissa pas de jeter quelque effroi dans ma maison :

« Le président du Directoire invite le citoyen Arnault à venir dîner aujourd'hui au Luxembourg, à six heures. Il y trouvera quelqu'un de sa connaissance. Le président du Directoire compte sur le citoyen Arnault, et lui renouvelle l'assurance de son attachement.

« GOHIER. »

J'avais rencontré Gohier à la société philotechnique, dont il était membre, et où il n'avait pas cessé de venir depuis son élévation. Comme il m'avait témoigné quelque amitié, et qu'au fait c'était un fort brave homme, j'avais cru devoir y répondre. J'avais été le voir une fois, non parce qu'il était, mais quoiqu'il fût directeur, mais je n'avais jamais mangé chez lui. Substituant le pluriel au singulier, je crus qu'il m'annonçait que je dînerais avec l'élite de notre commune société. Quelle fut ma surprise et ma satisfaction de trouver au lieu de cela dans le salon de ce cinquième de roi le général Bonaparte!

Peu après arriva Sieyès. Des députés, des militaires, et quelques savants, voilà les autres convives. A table, Bonaparte n'était séparé de Sieyès que par la maîtresse de la maison. Placé presque vis-à-vis d'eux, à côté de M. Français de Nantes, je les observais tout à loisir. Rien de plus froid que leur contenance respective. A peine échangèrent-ils quelques monosyllabes. Vers la fin du dîner survint le général Moreau. C'était la première fois que ces deux rivaux de gloire se rencontraient. Il y eut plus que de la politesse dans leurs démonstrations réciproques. L'estime qu'ils avaient l'un pour l'autre, ou les ménagements qu'ils croyaient se devoir mutuellement, s'y manifestèrent de la manière la plus prononcée. J'étais loin de penser, d'après ce que je voyais, que dans trois semaines Sieyès serait l'allié le plus actif de Bonaparte, et dans deux ans Moreau son plus mortel ennemi. Quant à Gohier, c'est surtout à sa politesse attentive qu'on reconnaissait en lui le maître de la maison. Il semblait plus fier de son hôte que de sa dignité; mais il avait je ne sais quoi de gêné dans ses manières. Bonaparte lui seul avait l'air d'être chez soi.

L'intervention de Moreau fit cesser les conversations particulières. Chacun se tut pour écouter celle qui s'éleva entre les deux premiers capitaines de l'époque, et dans laquelle ils développaient leurs théories. C'était l'entrevue de Sertorius et de Pompée. C'était une scène de Corneille.

Conformément à mes premières habitudes, j'allais presque tous les jours rue de la Victoire. « Quoi de nouveau? me disait le général dès qu'il me voyait. — Rien de nouveau, répondais-je, toujours mêmes plaintes, toujours mêmes reproches », et je lui répétais les propos de toutes les classes de la société, qui ne croyaient pas qu'il eût pu revenir en France pour autre chose que les délivrer d'un gouvernement dont elles avaient honte plus encore qu'horreur. « Chacun, ajoutais-je, répète ici ce qui vous a été dit sur la route depuis Fréjus jusqu'à Paris. Chacun vous adresse le même vœu, ou plutôt vous donne le même ordre. » — « Vraiment! » répliquait-il en riant; et il parlait d'autres choses.

Quinze jours s'étaient passés ainsi, quand Regnauld me proposa de venir avec lui voir Joseph Bonaparte à Mortfontaine. « Le général y sera, me dit-il; il a compris le cri public. Il voit que le Directoire est rejeté par la nation tout entière. Il est enfin résolu d'agir, et va là pour arrêter définitivement ce qu'il faut faire. Bernadotte y sera. Il convient que vous y veniez, ne fût-ce que pour qu'on sache qu'on peut compter sur vous. »

En effet, c'est dans les conférences qui eurent lieu pendant ce voyage que les bases de la révolution de brumaire furent jetées.

Un incident qui n'est guère connu aujourd'hui que de moi, incident assez semblable à celui qui fit échouer, au moment où elle se dénouait, la conspiration de Fiesque, pensa faire avorter celle-ci au moment où elle se formait. Le lendemain de notre arrivée, le général voulant parler avec Regnauld plus librement, lui proposa de venir se promener avec lui à cheval. Le général montait un peu en casse-cou. Comme ils revenaient à toute bride, le long des étangs, à travers les rochers, son cheval rencontre une pierre que le sable recouvrait, les pieds manquent au coursier, il s'abat, et voilà le cavalier lancé avec une violence effrayante à douze ou quinze pieds de sa monture. Regnauld saute à bas de la sienne, court à lui, le trouve sans connaissance. Plus de pouls, plus de respiration; il le croit mort. Heureusement il en fut quitte pour la peur. Après un évanouissement de quelques minutes, Bonaparte revient à lui comme on revient d'un rêve. Il n'avait ni fracture ni blessure, ni contusion même, et il le prouva en remontant en selle presque aussi lestement qu'il en était tombé. « Quelle peur vous m'avez faite, général! » — « C'est pourtant cette petite pierre contre laquelle tous nos projets ont pensé se briser », dit Bonaparte en riant.

Cette petite pierre pensa changer le sort du monde.

« Joseph, ajouta Bonaparte, me ferait de la morale, s'il savait cela. N'en parlez à personne. »

---

## CHAPITRE II.

### Préliminaires du 18 brumaire.

Ici commence l'histoire de la conspiration qui amena cette révolution mémorable. Tout le monde en a écrit; mais tout le monde ne sait pas ce que ma position m'a mis à même de savoir. Je n'hésite pas à dire ce que j'en sais. Les détails que j'ai à raconter sont précieux, en ce qu'ils font connaître l'homme prodigieux qui dirigeait ce grand mouvement. C'est sur ceux-là surtout que j'insisterai.

Ce fait une fois reconnu, que Bonaparte devait ramasser le pouvoir échappé aux mains inhabiles entre lesquelles il était tombé, on reconnut aussi qu'il s'agissait autant de changer les choses que de changer les hommes, et qu'une constitution nouvelle devait être substituée à celle dont l'insuffisance était si évidemment démontrée par quatre ans d'expérience, et qui devait être repoussée, ne fût-ce que parce qu'elle repoussait le seul homme qui pouvait sauver la France. On trouva en elle-même le moyen de la renverser. La prévoyance de l'homme a moins d'étendue encore que sa malice. Pas d'organisation sociale si bien combinée qui ne porte en ellemême le principe de sa destruction.

Une disposition de la constitution de l'an III autorisait le conseil des Anciens, en cas de danger pour la chose publique, à convoquer la législature hors de la capitale pour la soustraire à l'influence de la multitude, et à donner à un général de son choix le commandement des forces militaires qui se trouveraient dans le rayon constitutionnel.

On s'occupa d'abord à se créer dans les deux Conseils une majorité favorable à l'application de cette mesure, qui semblait mettre le pouvoir entre les mains des législateurs, mais qui le mettrait réellement entre les mains du militaire sous la protection ou dans la dépendance duquel l'État se trouverait. Cela fait, l'adoption d'une constitution que le protecteur dicterait semblait devoir s'ensuivre sans difficulté, et l'on en avait une toute prête.

Il ne fut pas difficile d'obtenir l'assentiment des militaires pour une révolution préparée par des militaires, et qui semblait devoir leur assurer désormais la suprématie. Aussi, à quelques exceptions près, les généraux les plus renommés se précipitèrent-ils dans le complot. Quant aux législateurs et aux dépositaires de l'autorité civile, l'ascendant de Bonaparte et de Sieyès en détermina quelques-uns; quelques autres obéirent aux rancunes de fructidor; beaucoup se laissèrent séduire par l'espérance d'occuper dans le nouvel ordre de choses des places importantes et stables; mais beaucoup plus encore se rallièrent à nous par le désir de mettre un terme aux désordres qui ruinaient la France en la déshonorant, et ce parti était nombreux, car il se composait de presque tous les propriétaires, de tous ceux enfin pour qui la liberté sans bornes n'était pas le premier des biens.

Les bases d'opération adoptées, on distribua les rôles entre les confidents de ce grand projet. Chacun fut chargé de le servir conformément à ses moyens et dans le cercle de ses relations; les uns de négocier avec les personnages dont le concours était reconnu nécessaire au succès de l'entreprise, les autres de préparer les écrits propres à éclairer l'esprit public, partie dans laquelle M. Rœderer excellait. La rédaction des proclamations fut spécialement confiée à Regnauld, qui m'associa à ce travail dans l'esprit duquel je composai même une chanson, car il faut des proclamations aussi pour les Halles; et c'est sous cette forme-là surtout qu'on se fait comprendre de la population qui fourmille là et dans les rues.

Quoique l'on procédât avec une grande circonspection et que l'on ne livrât à chaque affilié que la portion du secret dont il était indispensable de lui donner connaissance, le bruit qu'une nouvelle révolution se préparait se répandit bientôt; mais il était accueilli avec des témoignages d'approbation si évidents et si unanimes, que nous ne nous en inquiétions guère. Tout nous prouvait qu'en renversant le Directoire, c'était au besoin général qu'on satisfaisait, et que dans cette conspiration nous avions la France entière pour complice.

Tels étaient les bruits de Paris quand je reçus ainsi que Regnauld une invitation à dîner chez le ministre de la police, chez Fouché, qui depuis quelques mois remplissait cette fonction.

— « Tous les deux! La chose est singulière », dis-je à Regnauld. Elle me parut bien plus singulière encore quand le général, à qui je racontai le fait, me dit en riant : « Allez-y, vous y trouverez des amis. » Dans le fait, j'y trouvai Rœderer, Réal, Chénier, l'amiral Bruéis et le général lui-même. Bref, le choix des convives était tel que sur vingt-quatre, il n'y avait guère que le ministre qui ne fût pas des nôtres, et que la liste des invités semblait être un extrait de la liste des conjurés.

« Si ce n'est pas un fait exprès que ceci, c'est l'effet d'un singulier hasard, dis-je à Regnauld; le beau coup de filet qu'il ferait, en fermant seulement ses portes. — Votre chanson est-elle faite? me dit quelqu'un qui s'était approché de nous; vous savez que nous touchons au dénoûment. — Une chanson pour un dénoûment de tragédie! c'est trop piquant pour que j'y manque. — Ne perdez donc pas de temps, car nous n'avons pas plus de quatre jours devant nous. »

Le dîner n'était pas un piége, peut-être même avait-il été donné dans un but tout contraire à celui qu'on aurait pu supposer. « J'ai voulu, dit le ministre au général, vous faire rencontrer ici les personnes qui vous sont le plus agréables. » Poussant la galanterie jusqu'à la recherche, il fit suivre le dîner d'un concert dans lequel Laïs et Chéron chantèrent des poëmes d'Ossian, mis en vers par Chénier et en musique par Fontenelle. Cette réunion, que Réal égaya souvent par sa verve si spirituelle et si originale, n'eut rien de la gravité qui préside ordinairement aux banquets ministériels; à la liberté d'esprit qu'à l'exemple du général chacun montrait, on ne se serait pas douté qu'elle était formée de gens préoccupés d'intérêts si sérieux et engagés dans une entreprise si périlleuse.

— « A demain soir, rue Taitbout (c'était là que demeurait le citoyen Talleyrand) : là, nous nous rendrons compte de ce que nous aurons appris, et nous conviendrons de ce que nous aurons à faire », dit M. Rœderer à Regnauld et à moi quand nous nous séparâmes.

La sécurité que nous inspirait Fouché n'allait pas, au fait, jusqu'à nous faire négliger toute précaution vis-à-vis de lui. Nous étions convenus d'éviter de nous trouver ensemble chez le général, dont la maison devait être observée; mais nous pensions, la nuit une fois tombée, pouvoir sans inconvénient nous rendre séparément chez le citoyen Talleyrand.

En nous montrant prudents, nous ne faisions que suivre l'exemple du général. C'était tantôt dans un lieu, tantôt dans un autre, qu'il donnait ses rendez-vous. Au Théâtre-Français, par exemple, il eut une longue conférence avec Garat (non pas le chanteur), pendant qu'on représentait *les Vénitiens;* ce qui, à la vérité, me contrariait assez : ce n'était pas dans ce but que je lui avais procuré une loge; j'étais dans ce moment auteur plus que conspirateur.

L'affaire, qui avait été plusieurs fois remise, semblait devoir éclater définitivement le 16 brumaire: tout était prêt le 15 au soir. Regnauld, Rœderer attendaient chez le citoyen Talleyrand le mot d'ordre; mais ce mot n'arrivait pas. Comme ma position et mes goûts appelaient moins l'attention sur moi que sur les autres, et que j'avais l'habitude d'aller tous les soirs chez le général : « Pendant que nous ferons une partie de whist, pour dérouter les gens qui pourraient survenir, vous devriez bien, me dit Regnauld, aller savoir du général si la chose tient pour demain : à votre retour, un signe affirmatif ou un signe négatif nous mettra au fait. »

Je cours chez le général. Son salon était plein. Un coup d'œil qui ne peut être compris que de moi m'indique qu'il comprend le motif qui m'amène et que je devais attendre : j'attendis donc. Cette fois, j'en conviens, je ne savais plus où j'en étais; et je me disais, comme Basile : *Qui diable est-ce qu'on trompe ici? ils sont tous dans la confidence.*

Dans ce salon, dont Joséphine faisait les honneurs avec une grâce singulière, se trouvaient pour lors des représentants de toutes les professions, de toutes les factions; des généraux, des législateurs, des jacobins, des clichiens, des avocats, des abbés, un ministre, un directeur, le président même du Directoire. A voir l'air de supériorité du maître de la maison au milieu de gens de robes et d'opinions si diverses, on eût dit qu'il était d'intelligence avec eux tous : chacun déjà était à sa place.

Fouché n'arriva qu'après Gohier. Sans trop reprendre l'air de dignité qu'il avait échangé contre celui de la courtoisie en acceptant une place sur le canapé de la maîtresse de la maison : « Quoi de neuf, citoyen ministre? lui dit le citoyen directeur, tout en humant son thé et avec une bonhomie assez piquante dans la circonstance. — De neuf? Rien, en vérité, rien, répondit le ministre avec une légèreté qui n'était pas tout à fait de la grâce. — Mais encore? — Toujours les mêmes bavardages. — Comment? — Toujours la conspiration. — La conspiration! dit Joséphine avec vivacité. — La conspiration! répète le bon président en levant les épaules. — Oui, la conspiration, reprend le malin ministre; mais je sais à quoi m'en tenir. J'y vois clair, citoyen directeur, fiez-vous à moi; ce n'est pas moi qu'on attrape. S'il y avait conspiration depuis qu'on en parle, n'en aurait-on pas eu la preuve sur la place de la Révolution ou dans la plaine de Grenelle? et ce disant, il éclatait de rire. — Fi donc, citoyen Fouché, dit Joséphine, pouvez-vous rire de ces choses-là? — Le ministre parle en homme qui sait son affaire, reprit Gohier; mais tranquillisez-vous, citoyenne, dire ces choses-là devant les dames, c'est prouver qu'il n'y a pas lieu à les faire. Faites comme le gouvernement, ne vous inquiétez pas de ces bruits-là : dormez tranquille. »

Après cette singulière conversation, que Bonaparte écoutait en souriant, Fouché et Gohier levèrent le siége, les étrangers qui encombraient le salon firent successivement de même, Joséphine monta dans son appartement, et je me trouvai enfin seul avec le général.

« Je viens, lui dis-je, de la part de vos amis, savoir si la chose tient toujours pour demain, et recevoir vos instructions. — La chose est remise au 18, me répondit-il le plus tranquillement du monde. — Au 18, général! — Au 18. — Quand l'affaire est éventée! Ne voyez-vous pas que tout le monde en parle? — Tout le monde en parle, et personne n'y croit. D'ailleurs, il y a nécessité. Ces imbéciles du conseil des Anciens n'ont-ils pas des scrupules? ils m'ont demandé vingt-quatre heures pour faire leurs réflexions. — Et vous les leur avez accordées! — Où est l'inconvénient? *Je leur laisse le temps de se convaincre que je puis faire sans eux ce que je veux bien faire avec eux*. Au 18, donc. Venez demain prendre le thé; s'il y a quelque chose de changé, je vous le dirai : bonsoir. » Et il alla se coucher avec cet air de sécurité qu'il conservait sur le champ de bataille où il me semblait ne s'être jamais tant exposé qu'il s'exposait alors au milieu de tant de factions, par ce délai, que rien ne put le déterminer à révoquer.

Je retournai en courant rue Taitbout. La société que j'y retrouvai était moins nombreuse que celle dont je venais de me séparer; sept personnes seulement y étaient pour l'instant : Mme Grant, qui n'était pas encore Mme Talleyrand, et Mme de Cambis faisaient avec Regnauld la partie du maître de la maison. Cependant la duchesse d'Ossuna, assise à demi sur une console, jasait avec M. Rœderer, et Lemaire, le latiniste, pour lors commissaire du gouvernement près du Bureau central, se promenait tout en débitant à l'un et l'autre des plaisanteries de collége. Ne fût-ce qu'en conséquence des devoirs que lui imposait sa place, il importait de se cacher, surtout de celui-ci. Les joueurs, bien qu'on m'eût annoncé, restent les yeux collés sur leurs cartes. Un vif intérêt de curiosité les tourmentait pourtant, et leur donnait de fortes distractions : les dames seules étaient à leur jeu.

Profitant du moment où le commissaire, débitant ses calembredaines à la duchesse, n'avait pas les yeux fixés sur nous, Regnauld se hasarda à m'interroger du regard; je lui réponds par un signe négatif qu'il répète à son vis-à-vis, et la partie continue comme si de rien n'était.

Le commissaire sorti, et la partie finie, pendant que les dames jasaient entre elles, je racontai à mes complices ce que j'avais vu et entendu; puis nous nous séparâmes à minuit, en nous ajournant au lendemain. « Avant de nous coucher, me dit Regnauld, il faut revoir les épreuves des proclamations : allons chez Demonville. »

Demonville, notre imprimeur, demeurait rue Christine, faubourg Saint-Germain. Il nous fallait traverser la moitié du diamètre de Paris pour nous rendre là. La ville était dans une tranquillité parfaite. En descendant de voiture, nous remarquâmes qu'une patrouille assez nombreuse, que nous avions rencontrée rue Dauphine, était entrée dans la rue où nous nous arrêtions. Me rappelant les plaisanteries de Fouché : « Est-ce qu'il voudrait plaisanter avec nous? dis-je à Regnauld. — Ce serait possible », me répondit-il. Pour savoir à quoi nous en tenir, nous fîmes le tour du bloc de maisons dont celle-ci faisait partie,et certains que la maison n'était pas observée, nous montâmes à l'imprimerie.

Un vieux prote, nommé Bouzu, nous attendait avec les épreuves qu'il avait composées lui-même. Cet homme, qui faisait ce métier depuis cinquante ans, connaissait très-bien le matériel de son art, mais à cela se bornait l'exercice de son intelligence; il reproduisait avec exactitude toutes les lettres dont se composaient les mots qu'il avait sous les yeux; mais saisir les rapports de ces mots entre eux, de manière à comprendre le sens d'une phrase, excédait la portée de son esprit. Comme le manuscrit de Regnauld était très-net et très-correct, il n'y avait pas de fautes dans l'épreuve; après s'en être assuré, Regnauld donna le *bon à tirer*, et partit en laissant entre les mains de cet homme les moyens de le perdre et tous ses complices avec lui. Mais le père Bouzu n'était pas plus malin que ce secrétaire qui écrivait sous la dictée de son maître cette phrase si connue : « Quoique je me « serve d'une main étrangère pour vous donner ces rensei- « gnements, ne craignez pas qu'ils soient divulgués ; l'homme « dont je me sers est si bête, qu'il ne comprend pas même « ce que je vous dis de lui. »

Le 17, les scrupules des *Anciens* se trouvant levés, le général me chargea de dire à Regnauld et à nos amis de se rendre le lendemain 18, avant le jour, chez le président du conseil des Anciens où le président des Cinq-Cents devait se trouver, et que là on nous emploierait suivant que l'exigerait la circonstance. Avant le jour nous étions déjà chez M. Lemercier, président des Anciens, où Lucien Bonaparte, qui présidait les Cinq-Cents, ne tarda pas à nous rejoindre. Celui-ci était accompagné de plusieurs de ses collègues, parmi lesquels je reconnus Emile Gaudin, le général Frécheville et Cabanis.

Ils se séparèrent bientôt pour se rendre à leurs chambres respectives, et nous allâmes, nous autres, attendre les événements place Vendôme, au département, dont le local avait été indiqué par Bonaparte pour quartier général à la partie civile de la conspiration, et où nous trouvâmes le citoyen Talleyrand. Pendant que les législateurs opéraient, nous nous disposâmes à remplir la mission qui pourrait nous échoir, en prenant notre part d'un fort bon déjeuner que les administrateurs nous offrirent et dont Réal faisait les honneurs le plus gaiement du monde.

En conscience, le hasard me devait bien ce dédommagement, supposé que le hasard ait quelque conscience ; en rentrant chez moi, le 16 brumaire, j'avais trouvé une invitation de Mme Legouvé pour venir déjeuner en bonne compagnie, chez elle, le 18 : « J'ai ce matin-là même, lui répondis-je, un en- « gagement auquel je ne puis manquer ; affaire d'honneur, « de cœur, affaire qui fera du bruit. Buvez au succès. »

On but au succès sans trop savoir de quelle nature d'affaire il s'agissait. On y buvait encore quand la voix publique proclama le mot de l'énigme.

La mission promise ne tarda pas à nous être donnée. Les *Anciens* ayant rendu le décret qui transférait le Corps Législatif à Saint-Cloud, le général nous fit dire d'en porter la nouvelle au ministre de la police, et de venir aussitôt après lui rendre compte de la manière dont elle aurait été accueillie.

Arrêtons-nous un moment. Pour bien faire comprendre les événements qui me restent à raconter, je dois encore au lecteur quelques explications sur les causes qui les ont amenés.

---

## CHAPITRE III.

Sieyès appuie les projets de Bonaparte. — Journée du 18 brumaire. — Directoire dissous.

La ruine du Directoire pouvait entraîner celle de la république. Pour prévenir ou pour diriger la révolution imminente, les deux Conseils avaient, dès le mois de mai précédent, porté Sieyès à la suprême magistrature. Mais maintenir la constitution de l'an III n'était pas possible. Sieyès, qu'on a dit jaloux de tous les gouvernements parce qu'il était ennemi de tous les despotismes, Sieyès, convaincu qu'un nouveau système pouvait seul sauver l'État, n'accepta le pouvoir que pour mettre à exécution le projet qu'il avait dès longtemps médité, projet dans lequel il avait réuni les combinaisons les plus propres à sauver la liberté si elle avait pu être sauvée, ou plutôt si nous l'avons jamais possédée.

Cependant une intrigue conçue dans un intérêt tout opposé avait été nouée par un autre membre du Directoire, et semblait préparer le rétablissement de l'ancien régime. Que Barras, qui prétend avoir été autorisé par ses collègues à entrer dans cette intrigue pour en pénétrer les secrets et la déjouer, ait trompé ses collègues ou les conspirateurs, peu importe, quant à ceci. Dans l'un ou l'autre cas, le Directoire n'en paraissait pas moins attaqué par un de ses membres. Chacun ne pouvait-il pas se croire fondé à ne plus vouloir d'un gouvernement qui ne voulait plus de lui-même ?

Enfin les démagogues aussi préparaient leur révolution. En vain les avait-on chassés du Manége où ils avaient tenté de s'organiser de nouveau en assemblée rivale de la législature ; éliminés, mais non pas dispersés, ils n'en conspiraient pas moins le rétablissement de la démocratie à laquelle ils croyaient pouvoir revenir par la dictature. Ce parti, qui comptait parmi ses chefs les généraux Bernadotte et Jourdan, avait peut-être des appuis aussi jusque dans le Directoire. Ainsi les dépositaires du pouvoir étaient entourés de factions impatientes de les en déposséder. Bien plus, la nation entière, en conspiration ouverte contre eux, n'attendait qu'un chef pour agir, quand Bonaparte arriva. On ne saurait mieux décrire que lui-même l'effet que son retour produisit sur toute la population de la France.

Laissons-le parler.

« Lorsqu'une déplorable faiblesse et une versatilité sans « fin se manifestent dans les conseils du pouvoir ; lorsque, « cédant tour à tour à l'influence des partis contraires et « vivant au jour le jour sans plan fixe, sans marche assurée, « il a donné la mesure de son insuffisance, et que les citoyens « les plus modérés sont forcés de convenir que l'État n'est « plus gouverné ; lorsqu'enfin à sa nullité au dedans l'ad- « ministration joint le tort le plus grave qu'elle puisse avoir « aux yeux d'un peuple fier, je veux dire l'avilissement au « dehors, une inquiétude vague se répand dans la société, « le besoin de sa conservation l'agite, et, promenant sur « elle-même ses regards, elle semble chercher un homme « qui puissse la sauver..

« Ce génie tutélaire, une nation le renferme toujours dans « son sein ; mais quelquefois il tarde à paraître. En effet, il « ne suffit pas qu'il existe : il faut qu'il soit connu ; il faut « qu'il se connaisse lui-même. Jusque-là toutes les tentatives

« sont vaines, toutes les menées sont impuissantes ; l'inertie « du grand nombre protége le gouvernement nominal ; et « malgré son impéritie et sa faiblesse, les efforts de ses « ennemis ne prévalent pas contre lui. Mais que ce sauveur « impatiemment attendu donne tout à coup signe d'existence, « l'instinct national le devine et l'appelle, les obstacles s'apla- « nissent devant lui, et tout un grand peuple volant sur son « passage semble dire : *Le voilà !* »

Tel fut le cri général au passage de Bonaparte quand il traversa la France. Chaque parti crut trouver en lui l'homme qui lui manquait ; chaque parti se trompait. Bonaparte comptait bien se servir de l'un d'eux ou d'eux tous peut-être, mais il n'en voulait servir aucun. Recevant leurs secrets, mais gardant les siens, il s'était ménagé surtout le moyen de s'appuyer sur celui de ces partis qui unirait le plus de ressources à plus de crédit. C'était incontestablement le parti de Sieyès, qui se formait des membres les plus estimables des deux Conseils.

La sanction d'un republicain était nécessaire au succès de Bonaparte, et le projet de Sieyès ne pouvait réussir sans l'appui d'un militaire. Malgré le peu d'inclination qu'ils avaient l'un pour l'autre, leur intérêt naturel les rapprocha ; ils crurent trouver l'un dans l'autre le genre de garantie qui leur manquait. En cela le militaire seul ne se trompa point. En adoptant les plans du législateur, qui lui ouvraient l'accès au pouvoir, Bonaparte était bien sûr, une fois qu'il y serait arrivé, de les modifier sous tous les autres rapports dans l'intérêt de son autorité. D'ailleurs on ne voulait plus de ce qui était, on ne voulait pas de ce qui avait été ; il fallait donc trouver du neuf entre la république et la monarchie.

Pendant que tout s'agitait autour de lui, tranquille en apparence, et renfermé dans un cercle de savants, comme avant son départ pour l'Égypte, Bonaparte n'avait de relations patentes qu'avec l'Institut. Se dérobant plus que jamais à la curiosité publique, il n'assistait au spectacle qu'en petite loge, n'allait qu'au théâtre où il était le moins attendu, et ne se rendait qu'aux invitations que les convenances ne lui permetsaient pas de refuser, telles que celles du président du Directoire, telles que celles du Conseil des Cinq-Cents, qui se plut à fêter en lui et dans Moreau l'armée d'Italie et l'armée du Rhin, en les conviant à un banquet dans l'église de Saint-Sulpice, alors temple de la Victoire.

Le 17 brumaire, il n'avait pas même encore répondu à l'empressement des officiers supérieurs de la garnison de Paris et de la garde nationale, qui, depuis son retour, le pressaient de déterminer l'instant où il recevrait leur visite. Trompés par ces démonstrations, qui compromettaient sa réputation sous le rapport de la politesse, ces militaires s'offensaient de tant d'indifférence. Paris s'en affligeait. « Il n'en fera pas plus, disait-on, qu'à son retour d'Italie. Qui nous tirera du bourbier où nous sommes? »

En provoquant ces reproches, en excitant cette impatience, son but était d'amener les citoyens à lui commander ce qu'il brûlait d'entreprendre, et de les engager dans une révolution à laquelle lui seul semblait répugner.

La conspiration contre-révolutionnaire, qui cependant allait son train, ne devait éclater que le 28 brumaire. En différant de vingt-quatre heures l'explosion de la sienne, Bonaparte au fait ne courait aucun risque. Des cinq membres du Directoire, trois lui étaient acquis; Sieyès d'abord, des plans duquel il avait fait provisoirement les siens; Roger-Ducos, qui les avait adoptés sans réserve; et puis Barras qui, enlacé dans une intrigue dont le secret était éventé, et dont le but n'était pas innocent aux yeux de tout le monde, pouvait passer pour gagné, par cela seul qu'il était compromis.

Quant à Gohier et à Moulins, ils étaient sincèrement attachés à la constitution agonisante, et l'énergie avec laquelle ils exprimaient leurs opinions ne permettait guère de penser à les séduire. Mais la confiance qu'ils manifestaient dans la solidité de leur pouvoir dispensait de les tromper; se croyant plus affermis que jamais par les victoires de Castricum et de Zurich, ces deux directeurs ne soupçonnaient pas le danger qui menaçait un gouvernement diffamé par des fautes antérieures à leur promotion récente encore. Assistés des républicains qui se fussent liés à eux, ils eussent sans doute traversé les projets de Bonaparte s'ils en avaient eu connaissance; mais qui les leur aurait révélés dans cette circonstance bizarre, où chacun gardait le secret d'autrui pour ne pas compromettre le sien? Le ministre de la police était bien en situation de le faire. La chose était dans son devoir, mais était-elle dans ses intérêts?

Fouché, comme je l'ai dit, occupait dès lors ce poste pour lequel la nature l'avait formé, si, pour déjouer les trames de l'intrigue et de la perversité, il faut être plus intrigant et plus pervers que ceux qui les ourdissent. Le complot de Bonaparte semblait toutefois avoir échappé à sa pénétration.

Le 18 brumaire, à neuf heures du matin, il était encore au lit quand Regnauld et moi, conformément aux désirs du général, nous allâmes lui donner connaissance du décret rendu à sept heures par le conseil des Anciens, événement qu'il parut apprendre avec surprise. Il est permis de douter cependant que cette démonstration fût sincère, et qu'il n'eût rien pénétré de ce qui s'accomplissait. Cet expert en révolution ne pouvait pas douter que nombre de conspirations ne se tramassent contre le Directoire, de la fortune duquel il désespérait sans doute, et dont il ne voulait point partager la disgrâce. Mais placé entre tant de complots de manière à pouvoir tout favoriser et tout empêcher, et suffisamment éclairé par l'espionnage, il mit, je crois, sa politique à écarter les confidences, se ménageant ainsi la faculté de servir les heureux et d'écraser les maladroits, suivant que le sort en déciderait, jouant tout à la fois le gouvernement, dont il entretenait les illusions, et même ceux des ennemis du gouvernement dont il partageait les opinions. Si telle n'est pas la juste explication de la conduite de Fouché dans cette singulière circonstance, s'il ne fut pas alors le plus astucieux des intrigants, il fut le plus inepte des ministres, ce dont il est permis de douter sans lui porter pour cela plus d'estime.

Les troupes qui se trouvaient dans le rayon constitutionnel étaient tirées en partie de l'armée d'Italie. Bonaparte les regarda comme à lui. Il crut aussi pouvoir compter sur leurs chefs. Contrariés pour la plupart *d'obéir à des avocats,* telle était leur expression, ces militaires n'étaient que trop portés à favoriser un mouvement qui ferait passer l'autorité entre les mains d'un militaire, et Bonaparte se confiait tellement dans leurs dispositions, qu'il avait cru pouvoir, sans trop se les aliéner, différer de leur assigner, ainsi qu'on l'a dit plus haut, le jour où il recevrait leurs félicitations à l'occasion de son retour, délai au sujet duquel les chefs et les soldats exprimaient leur mécontentement de la manière la plus propre à détruire tout soupçon d'intelligence entre eux et leur ancien général. C'est ce qu'il voulait.

Tel était l'état des choses, quand, le 17 brumaire, les officiers de la garnison militaire de Paris, et ceux de la garde nationale, apprennent que le général les recevra le 18, à six heures du matin. Un voyage nécessaire et précipité servait d'excuse au choix d'une heure si peu commode. Cependant trois régiments de cavalerie, qui avaient sollicité l'honneur de défiler devant Bonaparte, sont avertis que le 18 il les passera en revue aux Champs-Élysées, à sept heures du matin, heure à laquelle les généraux qu'il savait disposés à entrer dans ses vues étaient invités aussi à se rendre chez lui à cheval. Ainsi, sans éveiller les soupçons, s'assemblait sous les yeux mêmes du gouvernement l'armée qui devait le renverser.

Les généraux convoqués furent exacts au rendez-vous, où chacun se croyait appelé seul. Moreau s'y trouva des premiers. Ce général avait de son propre mouvement choisi le second rôle dans cette révolution. Soit par sentiment de son insuffisance, soit par sentiment de la supériorité de Bonaparte, en apprenant le retour de celui-ci: *Voilà l'homme qu'il vous faut,* avait-il dit à Sieyès, qui le pressait d'appuyer ses projets. Bien plus, sur le bruit des changements qui se préparaient : « Je suis à votre service, avait-il dit à Bonaparte; il n'est pas « besoin de me mettre dans votre secret. Avertissez-moi seu- « lement une heure d'avance. » C'était marquer soi-même son rang.

Au reste, Moreau se montrait en cela conséquent à ce qu'il

avait fait dans une autre occasion; préludant à la souveraineté par un acte de munificence royale, Bonaparte lui avait donné un cimeterre enrichi de diamants. Dès qu'un tel présent n'est pas compensé par un présent pareil entre deux hommes placés dans la position respective où ceux-ci se trouvaient alors, l'égalité disparaît, et semble avoir été abdiquée par celui qui accepte.

Ainsi le général Bonaparte, sans commandement, avait su se faire une armée; simple particulier encore, il sut s'entourer, dans sa modeste retraite, du plus brillant cortége qui ait jamais rempli le palais d'un souverain.

Cependant le plan concerté s'exécutait. Convoqué par son président Lemercier, le conseil des Anciens s'était assemblé, et sur la peinture énergique qui lui avait été faite par Le Brun, depuis duc de Plaisance, des dangers où les projets des terroristes jetaient la république d'ailleurs si malade, Regnier, depuis duc de Massa, demanda par motion d'ordre qu'en conséquence des articles 102, 103 et 104 de la constitution, le Corps-Législatif fût transféré à Saint-Cloud; et que pour faire exécuter cette translation, le général Bonaparte fût investi du commandement des troupes renfermées dans l'enceinte constitutionnelle. Ces propositions adoptées, non pourtant sans quelque opposition, furent aussitôt envoyées au conseil des Cinq-Cents, qui, bien que présidé par Lucien, s'y montra moins favorable, tout en les sanctionnant.

C'est ainsi que dans la constitution même on trouva le moyen de détruire la constitution.

A huit heures et demie arriva chez Bonaparte le législateur *Cornet* qui, par zèle, remplissant les fonctions de messager, s'était chargé de lui notifier ce décret. Il le lui remit au milieu des militaires dont sa cour et même sa maison étaient remplies. Du haut de son perron comme du haut d'une tribune, le général le lit à haute voix, puis il invite ses belliqueux auditeurs à s'unir à lui pour sauver la France. Tous s'y engagent par serment. Montant aussitôt à cheval, il se rend aux Tuileries escorté d'officiers de tout grade, parmi lesquels on remarquait Berthier, Lefebvre, Moreau, Lannes, Beurnonville, Marmont,

Macdonald, Morand, Murat; des généraux célèbres qui pour lors se trouvaient dans la capitale, Jourdan, Bernadotte et Augereau seuls manquaient à cette réunion. Les deux premiers s'en étaient éloignés par dévouement pour la démocratie ; le troisième en avait été écarté par suite du peu de confiance qu'inspirait son caractère, moins digne en effet d'estime que son talent.

Au milieu de cette élite, Bonaparte se présente à la barre du Conseil des Anciens. « Tous les généraux, dit-il, vous promettent l'appui de leur bras. Je remplirai fidèlement la mission que vous m'avez confiée. Qu'on ne cherche pas dans le passé des exemples de ce qui se fait; rien dans l'histoire ne ressemble à la fin du dix-huitième siècle; rien dans le dix-huitième siècle ne ressemble au moment actuel. »

Puis ayant nommé le général Lefebvre son lieutenant, et passé en revue les troupes réunies aux Tuileries, il donne au général Lannes le commandement de la garde du Corps-Législatif, à Murat celui des troupes qui devaient occuper Saint-Cloud, et met sous les ordres de Moreau un corps de cinq cents hommes chargés de remplacer au Luxembourg la garde directoriale qui était venue se joindre aux troupes de la ligne; opération habile, par laquelle il convertissait Moreau en geôlier et presque en prisonnier, tout en paraissant lui donner une preuve de confiance; cette troupe ne lui répondant pas moins du général qu'elle suivait, que des directeurs qu'elle allait écrouer.

La métamorphose que subissait Moreau n'est pas la seule que la circonstance opéra. Ne fit-elle pas de Sieyès un écuyer? c'est sur le seul cheval qu'il ait monté de sa vie que ce bon abbé sortit du Luxembourg pour venir aux Tuileries. Moi-même, enfin, ne fus-je pas transformé en aide de camp du général Bonaparte, et n'est-ce pas à ce titre qu'il me fut permis de traverser, à cheval aussi, ces mêmes Tuileries quand je vins lui rendre compte de ma mission?

Pas d'événement, si grave qu'il soit, auquel ne se mêle quelque incident comique. Réveillé au bruit de ce qui se faisait, le président du Directoire sonne pour savoir ce dont il s'agit. Personne ne vient. Il veut sortir de sa chambre, la porte ne s'ouvre pas; elle était fermée à double tour, et l'on en avait emporté la clef. Je tiens ce fait de Jubé lui-même qui, en quittant le Luxembourg avec la garde du Directoire, avait cru devoir prendre cette précaution. Délivré par un serrurier, le président fait convoquer ses collègues pour aviser à ce qu'il faut faire; il était trop tard. Sieyès et Roger-Ducos, quoiqu'au petit trot, avaient eu le temps de s'échapper et d'apporter leur abdication au Conseil des Anciens, à qui Barras, à l'instigation de l'amiral Bruєys et du citoyen Talleyrand, ses anciens ministres, envoyait la sienne.

Je venais de rejoindre le général, établi pour le moment dans le local des inspecteurs de la salle du Conseil des Anciens, quand Bottot, secrétaire intime de Barras et porteur de la dépêche de ce directeur, entra dans ce bureau devenu quartier-général. Tout avait là le caractère le plus grave. Interpellant dans cet envoyé l'homme qu'il représentait : « Qu'avez-vous fait, dit Bonaparte d'une voix foudroyante, de cette France que j'ai rendue si brillante? Je vous ai laissé des victoires, j'ai retrouvé des revers; je vous ai laissé les millions de l'Italie, j'ai retrouvé des lois spoliatrices et partout la misère. Que sont devenus cent mille hommes qui ont disparu de dessus le sol français? ils sont morts, et c'étaient mes compagnons d'armes! Un tel état de choses ne peut durer; avant trois ans, il nous mènerait au despotisme par l'anarchie. Nous voulons la république assise sur les bases de l'égalité, de la morale, de la liberté civile et de la tolérance politique. A entendre quelques factieux, nous serions les ennemis de la république, nous qui l'avons arrosée de notre sang : nous ne voulons pas qu'on se fasse plus patriotes que nous; nous ne voulons pas de gens qui se prétendent plus patriotes que ceux qui se sont fait mutiler pour le service de la république. »

A ce discours que j'ai transmis aux journaux avec la plus scrupuleuse exactitude, discours d'un maître qui gourmande un agent inhabile ou infidèle, discours articulé avec un accent qui en augmentait encore l'énergie, le familier de Barras répondit en exhibant l'acte par lequel ce directeur abdiquait aussi; condescendance qui me porterait à croire que Barras ne se sentait pas irréprochable et voulait prévenir toute récrimination. Moulins suivit peu après cet exemple; quant à Gohier, immobile à son poste, ce vieux Breton se fit un devoir de ne pas rejeter une charge sous le poids de laquelle il lui semblait être glorieux de succomber, obstination plus honorable qu'efficace. La chose qu'il ne voulait pas quitter l'avait quittée. Le Directoire, où tout devait se décider à la majorité des voix, n'avait-il pas cessé d'exister de fait, dès que la majorité de ses membres s'était retirée?

Paris ne se ressentit nullement de tant d'agitations. Paris vit avec plus de joie que de surprise une révolution également prévue et désirée. Le peuple y donna hautement l'approbation qu'on donne à une mission bien remplie. Les fonctionnaires publics l'imitèrent. Fouché ne fut pas le dernier à se ranger du côté de la victoire. Dès que l'événement eut prononcé, sortant de son lit, il accourut offrir au plus fort toute l'activité de la police qui jusqu'alors ne l'avait servi que par son inaction; il se fit un mérite d'avoir de son propre mouvement suspendu le départ tant des courriers que des diligences, d'avoir ordonné la clôture des barrières et pris enfin toutes les mesures usitées en cas de révolution pour rompre toute correspondance entre la capitale et les départements.

— « Pourquoi ces précautions? dit Bonaparte; nous mar-« chons avec la nation et par sa seule force. Qu'aucun ci-« toyen ne soit tourmenté, et que le triomphe de l'opinion « ne ressemble pas à celui d'une minorité factieuse. » Sentiments honorables qu'il eut l'occasion de reproduire le soir même dans un conseil tenu aux Tuileries. Comme on y proposait d'arrêter quarante chefs de l'opposition législative, qui, formés en conciliabule, délibéraient avec les chefs de la démocratie sur les moyens de prévenir la ruine totale de leur parti : « J'ai juré ce matin, dit Bonaparte, de protéger « la représentation nationale, je ne veux pas violer mon ser-« ment. »

Il se flattait en effet de terminer sans violence une révolution voulue et sanctionnée par l'intérêt public : il ne fut pas assez heureux pour cela.

Satisfait toutefois du présent, et plein de confiance pour l'avenir, il ne voulut pas laisser un moment la nation incertaine du but qu'il se proposait en acceptant, ou, si l'on veut, en saisissant le pouvoir. « Si dans un mois, nous dit-il chez « lui, où nous allâmes Regnauld et moi le féliciter sur le suc- « cès de la matinée; si dans un mois la paix n'est pas faite, « dans quatre nous serons sur les bords de l'Adige. De toute « manière c'est la paix que nous venons de conquérir : voilà « ce qu'il faut annoncer sur tous les théâtres, ce qu'il faut « publier dans tous les journaux, ce qu'il faut répéter en « prose et en vers et même en chansons, et c'est vous que « cela regarde, ajouta-t-il gaiement en s'adressant particu- « lièrement à moi; car il est bon d'employer toutes les formes « d'expression pour se mettre à la portée de toutes les intel- « ligences. — Cela ne me regarde plus, général, lui répondis- « je en riant aussi. Agent d'une noble conspiration, il me pa- « raissait assez piquant de chansonner pour elle au pied de « l'échafaud, de fredonner sous la hache. Ce n'était pas dé- « roger à la dignité tragique. A présent que le danger est « passé et qu'il ne s'agit que de chanter sous la treille, c'est « tout autre chose; cela ne regarde plus que les chanson- « niers. »

Les couplets qu'il désirait furent faits par Cadet-Gassicourt et par un autre chansonnier d'esprit un peu moins jovial. On serait fort surpris, si je nommais l'associé qui l'aida dans cette tâche, et de concert avec lui chanta la déconvenue de la législature sur l'air *de la fanfare de Saint-Cloud*.

Le général voulut nous retenir à dîner. Nous lui demandâmes la permission de ne pas manquer à un engagement que nous avions pris avec quelqu'un de moins heureux que lui. « A demain donc, à Saint-Cloud, nous dit-il; mais ne partez pas sans avoir vu le ministre de la police. »

## CHAPITRE IV.

Journée du 19 brumaire. — Conseils de Fouché. — Le Corps-Législatif s'assemble à Saint-Cloud. — Création du consulat.

Un gouvernement avait été détruit le 18 brumaire, un gouvernement devait être édifié le 19. Quel serait ce gouvernement? C'est ce que dans les classes supérieures chacun se demandait pendant le court intervalle qui sépara les deux périodes de la révolution accomplie en ces deux journées. Le peuple seul attendait avec confiance le dénoûment de ce grand drame dont Bonaparte était le héros autant par la force des choses que par sa propre volonté.

La tâche qu'il avait à remplir était toutefois plus difficile qu'il ne l'avait présumé. La force, qu'il savait mettre en usage avec tant d'habileté, était la dernière ressource à laquelle il voulait recourir; il lui fallait donc disposer les choses de manière à paraître céder à la volonté générale quand tout obéissait à la sienne. Bien plus, il lui fallait amener les républicains eux-mêmes à sanctionner une révolution qui menaçait les institutions républicaines. Cela était-il possible? Un corps délibérant, un corps où il y a autant de volontés que d'individus, ne se manie pas aussi facilement qu'une armée où des milliers de têtes n'ont qu'une même volonté. Le succès de la veille ne garantissait pas celui du lendemain.

Il s'agissait le 19 de faire décréter par les deux Conseils les mesures arrêtées dans la soirée du 18 entre les chefs de la révolution, c'est-à-dire la substitution de trois consuls aux cinq directeurs, et de procéder immédiatement à la nomination de ces consuls qui gouverneraient l'État jusqu'à ce qu'une commission instituée à cet effet lui eût donné une organisation définitive. Tout cela ne pouvait être adopté sans discussion.

En transférant le Corps-Législatif à Saint-Cloud, on avait

habilement manœuvré. On avait séparé les démagogues de leur armée, on s'était donné un champ de bataille plus favorable : c'était un avantage, mais non pas une victoire. Ce qu'on avait fait jusque-là était conforme à la constitution; ce qui restait à faire en était destructif. Ne devait-on pas craindre què l'opposition qui s'était manifestée dans les Conseils à la proposition d'une mesure constitutionnelle, ne s'y reproduisît avec plus de violence quand on connaîtrait le but de cette mesure? Pouvait-on se dissimuler d'ailleurs qu'il se trouvât dans ces Conseils des hommes consciencieux et courageux que rien n'amènerait à composer avec les circonstances, et qui mettraient leur gloire à défendre des institutions auxquelles les attachaient leur caractère et leurs serments; sincères amis du peuple autour duquel se rangeaient une foule d'hommes turbulents qui, tout à la fois impatients de sujétion et avides de pouvoir, chérissaient dans la république un état de choses qui mettait tout à la merci des factieux dont ils disposaient? Démocrates soit par conviction, soit par spéculation, ces républicains formaient la majorité dans le Conseil des Cinq-Cents.

Fouché avait bien calculé la puissance de cette majorité. Dans l'entretien que nous eûmes avec lui, Regnauld et moi, avant de nous rendre à Saint-Cloud : « L'autorité des baïon-« nettes, nous dit-il, est moins puissante ici que celle des « toges. L'important est de ne pas laisser les meneurs enga-« ger les Conseils dans des mesures qui donneraient à leurs « partisans du dehors le temps d'intervenir. Mieux vaudrait « brusquer l'événement. Quant à moi, mes précautions sont « prises : le premier qui remuera sera *jeté à la rivière*, pour-« suivit-il en se servant d'une expression moins élégante qu'é-« nergique. Je réponds de Paris au général. C'est à lui à « répondre de Saint-Cloud. »

Le général aussi avait pris ses précautions. Murat occupait Saint-Cloud avec la troupe de ligne ; Ponsard, officier qui lui était affidé, commandait la garde du Corps-Législatif, et Serrurier avec sa réserve était posté au Point-du-Jour.

Les dispositions dans les deux Conseils n'avaient pas été

faites avec moins de prudence. Les rôles y étaient partagés entre les orateurs influents. Tout avait été ordonné, tout était prévu, tout, excepté la circonstance qui pensa déconcerter les espérances justifiées par tant d'habileté.

Quelque activité qu'on eût mise à disposer le local où chacun des Conseils devait s'assembler, il ne se trouva pas prêt à midi, heure indiquée pour la convocation. Depuis midi jusqu'à deux heures, errant dans les cours et les jardins du palais, les députés eurent tout le temps de se sonder sur leurs opinions, de se communiquer leurs appréhensions, de concerter leurs moyens de résistance et d'organiser une opposition vigoureuse. Aussi la majorité des Cinq-Cents était-elle déterminée à rejeter tout changement quand ce Conseil entra en séance.

Émile Gaudin monte à la tribune. Après avoir voté des remercîments aux Anciens pour les résolutions par eux prises la veille dans l'intérêt de la sûreté générale, il propose d'inviter ce Conseil à faire connaître sa pensée tout entière, et demande en outre que dans le Conseil des Cinq-Cents une commission de sept membres soit chargée de faire un rapport sur la situation de la république. Cette proposition met le feu aux poudres ; toutes les passions se déchaînent avec la plus épouvantable violence ; et pour toute réponse le député Delbreil requiert que tous les membres soient sommés de prêter individuellement serment de fidélité à la constitution de l'an III. Aucun député, y compris Lucien lui-même, n'ose combattre cette proposition qui est accueillie avec acclamation. Deux heures sont employées à cette formalité. Cependant les esprits étaient travaillés en sens divers, et les uns perdaient en confiance ce que les autres gagnaient en audace. On commençait à craindre que les démocrates de Paris ne vînssent au secours de ceux de Saint-Cloud ; on commençait à craindre que les soldats ne répondissent aux fréquents appels qui leur étaient adressés au nom du peuple par plus d'un de ses représentants. Déjà les politiques chancelaient ; déjà plus d'un brave homme trouvait qu'on s'était trop imprudemment engagé. Un des généraux, qui était venu là en douillette de soie, Bonaparte n'ayant pas cru devoir l'admettre dans la confidence de son projet, et qui la veille lui avait dit : *Est-ce que vous ne comptez pas toujours sur votre petit Augereau?* lui disait déjà : « Eh bien ! te voilà dans une jolie position! — Nous en sortirons, répondit Bonaparte. *Souviens-toi d'Arcole.* » Dans cette position si bien prévue par Fouché, il n'y avait plus un moment à perdre.

Bonaparte se présente aux Anciens. « La république, leur « dit-il, n'a plus de gouvernement. Les factions s'agitent; « l'heure de prendre un parti est arrivée. Vous avez appelé « mon bras et celui de mes compagnons d'armes au secours « de votre sagesse. Nous voici. Je sais qu'on parle de César, « de Cromwell; je ne veux que le salut de la république. Je « ne veux qu'appuyer les décisions que vous allez prendre... « Grenadiers, dont j'aperçois les bonnets aux portes de cette « salle, vous ai-je jamais trompés? Ai-je trahi mes promes- « ses, lorsqu'au milieu de toutes les privations je vous pro- « mettais l'abondance? — Jamais, s'écrient les grenadiers.

« — Eh bien, général, dit Linglet, membre du Conseil, ju- « rez avec nous fidélité à la constitution de l'an III. C'est jurer « de sauver la république.

« — La constitution, réplique Bonaparte, la constitution! « vous n'en avez plus. Vous l'avez violée au 18 fructidor, quand « le gouvernement attentait à l'indépendance du Corps-Lé- « gislatif; vous l'avez violée au 3 prairial, quand le Corps- « Législatif attentait à l'indépendance du gouvernement ; « vous l'avez violée au 22 floréal, quand par un décret sa- « crilége le gouvernement et le Corps-Législatif ont attenté « à la souveraineté du peuple en cassant les élections faites « par lui. La constitution violée, il faut un nouveau pacte et « de nouvelles garanties. »

Ce discours énergique et précis entraînait l'assemblée. Un orateur ose toutefois accuser le général comme auteur d'une conspiration qui menaçait la liberté publique. « Elle est me- « nacée par vingt conspirations différentes, réplique Bona- « parte. J'ai le secret de tous les partis. *Tous sont venus son-* « *ner à ma porte;* tous sont venus me solliciter de les aider

« à renverser la constitution, dans des buts différents à la « vérité. Les uns veulent y substituer une démocratie mo- « dérée où tous les intérêts nationaux et toutes les propriétés « soient garantis. Les autres, se fondant sur les dangers de « la patrie, parlent de rétablir le gouvernement révolution- « naire dans toute son énergie, c'est-à-dire dans toute son « horreur. D'autres songent même à rétablir ce que la révo- « lution a détruit : *c'est pour conserver ce qu'elle a acquis de* « *bon* que je suis armé par votre ordre. Législateurs, que les « projets que je vous dénonce ne vous effraient pas. Avec « l'appui de mes frères d'armes, je saurai vous délivrer. Si « quelque orateur payé par l'étranger parlait *de me mettre hors* « *la loi,* qu'il prenne garde de porter cet arrêt contre lui- « même. Fort de la justice de ma cause et de la droiture de « mes intentions, je m'en remettrai à mes amis, à vous et à « ma fortune. »

Après avoir parlé ainsi, il sortit.

Ceux de ses adhérents qui ne faisaient pas partie des Conseils ou des troupes assemblées à Saint-Cloud, attendaient cependant les décrets qui devaient confirmer et compléter ce qui avait été fait la veille, et les attendaient avec quelque impatience. Réunis à M. de Talleyrand dans une maison qui, louée pour un an par M. Collot, ne devait être occupée qu'un jour, ces conspirateurs civils, parmi lesquels se trouvaient plus d'un avocat, et même plus d'un abbé, s'étonnaient de voir les heures se succéder sans résultat; ils n'avaient pas appris sans inquiétude le moyen dilatoire auquel le Conseil des Cinq-Cents recourait ; et comme je leur avais fait part des avis donnés par Fouché, frappés de leur justesse, ils m'avaient pressé d'aller rejoindre le général et de les lui porter.

Favorisé par le désordre qui règne en pareille circonstance, je pénètre dans l'intérieur du château de Saint-Cloud. Bonaparte sortait du conseil des Anciens. Guidé par les renseignements de gens que je rencontre, de celui-ci qui me connaît, de celui-là qui croit me connaître, je le rejoins dans un petit escalier tournant, qu'il descendait lentement avec Sieyès. Au bruit de mes pas, il se retourne : — « Qu'est-ce ? — Général, j'ai vu Fouché. — Eh bien? — Il vous répond de Paris; mais c'est à vous, dit-il, de vous répondre de Saint-Cloud. — Comment? — Il est d'avis qu'il faut brusquer les choses, pour peu qu'on essaie de vous enlacer dans des délais; tel est aussi l'avis de vos amis les plus dévoués, *les plus sûrs*, à commencer par le citoyen Talleyrand; il n'y a pas de temps à perdre, disent-ils. — Il n'y a pas de temps perdu, me répondit-il en souriant; un peu de patience, et tout s'arrangera. » Puis, continuant de descendre, il me quitta au bas de l'escalier, et j'allai rejoindre mes mandataires, à qui je portai cette réponse. Elle ne les rassura guère. L'abbé Desrenaudes, aide de camp en cette journée d'un héros dont il avait été grand vicaire, ne montrait pas autant de tranquillité que lui, non plus que l'avocat Moreau de Saint-Méry, qui pesait la gravité des circonstances avec toute la prud'homie d'un bailli d'opéra-comique. Les laissant discuter tout à l'aise, je retournai dans la cour du palais attendre le dénoûment de cette tragédie.

Il pouvait être sanglant. Les forcenés du Conseil des Cinq-Cents proposaient de mettre Bonaparte *hors la loi*. Ils sommaient leur président, c'était Lucien ! de mettre aux voix cette proposition, quand Bonaparte lui-même paraît. Laissant à la porte les militaires qui l'accompagnaient, il s'avance en face du bureau, vers la barre établie au milieu de la salle. A peine a-t-il fait les deux tiers du chemin, que la majeure partie des membres se lève en criant *à bas le dictateur ! mort au tyran!* Cent bras le menaçaient; les poignards même étaient tirés; César tombait au milieu du sénat. Se jetant le sabre à la main à travers cette armée en toge, des soldats enveloppent et enlèvent leur général; l'un d'eux, le brave Tomé, détourne même à son propre péril, un coup, que le Corse Arena destinait à son aventureux compatriote.

La retraite de Bonaparte ne calma pas le tumulte. On enjoint derechef au président de mettre aux voix le décret de proscription. « Misérables! s'écrie Lucien, vous exigez que je « mette *hors la loi* mon frère, le sauveur de la patrie, celui « dont le nom seul fait trembler les rois! Je dépose les

« marques de la magistrature populaire, et je me présente « à la tribune comme défenseur de celui que vous m'ordon- « nez d'immoler sans l'entendre. »

En effet, dépouillant les insignes de la présidence, Lucien s'était élancé du fauteuil à la tribune, quand un détachement de grenadiers qui, criant *vive la république !* avait été accueilli en auxiliaire par l'opposition, s'empare de lui, grâce à cette erreur, et le tire sans violence de la position périlleuse où il était engagé.

Lucien qui, dans cette journée, eut tous les genres de courage comme tous les genres d'éloquence, monte aussitôt à cheval, et s'adressant à ceux qui l'entouraient : « Général, « et vous, soldats, le président du Conseil des Cinq-Cents vous « déclare que des factieux, le poignard à la main, ont violé « les délibérations ; il requiert contre eux la force publique. « Le conseil des Cinq-Cents est dissous. — Président, répon- « dit le général, cela sera fait. »

Aussitôt le tambour se fait entendre ; et l'enceinte du conseil, où Murat est entré l'épée à la main, n'est plus occupée que par des grenadiers.

Cela s'exécuta presque aussi rapidement que je le raconte. A peine avons-nous eu le temps de réfléchir aux conséquences que pouvait entraîner la mesure *peu constitutionnelle* employée par le général et conseillée par la force des choses plus impérieusement encore que par Fouché.

Lavalette, qui me rappelle dans ses *Mémoires* qu'alors je me trouvais sur le péristyle du palais entre lui et le citoyen Talleyrand, prétend qu'à la nouvelle du décret qui mettait hors la loi Bonaparte et ses partisans, je pâlis ainsi que mon noble complice. Lavalette se trompe. La pâleur subite eût été un signe d'effroi, et, sans exagérer mon courage, je me sens autorisé à le dire, ma confiance dans le génie de Bonaparte était si absolue, que je n'ai pas douté un seul moment, pendant cette journée, du succès de son entreprise, si incertain qu'il ait été. Je le dis avec la franchise que j'ai mise à rendre compte de mes émotions pendant le combat de *la*

*Sensible*. D'ailleurs, comment Lavalette a-t-il pu remarquer la moindre altération dans le teint de deux hommes aussi pâles habituellement qu'il est possible de l'être? Chacun sait que M. de Talleyrand n'a jamais changé de couleur, positivement parlant; chacun sait qu'aucune impression ne se reproduit sur ce visage aussi imperturbable que celui du commandeur du *Festin de Pierre* ou de l'abbé de plâtre. J'étais dans ma jeunesse presque aussi décoloré que lui; et si mon teint éprouvait quelque altération, ce n'était que pour rougir; certes, je n'en avais pas alors l'occasion.

Lavalette ajoute, au reste, que nous ne fîmes pas retraite. Cela est vrai; et c'eût été une preuve de courage si nous avions eu peur, car ce n'est pas à ne point éprouver la peur, mais à la surmonter, que le courage consiste.

Je ne sortis de Saint-Cloud, l'affaire terminée, que pour me rendre à Meudon, où je retrouvai M. de Talleyrand chez une femme aimable et belle, M^me^ Simons, grâce à laquelle nous dînâmes aussi gaiement qu'on peut dîner un jour de victoire, et beaucoup mieux qu'on ne dîne sur le champ de bataille. MM. de Monteron et de Sainte-Foix étaient des nôtres, mais non pas Regnauld; le général l'avait retenu pour assister à un conseil, véritable conseil d'État, convoqué par urgence avant son organisation. Quant aux autres conspirateurs, abbés, avocats ou bourgeois, que nous avions laissés au quartier-général, j'ignore ce qu'ils devinrent.

Le général resta à Saint-Cloud, d'où il ne partit qu'à trois heures du matin, non sans avoir pourvu aux besoins présents de la république.

Pendant que nous dînions, les débris des Cinq-Cents, réunis à la totalité des Anciens, décrétèrent l'abolition du Directoire, l'expulsion de soixante-cinq membres du Conseil des *jeunes*, l'ajournement à trois mois de la réunion des Conseils législatifs, la création de deux commissions de vingt-cinq membres tirés de chacun des Conseils pour les remplacer provisoirement, et la création d'une magistrature nouvelle qui exercerait le pouvoir exécutif jusqu'à la création d'une nouvelle constitution. Les trois personnages qui, sous le nom de Consuls, furent portés à cette magistrature, sont Roger-Ducos, Sieyès et Bonaparte.

La prestation de serment de fidélité au nouvel ordre de choses, en attendant mieux, termina cette longue et laborieuse journée.

Ainsi finit la constitution de l'an III. Si la révolution qui la renversa ne s'effectua pas sans violence, du moins fut-elle exempte de sang. On n'attendait qu'un mot, qu'un signe pour en répandre. Non-seulement le meurtre ne fut pas ordonné, mais il fut défendu. Le premier usage que le nouveau magistrat fit de son autorité fut de soustraire à la proscription ceux qui l'avaient proscrit. Un général lui ayant demandé cinquante hommes pour tendre un guet-apens aux députés fugitifs et les fusiller sur la route de Paris, il s'y refusa avec horreur.

La tranquillité de cette grande ville exigeait cependant que ces députés n'y rentrassent pas avant qu'on eût pris les précautions propres à comprimer la faction à laquelle ils pourraient se rallier. On expédia de Saint-Cloud, en conséquence, des hommes affidés à toutes les barrières, sous la direction d'un certain Turot, ci-devant comédien, alors secrétaire général de la police, lequel espérait profiter de la circonstance pour dégoter son patron, ou se mettre en son lieu et place. Quel fut son désappointement de trouver ces postes occupés par des agents que Fouché avait chargés de la même mission! Instruit à temps de la victoire, ce ministre s'était empressé de donner au bonheur cette preuve de prévoyance et de dévouement.

Il avait d'ailleurs tenu parole, non qu'il eût jeté personne à la rivière, mais il avait su maintenir la tranquillité dans Paris. C'est sans doute à sa conduite habile qu'il dut la conservation de sa place et la confiance que lui témoigna le premier consul en dépit de ses préventions........

FIN DES SOUVENIRS D'UN SEXAGÉNAIRE.

# APPENDICE.

Sous ce titre nous avons cru intéressant et utile de recueillir quelques *Relations* ou fragments de *Mémoires* relatifs à des événements qui ne rentraient pas complétement et directement dans notre cadre, tout en s'y rapportant par plus d'un point.

Ces Relations, d'un intérêt incontestable, mais d'un intérêt surtout complémentaire, concernent le 31 mai, jour où, sous la pression insurrectionnelle, une partie de la Convention en proscrivit une autre, et le soulèvement sectionnaire de vendémiaire, si énergiquement réprimé par Bonaparte.

Ni l'une ni l'autre de ces journées fameuses ne rentraient absolument dans notre sujet. Le 31 mai n'est pas un coup d'État ni une journée révolutionnaire, dans le sens rigoureux du mot. Les journées révolutionnaires comportent une lutte et ces vengeresses représailles de la foule, usurpant le droit de justice. Au 31 mai il n'y a pas de lutte ; la multitude, par l'organe aviné d'Henriot, son sicaire, se borne à ordonner et la Convention obéit. L'insurrection n'est qu'une figuration redoutable et menaçante qui pourrait mettre mais qui ne met pas le feu à la bouche de ses canons. Le 31 mai, c'est la main-mise du despotisme populaire s'exerçant sur une assemblée qui va remplacer, à l'exemple de ses oppresseurs, le droit de la raison par celui de la force, et où le parti dominant se vengera du joug qu'il subit lui-même en imposant sa propre tyrannie à des collègues médusés, qui n'ont plus à choisir qu'entre la soumission ou la proscription, le silence ou la mort.

C'est ainsi que dans la Convention comme dans Paris, comme dans la France entière, vont gouverner l'insurrection, la délation et la proscription, ces trois arguments brutaux de la populace, quand la lutte des passions a succédé à celle des idées, quand, dans le corps social dont les plus nobles ressorts sont paralysés, le ventre triomphe au moyen des bras, quand la queue de la nation mène la tête.

Ces choses-là se sont vues souvent et se reverront sans doute encore ; voilà pourquoi nous ne saurions trop insister sur la moralité du 31 mai et la leçon de vendémiaire. Le 31 mai, la Convention achète, par le sacrifice des Girondins, le pouvoir souverain que rend si précaire la périodique intervention de la Commune ou des sections. Les Girondins succèdent aux Constituants sur cette pente inévitable de décadence et d'impopularité qui conduit à l'abîme. Ils y tomberont, entraînant dans leur chute les Dantonistes, que les Hébertistes suivront, sur lesquels le 9 thermidor précipitera les Robespierristes et Robespierre lui-même. La Convention libre enfin, après tant d'épurations, de jouir d'une domination payée par le sang d'une moitié de ses membres, ne jouira pas longtemps du repos orgueilleux qu'elle rêve. La contradiction ardente, énergique, implacable, partira de nouveau des sections qui l'ont délivrée en thermidor, et, en vendémiaire, veulent la chasser. Elle ne sera sauvée que par l'appel à la main militaire qui, pour les Assemblées souveraines, est toujours une abdication. Bonaparte paraîtra, vaincra pour elle, mais vaincra surtout pour lui. A partir de vendémiaire, brumaire devient fatal. Mais vendémiaire n'est au fond, pas plus que le 31 mai, une journée révolutionnaire ni un coup d'État

Ce n'est pas une journée révolutionnaire, puisque, de l'aveu de Lacretelle, le peuple, indifférent à cette querelle de bourgeois suspects de royalisme, ne prend point parti dans la lutte et se tourne, même avant la victoire, du côté des vainqueurs.

Ce n'est pas non plus un coup d'État, car tout coup d'État suppose une certaine violation du droit. Or, il faut bien le dire, ce jour-là le droit strict, le droit suivant la lettre qui tue, non suivant l'esprit qui vivifie, le droit était incontestablement du côté de la Convention, seul pouvoir légal jusqu'à légal remplacement.

Toutes ces réflexions expliquent notre mise à part et la justifient sans doute, sans rien enlever de leur douloureuse moralité et de leur sombre attrait aux récits que nous allons donner.

Il ne nous reste donc plus qu'à soumettre au lecteur les motifs de nos choix.

Sur le 31 mai et le 2 juin, c'est-à-dire sur les événements qui amèneront la proscription des principaux Girondins et le triomphe de la révolution à outrance, il existe plusieurs relations. Les plus intéressantes, en dehors des *Mémoires* de Barbaroux, de Petion et de Louvet, sont celle de Meillan (1) et celle de Dulaure (2). Nous avons donné la préférence à cette dernière parce qu'elle est moins connue que celle de Meillan, qui a eu plusieurs éditions.

Nous y avons joint les *Fragments de souvenirs* que,

(1) Collection des Mémoires relatifs à la révolution française. *Mémoires* de Meillan; Paris, Beaudouin frères, libraires-éditeurs; 1823, un vol. in-8°.

(2) Le fameux polygraphe, député du Puy-de-Dôme à la Convention, l'un des proscrits du 31 mai, échappé au tribunal révolutionnaire et rentré le 18 décembre 1794 dans l'Assemblée.

par modestie sans doute, n'a pas développés davantage, à notre grand regret, l'éloquent et courageux Lanjuinais, qui joua dans cette lutte de trois jours, où les principaux Girondins furent si au-dessous de leur réputation et de leur talent, un rôle vraiment héroïque et autrement long et difficile que le rôle muet et passif de Boissy-d'Anglas (1). Celui-ci est immortel pourtant, pour avoir bravé seulement d'un regard et d'un salut, cette tyrannie populaire contre laquelle Lanjuinais se débattit jusqu'à l'extinction de ses forces et de sa voix. Il y a des gens heureux en tout et il faut à l'héroïsme lui-même, pour être apprécié justement, cette faveur du hasard qui, plus souvent que le jugement des hommes, distribue la gloire. Sur les événements de vendémiaire, la relation de Réal nous a paru trop partiale et trop passionnée, malgré sa rareté, pour fixer notre choix. C'est une œuvre toute de circonstance, un pamphlet impitoyable pour les vaincus, où l'ambition affecte le langage d'un Jacobinisme exalté. Elle ne fait honneur ni au talent, incontestable pourtant, de Réal, ni à son caractère (2).

Nous avons préféré la confession spirituellement ingénue et malicieusement naïve de Lacretelle (3).

Enfin, sous le titre de *Notes*, on trouvera, à la fin de ce volume, des extraits, qui nous ont paru curieux, des *Mémoires*

(1) Nous avons adopté, après l'avoir reconnu conforme aux extraits publiés par M. le comte Lanjuinais fils, dans l'Introduction aux *Œuvres* de son illustre père, le texte de ces *Fragments* inséré à la suite de l'*Histoire de la Convention nationale* par Durand de Maillane. Paris, Beaudouin frères, 1825, in-8°.

(2) *Essai sur les journées des treize et quatorze vendémiaire*, par P.-F. Réal; Paris, chez l'auteur, Guyot imprimeur, Louvet libraire, l'an IV. de la République, brochure in-8° de 93 p.

(3) *Dix années d'épreuves pendant la Révolution*, par Ch. Lacretelle, de l'Académie française, P. Dufart, éditeur, in-8°, 1842.

*contemporains* sur le sort de Collot-d'Herbois et de Billaud-Varennes, proscrits à leur tour, et mourant l'un dans un repentir, l'autre dans une impénitence finale, également exemplaires, comme la pitié et l'horreur.

M. de Lescure.

Novembre 1874.

# FRAGMENT

# DES SOUVENIRS DE DULAURE

SUR LES JOURNÉES

DES 31 MAI ET 2 JUIN 1793

ET

SUR LA PROSCRIPTION DES GIRONDINS.

# FRAGMENT

# DES SOUVENIRS DE DULAURE

## SUR LES JOURNÉES

## DES 31 MAI ET 2 JUIN 1793

## ET

## SUR LA PROSCRIPTION DES GIRONDINS

Danton, Robespierre, Pache, etc., tenaient à Charenton des conciliabules secrets; ils y arrêtèrent le plan d'une attaque contre la majorité de la Convention. On y discuta, dit-on, la proposition de relever le trône des Bourbons et d'y placer le fils de Louis XVI; mais il paraît qu'elle n'eut pas de suite. Là se trouvait un homme aspirant au pouvoir suprême et peu disposé à s'en dessaisir lorsqu'il l'aurait obtenu. Les conjurés mirent dans leur secret quelques militaires supérieurs et les chargèrent de l'exécution.

Une réunion d'autres conspirateurs, composée de Desfieux, Proly, Péreyra, Dubuisson, des deux frères Frey, de Gusman, etc., presque tous étrangers et tous agents des puissances ennemies, avaient résolu de tuer brusquement et sans distinction tous les membres de la Convention; mais cette réunion n'avait pas assez de prépondérance politique pour obtenir des succès.

L'autre réunion, composée d'hommes connus, de fonctionnaires publics, de députés, plus exercés, plus habiles, devait exercer plus d'empire sur les esprits.

Voici quel fut le commencement d'exécution du plan résolu à Charenton.

Le 13 mai, la Commune de Paris arrêta que le 16 de ce mois, à dix heures du matin, il serait tenu, dans la salle de l'Évêché, une assemblée, composée des quarante-huit commissaires, choisis par les assemblées générales des sections parmi les membres composant les comités révolutionnaires. L'objet patent de cette réunion consistait dans le dépôt et la discussion des listes de suspects, et de listes d'habitants qui, dans chaque section, jouissaient de la plus grande fortune.

De cette assemblée de présidents, de commissaires révolutionnaires, sortit un petit nombre d'hommes dévoués aux conspirateurs, auxquels se joignit aussi le noyau d'agents de l'étranger dont je viens de parler; ils formèrent ensemble le comité central d'insurrection. Ce comité, entièrement composé d'étrangers ou de Français diffamés, qui tenait ses séances à l'Évêché, correspondait avec tous les comités révolutionnaires des sections de Paris, les inspirait, les dirigeait.

Il se forma aussi, en même temps, une autre réunion qui tenait ses séances à la mairie, et que présidait le maire de Paris, le fameux Pache.

Ces deux réunions, quoique animées par des motifs et des intérêts différents, s'accordaient pour opérer un changement dans l'Assemblée conventionnelle; mais l'une voulait faire disparaître un certain nombre de députés qui la gênaient, et s'emparer du gouvernement; l'autre voulait entièrement détruire le gouvernement, afin de livrer la France aux ennemis. Les projets de ces deux factions sont révélés par leurs actes, et leur secret fut dévoilé par les événements qui suivirent.

La faction de l'Évêché, ou le comité central d'insurrection, envoya dans la plupart des départements des émissaires chargés d'y annoncer que la Convention était dissoute, et que ses membres avaient péri. Cette annonce prouve les espérances et les vœux de cette faction. Dans les sociétés ou les sections de Paris, ses émissaires faisaient des propositions tendant au même but. Voici, d'après les renseignements recueillis par la commission des douze, quelques traits qui caractérisent les projets du comité central de l'Évêché.

Dans le comité révolutionnaire de la section du Temple, et dans la soirée du 19 mai, un des émissaires du comité central proposa, « comme mesure de salut public, de faire enlever, dans une nuit qui serait indiquée et à la même heure, « trente-deux membres de la Convention et tous les citoyens suspects des sections, dont la liste serait remise, « par les comités révolutionnaires; qu'ils seraient tous conduits aux Carmes, près le Luxembourg, et que là on les « ferait disparaître du globe;... qu'on ferait passer tous ces « individus pour émigrés, et que, pour accréditer ce bruit, « on avait une très-grande quantité de pièces contre lesdits « membres....., qui justifieraient que la crainte d'être découverts les avait fait émigrer. »

Sept à huit membres de ce comité parlèrent dans ce sens; un citoyen qui prenait des notes, ainsi qu'un autre qui se récria contre l'illégalité de ce projet, furent chassés de ce comité comme suspects.

Dans la séance de la mairie, tenue le 20 mai, les mêmes propositions furent faites. Quelques membres les combattirent; mais un d'eux se leva et dit : « Donnez-moi un pouvoir, et, armé de mon poignard, je servirai le bourreau. » Des membres indignés invitèrent le maire à ordonner à cet homme de se retirer. Plusieurs autres dirent qu'ils n'entendaient prendre aucune part à la proposition de la veille, qui leur paraissait horrible; enfin le maire déclara que si l'on traitait encore ces matières, il lèverait la séance. En effet, il fut arrêté qu'on regarderait la proposition de la veille comme non avenue.

On voit ici la différence qui se trouvait entre les deux systèmes d'attaque: suivant l'un, sans autres formes, on devait fraper à coups de poignard; suivant l'autre, on devait, avec des formes, frapper à coups de guillotine. Des commissaires du comité central d'insurrection, mal accueillis dans l'assemblée de la mairie, se portèrent au club des Cordeliers. Là ils proposèrent des mesures plus violentes encore. Les uns demandaient une réunion de sans-culottes dans une place de

Paris, pour de là porter une adresse à la Convention, avec injonction de ne point désemparer sans avoir obtenu l'objet de leur demande.

Le fameux Varlet, un des emissaires, se presenta avec un arrêté en quinze articles, dans lesquels il demandait l'enlèvement des députés de la plaine (la majorité), celui des autres députés des assemblées constituante et législative, l'enlèvement des nobles, des prêtres, des rabbins, etc., et leur extermination; la suppression entière des ministres, licenciement de tous les officiers de nos armées, etc. C'était demander la ruine de la France et la contre-révolution. Ces propositions de meurtres, de subversion, de désorganisation totale, se renouvelèrent dans diverses réunions, même à la mairie. Pache prit le parti de n'y plus tenir d'assemblée; les conspirateurs se réunirent alors à l'assemblée tenue à l'Évêché par les commissaires révolutionnaires des sections.

Il serait trop long de rapporter en détail tous les projets destructeurs et atroces que des hommes sanguinaires mettaient en avant contre la majorité de la Convention nationale. Les uns demandaient que les journées du 10 août et du 2 septembre fussent renouvelées; les autres, que vingt-deux, trente-deux, trente-trois, et même un nombre infini de députés fussent enlevés et égorgés, puis accusés d'avoir émigré, etc.

La commission des douze fut instruite que deux mille poignards étaient fabriqués et qu'on devait en armer des femmes, dont huit mille étaient enrôlées; que la caisse de l'extraordinaire devait être enlevée par quarante particuliers, etc.

On travaillait avec chaleur à produire un bouleversement qui devait favoriser à la fois les ennemis intérieurs et ceux du dehors.

Déjà tous les signes précurseurs d'une crise se manifestaient : les députés, entrant dans le lieu de leur séance, étaient menacés; des orateurs, montés sur des tréteaux, haranguaient la multitude et prêchaient le meurtre; des groupes, où l'on proposait les mesures les plus violentes, remplissaient les carrefours, obstruaient les rues. et on entendait, aux portes de la Convention, les vendeurs du journal de Marat crier des titres de brochures ordurières et insultantes à la représentation nationale.

Dans la séance du 23 mai, une députation de la section de la Fraternité dénonça les parties de la conspiration dont elle avait eu connaissance; et sa dénonciation était conforme aux faits qui viennent d'être rapportés.

Il paraît que le comité central d'insurrection, voulant gagner de vitesse sur la Commune de Paris, avait tout disposé pour exécuter promptement son plan avant l'exécution de celui de cette Commune.

Dans la nuit du 22 au 23, une légion étrangère, retenue, on ne sait par quel ordre, dans la ville de Saint-Denis, devait venir à Paris, et investir le château des Tuileries, où siégeait alors la Convention; en même temps des assassins, introduits dans la salle des séances, devaient massacrer une partie ou la totalité des membres de cette assemblée. Le comité de salut public, instruit à minuit et demi de ce complot, parvint à le déjouer.

Un membre de la commission des douze dit que cette commission avait connaissance de tous ces faits, et Genissieu fit, à ce propos, observer que la conduite du maire de Paris lui semblait peu digne de confiance. « Il est vrai, dit-il, qu'en-
« tendant proposer la dissolution de la Convention nationale,
« il s'est élevé contre cette proposition et a dit qu'il ne pré-
« siderait plus l'assemblée si l'on continuait une pareille dis-
« cussion; mais a-t-il fait assez? Ne devait-il pas avertir la
« Convention de ce qui se tramait contre elle? Suivons sa
« conduite : on délibérait sur le sort de vingt-deux membres
« qu'on était venu vous dénoncer. Loin d'en informer la
« Convention, il a lui-même signé l'arrêté pris contre ces
« députés. N'est-il pas clair qu'il est de moitié dans ces pro-
« jets? Je demande l'arrestation de tous ceux qui ont formé
« l'assemblée de l'Évêché. »

Le maire Pache, conformément au plan arrêté avec Danton et Robespierre dans les conciliabules de Charenton, voulait en effet la proscription des vingt-deux membres; mais il ne voulait pas seconder le plan des membres du comité central d'insurrection, c'est-à-dire des agents de l'étranger : il secondait une conspiration et s'opposait à l'autre; mais il ne s'y opposait qu'avec mollesse, s'aidait même de ses forces et ne la dénonçait, ne la contrariait que lorsqu'elle dépassait les bornes du plan conclu à Charenton. On verra que ce plan dut en partie son succès aux actes des furieux du comité central.

L'Assemblée conventionnelle conservait encore une majorité saine et courageuse qui pouvait prendre d'utiles déterminations; mais les ministres exécutaient mal, ou n'exécutaient pas ses décrets. Ils firent cependant arrêter quelques perturbateurs subalternes, tels que Hébert, substitut du procureur de la Commune, ainsi que le président de la section de la Cité, section très-dévouée aux conspirateurs étrangers; mais ces arrestations nuisirent plus qu'elles ne servirent : elles devinrent le prétexte de furieuses clameurs élevées contre la Convention, et les détenus furent bientôt relâchés par leurs complices. La confusion était extrême; les conspirateurs, par leurs menaces, par l'argent qu'ils répandirent alors avec profusion, avaient porté le désordre dans toutes les parties de l'organisation sociale; les membres des sociétés populaires, des sections de Paris, de la municipalité, se trouvaient en état de guerre contre la Convention nationale.

Il ne leur suffisait pas de corrompre, il fallait tromper; l'imposture fut souvent employée pour séduire des hommes passionnés, ou peu exercés aux intrigues. Parmi beaucoup d'exemples je ne citerai que le suivant :

Dans la journée du 29 mai, vers les cinq heures du soir, le faubourg Saint-Antoine avait mis sous les armes huit à dix mille hommes sans trop savoir pourquoi; cette troupe armée céda aux instigations qui lui furent faites de marcher en armes vers la Convention. Pour déterminer les habitants de ce faubourg à cette expédition, on leur fit accroire que les sections de la Butte-des-Moulins, des Champs-Élysées et du Mail étaient au Palais-Royal en pleine insurrection, et qu'elles avaient arboré la cocarde blanche. D'autre part, on répandait le bruit que les faubourgs de Paris marchaient contre ces sections prétendues révoltées.

La section de la Butte-des-Moulins, menacée d'une attaque prochaine, réunit tous ses moyens de défense, se renforça par quelques compagnies de la section du Mail, et se disposait à la plus vigoureuse résistance. La guerre civile et ses affreuses circonstances commençaient dans Paris. Des habitants allaient verser le sang de leurs concitoyens, lorsqu'une heureuse inspiration vint trahir l'espoir des agents de l'étranger et préserver Paris d'un déluge de maux.

— « Qu'allons-nous faire? s'écrie un canonnier du faubourg, « faire couler le sang de nos frères, parce qu'un homme en « écharpe les a accusés? Camarades, avant tout il faut s'as- « surer du fait. »

La proposition paraît juste. La troupe du faubourg envoie, à la section de la Butte-des-Moulins, une députation de trente personnes. Ce fut avec joie et surprise que cette députation, en entrant dans le lieu des séances de cette section, y vit tous les attributs de la liberté, et sur les chapeaux de ses membres la cocarde tricolore; elle vit qu'on l'avait trompée, et le déclara publiquement. Alors les membres de la députation et ceux de la section, qui, un moment avant, étaient prêts à s'entr'égorger, se jetèrent dans les bras les uns des autres, se promirent d'être à l'avenir en garde contre de pareilles impostures, et se jurèrent une amitié constante.

Dans les journées des dimanche et lundi 26 et 27, et dans les jours suivants, de nombreux attroupements de femmes armées conduites par une d'elles, nommée Léon, se répandirent dans les rues de Paris, y excitèrent les hommes à s'armer et à les suivre, afin d'opérer une sainte insurrection. Ces femmes, au nombre de quatorze à quinze cents, se portèrent au lieu des séances de la Convention, firent beaucoup de bruit, ne parvinrent à entraîner aucun homme, ce qui fit dire alors que l'anarchie était tombée en quenouille. Ces femmes recevaient chacune cinquante sous par jour.

La séance du lundi 27 mai fut extrêmement orageuse; elle

mit à découvert tout ce que les passions basses et violentes peuvent enfanter de plus hideux.

Le maire de Paris vint démentir les rapports qu'il avait faits à la commission des douze. On demanda que Pache fût opposé à Pache, et sa lettre du jour aux rapports qu'il avait adressés à cette commission. Marat détourna l'objet de la discussion en demandant que la commission des douze fût dissoute.

Une députation de la section de la Cité vient appuyer la motion de Marat, et demander la liberté de son président, ainsi que l'arrestation des membres de la commission des douze, et leur traduction au tribunal révolutionnaire. Le président répond à l'orateur : « La Convention excuse l'égarement de « votre jeunesse.... » A ces mots, les cris de la Montagne, auxquels répondent ceux des tribunes, interrompent le président. Le calme rétabli, il reprend : « Les représentants du « peuple veulent bien vous donner quelques conseils. — « Justice! répond un des pétitionnaires. — Vous deman-« dez justice? Je n'en parlais pas, parce qu'elle est dans le « cœur de tous les membres de cette assemblée..... Sachez « que la véritable liberté ne consiste pas dans des mots, mais « dans l'obéissance aux lois, etc. »

Robespierre veut parler pour demander l'élargissement des détenus ; on lui objecte un décret qui s'oppose à ce qu'on discute sur l'objet d'une pétition en présence des pétitionnaires. Alors un bruit épouvantable se fait entendre et se maintient pendant deux heures.

Danton, dont la voix tonnante domine toutes les voix réunies, s'écrie : « Tant d'impudence commence à me lasser; « nous résisterons. » La Montagne se lève en l'appuyant. Il développe ensuite son opinion et demande la liberté d'Hébert. « Il y a plus d'une heure et demie, dit le président, que le « rapporteur de la commission des douze demande la parole « sans pouvoir l'obtenir. » Alors on propose d'entendre le rapport de cette commission; mais Robespierre s'y oppose. Le rapporteur est prêt à faire son rapport; mais les cris de la Montagne et des tribunes lui ferment la bouche. Les motions se croisent; on s'accuse, on se menace, on s'injurie. Le trouble est à son dernier période : le président se couvre.

La tactique des montagnards consistait à couvrir la voix de leurs adversaires par des cris tumultueux, auxquels se joignaient ceux des tribunes payées pour cette manœuvre.

Des députés annoncent qu'en entrant dans la salle ils ont trouvé les avenues remplies de troupes, qu'enfin la salle est assiégée. Marat se plaint de ce qu'on a fait venir de la force armée, et qu'ayant voulu savoir par quel ordre elle se trouvait dans ce lieu, le commandant a refusé de le satisfaire. Ce commandant, le citoyen Raffet, est introduit à la barre. Il donne lecture des ordres qu'il a reçus du commandant général et du maire, ordres qui lui prescrivent de se porter auprès de la Convention, et d'y maintenir la tranquillité; il ajoute que Marat lui a demandé par quel ordre il était venu, et lui a fait cette demande en lui présentant le pistolet sur la poitrine. « Oui, » dit Marat.

« Comme je ne tremble jamais, a repris le commandant, et « que je ne sais que remplir mon devoir, j'ai dit à Marat que « cela ne le regardait pas; aussitôt il m'a mis en état d'arres- « tation. »

La Convention, indignée de la conduite de Marat, renvoie le commandant à ses fonctions. Cette scène ouvre une nouvelle carrière aux cris et au tumulte.

Le ministre de l'intérieur dit que les rapports faits à la Convention sont fort exagérés ; qu'il n'y a point de complots, de conciliabules ténébreux, mais qu'il existe une assemblée, autorisée par le conseil général, dans laquelle, à la vérité, on a fait des propositions horribles; mais que, le lendemain, le maire les combattit et les fit rejeter. Le ministre ne voit rien de dangereux dans l'état des esprits. Il parle de l'arrestation d'Hébert, substitut du procureur de la Commune, et la désigne comme cause du mécontentement qui s'est manifesté ; il s'étonne de ce que le journal d'Hébert, qui, il est vrai, dit-il, ne respire pas une morale douce et persuasive, mais qui est dans les principes du patriotisme, ait motivé son arrestation.

Guadet interrompt le ministre et demande la parole; on s'y oppose : il la demande de nouveau. Alors le député Legendre s'élance sur lui, lui porte un coup de poing dans la poitrine et le renverse. Legendre est repoussé par les uns, protégé par les autres. Le président se couvre. Le calme se rétablit, et le ministre reprend son discours : il cherche à bannir toute crainte de l'esprit des membres de l'assemblée. « J'assure, dit-il, la Convention qu'elle n'a aucun danger à courir. ».

Le maire donne à son tour de pareilles assurances. On verra bientôt comme elles étaient trompeuses, ou combien ceux qui les donnaient étaient trompés.

Plusieurs députations des sections viennent demander la liberté d'Hébert et la suppression de la commission des douze. Enfin le bruit triompha du droit. Cette commission fut supprimée et l'élargissement des détenus décrété. Le président décida que la majorité avait voté dans ce sens. On lui contesta vivement cette décision.

A plusieurs reprises dans cette séance, on fit observer que des étrangers s'étaient introduits dans la salle et grossissaient le nombre des votants de la Montagne. En effet, des pétitionnaires, en grande quantité, s'étaient placés de ce côté.

Dans la séance de mardi 28 mai, on proposa la rédaction du décret rendu à la fin de la séance du jour précédent.

Lanjuinais dit qu'il n'existe pas de décret, que le vacarme effroyable que faisaient les tribunes avait empêché d'entendre la proposition, et qu'une multitude de pétitionnaires qui n'étaient pas députés votaient avec eux.... « Si Lanjuinais « continue, s'écria Legendre, je déclare que je me porte « à la tribune et que je le jette de haut en bas. » Ce commencement de la séance fait juger du reste. Des députations des sections de Paris viennent à la barre manifester des principes tout différents de ceux que les pétitionnaires de la veille avaient exprimés. Marat les interrompt fréquemment et les menace. Bientôt les députés siégeant à la Montagne se portent contre les pétitionnaires. Les membres du côté opposé arrivent près d'eux pour les défendre.

C'est avec peine que le calme se rétablit, et les pétitionnaires continuent la lecture de leur pétition. Je ne rapporte de pareilles scènes que pour prouver jusqu'à quel degré d'irritation les esprits étaient montés.

Les séances des 29 et 30 mai ne présentent rien de remarquable. Des pétitionnaires, les uns dans un sens, les autres dans un sens opposé, occasionnent de vives discussions. On décréta que le député Gardien, dénoncé, serait gardé à vue, et que les scellés seraient apposés sur ses papiers. Je passe au tableau de la journée du 31 mai.

Dès les cinq heures du matin de ce jour, on entend dans toutes les rues le rappel battre, le tocsin sonner dans tous les clochers de Paris; chaque citoyen se porte en armes à sa section; les barrières sont fermées. Ces mesures extraordinaires et alarmantes ne pouvant être justifiées que par des impostures, on répand les bruits suivants : la ville de Valenciennes est prise; plusieurs députés, accusés par le peuple, viennent de s'enfuir. En conséquence, ceux qui crurent à ce dernier bruit envoyèrent des sentinelles au bureau de la poste aux chevaux et à celui de la poste aux lettres; la garde de tous les postes fut doublée. Dès six heures du matin, les députés, réveillés par ce mouvement, se rendirent à leur séance; on y remarqua ceux que l'on disait avoir pris la fuite ou prêts à fuir.

L'inquiétude agite pareillement et ceux qui autorisent et secondent cette insurrection, et ceux qui la réprouvent. Le ministre de l'intérieur se rend aux Tuileries; le premier homme qu'il rencontre dans la cour est Danton. Il s'en étonne, et il lui dit : « Qu'est-ce donc que tout cela? Ne pou-« vez-vous me l'apprendre? Qui remue les ressorts et que « veut-on? — Bah! dit Danton, ce ne sera rien; il faut les « laisser briser quelques presses et les renvoyer avec cela. » Le ministre réplique : « Ah! Danton, je crains bien qu'on « ne veuille briser autre chose que des presses. — Eh bien! « il faut y veiller; vous en avez les moyens bien plus que « moi. »

Le maire de Paris est mandé à la barre de la Convention;

il s'y rend ; voici le résumé des éclaircissements qu'il fournit. Il a ordonné au commandant général de rassembler le plus de troupes de réserve qu'il lui serait possible; il s'est rendu, avec le ministre de l'intérieur, au comité de salut public, où il a rendu compte de la situation de Paris; il est retourné au conseil de la Commune, alors en permanence, et là les commissaires de la majorité des sections, siégeant à l'Évêché, ont suspendu la municipalité; bientôt après, cette municipalité a été rétablie. Le maire dit aussi qu'il avait donné des ordres pour que le canon d'alarme ne fût point tiré.

A dix heures du matin, le canon d'alarme se fit entendre par ordre du nommé Henriot, qui venait d'être nommé commandant provisoire.

Plusieurs députations des sections de Paris viennent protester de leur dévouement à la Convention nationale, et se plaindre de l'agitation que des factieux causaient dans Paris.

Rabaut demande à parler au nom de la commission des douze; il reste à la tribune pendant une heure; il attend le calme, qui ne se rétablit pas; enfin il demande à ne lire qu'une seule pièce. Ses tentatives sont vaines; à chaque mot qu'il prononce, des cris effroyables couvrent sa voix. Les conspirateurs craignaient de voir leurs crimes dévoilés.

Bientôt ils paraissent eux-mêmes à la barre par l'organe d'un orateur que je me dispense de nommer; ils étalent avec audace leurs projets, et en cachent les véritables motifs sous le prétexte banal du salut de la patrie. Ils accusent de conspiration ceux contre lesquels ils conspirent et dont ils demandent la tête; ils rassurent ceux qu'ils nomment les bons députés, qui, disent-ils, n'ont rien à craindre. Ils finissent par demander que les ouvriers qui sont sous les armes soient payés à raison de quarante sous par jour.

Guadet se lève et s'indigne de ce que le mouvement qui agite Paris s'est opéré sans que la Convention en soit informée; il demande l'ouverture des barrières, le rétablissement de la circulation des postes, et l'annulation de tous les actes émanés ou qui émaneront de la Commune provisoire, dont il considère la suppression et le rétablissement successifs comme le signal du renversement de toutes les autorités légitimes.

Plusieurs orateurs parlent ensuite. Ceux qui se montrent favorables à la majorité de la Convention sont interrompus et hués par les tribunes, qui écoutent en silence et applaudissent ceux dont les discours sont conformes aux projets des séditieux.

Les membres du département s'unissent à Robespierre pour demander la proscription des vingt-deux députés.

C'est au milieu du plus grand tumulte et d'un grand nombre d'étrangers, introduits dans la salle à la faveur des députations, que la Convention décréta ou parut avoir décrété la suppression de la commission des douze, l'ordre d'apposer les scellés sur ses papiers, et la solde de quarante sous par jour pour les ouvriers qui seraient sous les armes. Tels furent les seuls avantages que les conspirateurs retirèrent de la séance tumultueuse du 31 mai, levée à dix heures du soir, et qui n'était que le prélude d'une autre beaucoup plus désastreuse.

Ce n'était pas la peine, disaient les séditieux, peu satisfaits de cette journée, d'avoir, le matin, fait tant de bruit, fait battre la générale, sonner le tocsin pendant cinq ou six heures, tirer le canon d'alarme, et d'avoir interrompu toutes les communications au dehors, pour n'obtenir, le soir, que de pareils succès. Mais ils en espéraient d'autres; et ils se dédommagèrent la nuit du mal qu'ils n'avaient pu faire le jour.

Pendant la nuit du 31 mai au 1er juin, le comité central d'insurrection fit arrêter un grand nombre d'individus qui lui étaient suspects; il fit en vain chercher l'ex-ministre Roland, qui ne coucha pas chez lui. Fâché de voir cette proie lui échapper, ce comité, peu d'heures après, fit arrêter la célèbre épouse de ce ministre; elle fut conduite prisonnière à l'Abbaye. Dans la séance du 1er juin, une députation du comité d'insurrection, qui se qualifiait de députation de toutes les autorités constituées du département de Paris, parut à la barre de la Convention. Elle dit que la colère du peuple était à son comble, et que pour la calmer il lui fallait le sacrifice d'un plus grand nombre de victimes, et qu'au lieu des vingt-deux députés déjà désignés, il en demandait vingt-cinq. Voici cette liste de proscrits, corrigée et augmentée : « Gensonné, « Guadet, Brissot, Gorsas, Pétion, Vergniaud, Salles, Bar-« baroux, Chambon, Buzot, Biroteau, Ducos, Isnard, « Lanjuinais, Lidon, Rabaut, Lasource, Louvet, Fonfrède, « Lanthenas, Dusaulx, Fauchet, Grangeneuve, Lehardi, Le-« sage. »

A ces vingt-cinq proscrits, la députation demanda qu'on joignît encore les membres de la commission des douze : ce qui élevait le nombre des victimes à trente-sept.

Marat voulut se donner ici les honneurs de la modération et de la clémence : « Je m'étonne, dit-il, qu'on ait compris « Dusaulx dans cette liste; c'est un vieillard que je ne crois « pas capable d'être entré dans la faction; je m'étonne aussi « qu'on y ait compris Lanthenas, que j'ai toujours regardé « comme un pauvre d'esprit. Pour Ducos, j'ignore pourquoi « son nom s'y trouve; il a eu quelquefois des opinions erro-« nées, mais je crois ses intentions bonnes. Cela est l'ouvrage « d'Hassenfratz, qui a eu tort; car j'aime que toutes les « choses se fassent en règle. »

Cobourg n'avait demandé que vingt-deux têtes de députés; Marat croyait qu'il était contre la règle d'outre-passer le nombre fixé par ce prince étranger.

Enfin, le 2 juin, jour fatal à la France, et que les anciens Romains auraient rangé parmi leurs jours néfastes, leurs jours noirs, parut pour éclairer des crimes et ouvrir une source abondante de malheurs.

Vers les onze heures du matin, le tocsin sonne, la générale bat, et le lieu des séances de la Convention se trouve investi par une foule de femmes qui insultent et maltraitent les députés se rendant à leur poste. A ces furies s'unissent bientôt des hommes, armés de bâtons et de piques, qui s'opposent constamment à ce qu'aucun député ne sorte.

La révolte prend ensuite un caractère plus sérieux; aux femmes si insultantes, aux hommes menaçants, viennent se joindre des troupes de volontaires destinées à se rendre à l'armée de l'Ouest, troupes arrêtées dans leur marche et mises en réserve dans les environs de Paris, pour les employer au succès de la conspiration.

Ces volontaires, arrivés près des Tuileries, y reçoivent la consigne expresse de n'en laisser sortir personne. Bientôt ils sont postés si avant dans les avenues de la Convention, que les représentants du peuple se trouvent resserrés dans l'unique salle de leurs séances.

Henriot renvoie la garde nationale de la Convention, et fait consigner l'officier du poste. Des députés sentent-ils la nécessité de sortir, ils sont repoussés à l'intérieur, sont frappés, et l'on en voit quelques-uns rentrer avec leurs habits déchirés; s'ils sont attirés aux fenêtres pour voir les dispositions hostiles faites au dehors, les volontaires les couchent en joue. Une armée ennemie assiége la représentation nationale.

Lanjuinais monte à la tribune; il va parler de l'état où se trouve la Convention, de l'agitation de Paris, de la générale, dont le bruit alarmait encore les habitants. « Écoutez des « vérités, non de celles qui tuent la république, mais des « vérités qui peuvent la sauver. Il est notoire que depuis « trois jours vos délibérations sont presque nulles, que vous « êtes influencés au dehors; qu'une autorité rivale de la « nôtre vous environne de ses salariés.... »

De violentes clameurs l'interrompent; il reprend : « Depuis « trois jours mille désordres se commettent; un pouvoir am- « bitieux ranime les troubles que le premier jour il avait feint « d'apaiser; rien n'a été respecté, pas même le secret des « lettres. Un nouveau comité a usurpé les fonctions du pou- « voir exécutif. Plusieurs autres comités se sont mis à la place « des anciens. Les comités révolutionnaires continuent des « fonctions que vous avez déclaré ne point leur appartenir; « un commandant provisoire a été nommé contre la loi : une « nouvelle scène se prépare. Vous l'aurez sous peu d'heures.... « Hier on vous a présenté une nouvelle liste de proscription; « qu'avez-vous fait? vous l'avez envoyée à votre comité de « salut public !.... »

A ces mots des clameurs s'élèvent, l'orateur interrompu reçoit courageusement une bordée d'injures et de menaces. Legendre, homme sans culture, violent, trompé par son ami Danton, et qui depuis a expié ses erreurs, Legendre, dis-je, se précipite à la tribune.

— « Lanjuinais, s'écriait-il avec l'accent de la fureur, je « t'estimais, je te croyais ami de la liberté; tu trahis tes « devoirs, je te méprise. »

Legendre, à chaque membre de phrase, avec son bras tendu, son poing fermé, faisait un mouvement du haut en bas qui se dirigeait, sans l'atteindre, sur la tête de Lanjuinais, lequel, incliné sur le bord de la tribune, attendait avec résignation les coups dont il était menacé.

Au bas de la tribune, une scène aussi violente, mais moins pittoresque, se passait entre des députés d'opinion différente, qui s'étaient avancés pour prendre la parole. Le tumulte était violent; le président se couvrit..., et le calme se rétablit.

Lanjuinais, que les gestes de son collègue n'avaient point découragé, reprit son discours, et conclut en demandant la suppression des autorités révolutionnaires et du comité de l'Évêché.

Après cette scène, arrive à la barre une menaçante députation.

« Depuis quatre jours le peuple de Paris n a pas quitté « les armes, dit l'orateur; ses mandataires rient de son calme « et de sa persévérance; les colonnes de l'égalité sont ébran- « lées; le flambeau de la liberté pâlit; les contre-révolution- « naires lèvent la tête; la foudre gronde; elle est prête à les « pulvériser; les crimes des factieux de la Convention sont « connus. Nous venons, pour la dernière fois, vous les dé- « noncer. Décrétez, à l'instant, qu'ils sont indignes de la « confiance publique; qu'ils soient mis en état d'arrestation : « nous répondrons d'eux sur nos têtes à leurs départements. « Le peuple est las de vous voir différer; sauvez-le, ou, nous « vous le déclarons, il se sauvera lui-même. »

De vifs applaudissements partent des tribunes. Le président répond à la députation, en lui rappelant le respect dû à la représentation nationale ; s'il existe des traîtres dans la Convention, dit-il, elle s'empressera de les punir. Il invite la députation aux honneurs de la séance. Elle dédaigne cette faveur et se retire. L'assemblée décrète que cette pétition sera envoyée au comité de salut public.

Ce fut alors que Legendre, en s'adressant aux tribunes, cria : « Que les hommes sortent; qu'ils aillent sauver la patrie, et que les femmes restent ! » A ce cri, il se fit quelques mouvements dans les tribunes.

Des membres annoncent que toutes les issues de la salle sont fermées, que des militaires présentent la baïonnette à ceux qui veulent sortir. Des habitants de la Montagne disent que le fait est faux ; mais l'abbé Simon, député, dit que rien n'était plus vrai; et, à cette occasion, il déclame contre la Convention, lui reproche sa conduite, fait l'apologie de l'insurrection présente. Des membres, même de la Montagne, s'en indignent, l'accusent d'être vendu aux ennemis de la France : Pitt et Cobourg, s'ils étaient à la tribune, ne tiendraient pas un autre langage, disent-ils.

Barrère se présente à la tribune et fait, au nom du comité de salut public, un rapport depuis longtemps attendu. « Le comité, dit-il, n'ayant pu se procurer les pièces qui « servent de base à l'accusation de la Commune contre les « députés dénoncés, il a dû se placer au milieu de toutes les « passions, de tous les intérêts.... » Il fait alors un appel à la générosité de ces membres, à leur patriotisme, à leur conscience. « Je demande à tout Français, convaincu que son « nom, ses discours peuvent être funestes à son pays, s'il « ne se sacrifierait pas. Le comité n'a pas cru devoir obtem-« pérer à l'arrestation demandée, parce qu'elle a l'air d'une « mesure pénale, afflictive, et nous n'avons pas de raison « pour la prononcer. » Le rapporteur propose à quelques-uns des membres de la Convention de suspendre leurs pouvoirs, et de placer ces membres sous la sauvegarde de la nation française et de la force armée du département de Paris.

Il propose en outre de procéder, séance tenante, à l'arrestation de plusieurs ministres.

Proposer à des représentants du peuple, accusés par la Commune de Paris, accusés sans aucune preuve, de suspendre leurs pouvoirs, ou de donner leur démission, c'était engager la Convention à faire une concession à la peur. Proposer ensuite à cette assemblée de promettre aux députés démissionnaires une garantie qu'elle ne peut leur donner, puisqu'elle est sans force pour se garantir elle-même, c'est promettre ce qu'on est dans l'impuissance de tenir : les propositions du comité de salut public présentaient un moyen honteux, ne satisfaisaient ni l'un ni l'autre parti.

Marat, Billaud-de-Varennes, avides du sang des proscrits, s'élevèrent avec fureur contre cette proposition conciliatrice.

Les députés désignés par les divers pétitionnaires se montrèrent disposés à satisfaire au vœu du comité et à se sacrifier à la tranquillité publique; ils se montrèrent grands, généreux autant que leurs ennemis parurent vils et atroces.

— « Lorsqu'on met en balance un homme et la patrie, mon « choix n'est pas douteux: dit Isnard; je me suspends, et « ne demande d'autre garde que la loyauté du peuple. »

Lanthenas dit : « Si je puis emporter avec moi tous nos « maux, tous les germes de nos discordes, je me suspends « de bon cœur. »

Fauchet exprime le même sentiment par ces mots : « Ja« mais aucun sacrifice ne me coûtera pour le bien de la pa« trie. »

Barbaroux vient ensuite : « Si mon sang est nécessaire à « l'affermissement de la liberté, je demande qu'il soit versé; « si mon honneur est nécessaire à la même cause, qu'on me « l'enlève; la postérité me rendra justice.... » Barbaroux expose ensuite le tableau des services qu'il a rendus à la liberté, à la patrie. « Où sont mes accusateurs? » dit-il. Alors une partie des députés de la Montagne et des tribunes s'écrient : « Nous tous ! » Chabot renchérit sur cette accusation :

— « C'est moi qui suis ton accusateur; je prouverai que tu « es un traître, un scélérat. »

Barbaroux dédaigna ces cris de la fureur. Ce jeune et intéressant député continua à protester de son entier dévouement : « Faut-il ma vie pour le salut public? Qu'un décret « soit rendu, et je suis prêt à mourir.... » Alors trois ou quatre membres de la Montagne s'écrièrent : Aux voix le décret ! Cette saillie atroce fit frémir l'Assemblée.

Dusaulx, ce vieillard respectable à plusieurs titres, s'écria : — « Que ma patrie triomphe, et je suis satisfait ; je me sus- « pends. » Quelques députés de la Montagne dirent qu'ils n'accepteraient pas sa démission.

A cette scène, où les membres de la même assemblée montrèrent des caractères si opposés, en succéda une autre très-différente.

Alors se renouvellent les plaintes déjà faites par plusieurs membres, sur l'état de siége où se trouve la représentation nationale, et sur le défaut de liberté de ses membres. On ne peut, sans danger, ni entrer dans la salle ni en sortir. Le président fait venir un officier de garde, auquel il donne l'ordre de lever cette consigne : cet ordre n'est point exécuté.

Lanjuinais, indigné, brave les dangers, monte à la tribune : « Si jusqu'alors, dit-il, j'ai montré quelque courage, « je l'ai puisé dans l'ardent amour qui m'anime pour la pa- « trie et la liberté ; je serai fidèle à ces mêmes sentiments jus- « qu'au dernier souffle de ma vie ; ainsi n'attendez de moi « ni suspension, ni démission momentanée ; n'attendez aucun « sacrifice ; je ne suis pas libre pour en faire ; et vous ne l'êtes « pas vous-mêmes pour en accepter. La Convention est as- « siégée de toutes parts par de nombreuses troupes armées ; « les canons sont dirigés sur elle ; des consignes criminelles « vous arrêtent, malgré vous, aux portes de cette salle ; on « vous insulte ; on vous outrage ; on vient de faire charger les « fusils, et il n'est pas permis, sans risquer sa vie, de se « montrer seulement aux fenêtres ; mais j'ai encore la faculté « de faire entendre ici ma voix. Hé bien ! j'en userai pour « vous donner un conseil digne de vous, qui peut vous cou- « vrir de gloire et sauver la liberté. Osez manier avec vi- « gueur le sceptre de la loi déposé en vos mains ; cassez « toutes les autorités qu'elle ne reconnaît pas, et ce ne sera « pas en vain. Les factieux seront abandonnés des bons ci-

« toyens qu'ils trompent..... Si vous n'avez pas ce courage, « c'en est fait de la liberté. Je vois la guerre civile, déjà allu« mée dans sa patrie, étendre partout ses ravages et déchirer « la France en petits États; je vois l'horrible monstre de la « dictature et de la tyrannie, sous quelques noms que ce « soit, s'avancer sur des monceaux de ruines et de cadavres, « vous engloutir successivement les uns les autres et renverser « la république. »

Puis l'orateur passe aux injures que Chabot venait d'adresser à Barbaroux, dans le moment où celui-ci, inspiré par un noble et sublime sentiment, protestait de son dévouement à la patrie; il dit : « Lorsque les prêtres de l'antiquité con« duisaient les victimes à l'autel, ils les ornaient de fleurs et « ne les insultaient pas. »

Ce discours, fort applaudi par la majorité de la Convention, souvent interrompu par les huées des tribunes, releva les courages et produisit sur un partie des députés qui siégeaient à la Montagne un mouvement d'une juste indignation. Des membres de cette partie de l'assemblée parurent divisés d'opinions; les uns reprochèrent aux autres leurs iniquités, leurs attentats; Cambon les accusa d'être avides de sang et indifférents pour tout ce qui pouvait sauver la patrie.

Marat désapprouva la mesure proposée par le Comité de salut public, parce qu'elle tendait, dit-il, à donner aux accusés les honneurs d'un généreux dévouement; il finit en demandant sa propre suspension et la détention provisoire des accusés, en exceptant néanmoins Ducos, Lanthenas et Dusaulx, et y ajoutant Dufriche-Valazé et Defermon. Plusieurs députés sollicitent l'honneur d'être compris dans la liste des accusés. Marat ajoute : « Dès l'instant que le décret de dé« tention sera prononcé, je donne ma démission. »

Des députés en grand nombre se plaignent de nouveau de ce qu'ils ne peuvent sortir de la salle, et demandent au président de faire cesser cet emprisonnement. Delacroix, après s'être violemment débattu contre les sentinelles placées à la porte, monte à la tribune et dit avec émotion : « Nous « avons fait serment de vivre et de mourir libres, eh bien!

« il faut accomplir ce serment. Je déclare à la France que « la Convention n'est pas libre, et que le lieu de ses séances « est assiégé. J'ai demandé aux inspecteurs de la salle s'ils « avaïent donné cette consigne qui nous emprisonne, ils ont « répondu négativement. Je demande que le commandant gé- « néral soit mandé pour savoir qui a osé donner cette con- « signe. »

— « Ce n'est point à des esclaves à faire la loi, dit Barrière, « et la France entière repousserait celles qui seraient don- « nées au milieu des baïonnettes, et de quelles baïonnettes « encore! Je m'adresse au peuple; il est trompé. La tyrannie « qui nous assiége ici est celle d'un comité composé d'hom- « mes suspects, d'étrangers. J'ai dit hier au maire : Un grand « crime a été commis, et il appartient à la commune. Il m'a « répondu qu'il appartenait au comité central, dans lequel « était un Espagnol, nommé Gusman, et autres hommes « suspects. Ce matin il n'était plus, ce Comité; il y avait « aussi des Anglais. Voici encore quelques faits :

« Un banquier de Paris, qui a des correspondances avec « Calonne, vient d'acheter pour dix millions de papier sur l'é- « tranger. Or, pour faire perdre les assignats et gagner sur « ces papiers, il a fallu exciter un mouvement : c'est ce qu'on « a fait.

« Ils sont bien coupables ceux qui ont fait retarder le dé- « part et fait revenir des bataillons destinés pour la Vendée! « Ils sont bien coupables ceux qui, dans ce moment, disti- « buent aux troupes des assignats de cinq livres!

« Je demande que nous, qui avons fondé la république le « 21 septembre, suspendions notre séance; et si un grand « malheur arrivait, si l'un de nous était attaqué, je demande « que le temple des lois soit fermé, et que nous courions « sur la place publique au milieu du peuple, qui, j'en suis « sûr, nous défendra. »

Delacroix, pour la seconde fois, demande qu'on ordonne à la force armée de se retirer; que le décret soit notifié aux commandants des postes; que le commandant général soit mandé à la barre. Quelques députés demandent la tête de celui qui a donné la consigne. Cette dernière proposition, d'abord appuyée, est bientôt détournée. Les commandants des postes se présentent et annoncent qu'eux-mêmes sont consignés.

Danton fait entendre sa voix de stentor : « Il y a des scélérats sans doute parmi ceux qui violent la sûreté de la re-
« présentation nationale, dit-il; je serai celui qui montrerai
« le plus d'audace pour réprimer les excès de la démagogie,
« ou plutôt les mouvements excités par l'aristocratie. Hier on
« devait venir s'emparer du Comité de salut public, où se
« trouvaient deux ministres menacés. Je jurai de me placer,
« un pistolet à la main, à la porte de ce comité; il ne fut
« point attaqué. Chargez le Comité public de découvrir cette
« nouvelle trame; je vous réponds que les coupables seront
« punis. »

Boissy d'Anglas, les habits déchirés, insulté, violenté, à la porte de la salle, par les factionnaires, fait entendre de nouvelles plaintes sur l'état de captivité que subit la Convention.

Plusieurs autres viennent offrir de nouveaux témoignages de pareilles violences.

Jusqu'alors on n'avait donné aucune suite aux diverses propositions; l'inquiétude et surtout l'indignation préoccupaient la plupart des membres. Ceux-là même qui avaient favorisé l'insurrection, voyant qu'elle dépassait les limites qu'ils avaient fixées, concevaient des craintes et les témoignaient publiquement. Tous se débattaient dans le piége où ils se trouvaient pris.

Bazire dit que des complots infâmes sont tramés; on accuse les fonctionnaires qui ne sont pas aujourd'hui à leur poste d'en être les auteurs; il reproduit la proposition de Barrère, qui aussitôt monte à la tribune, et une seconde fois l'expose en ces termes : « Nous perdons notre temps. Je de-
« mande que vous fermiez le temple des lois, et que nous
« allions au milieu du peuple. »

Un mouvement simultané s'opère dans l'assemblée, et, sans délibérer, elle se lève et se dispose à sortir du lieu des séances. Le président, alors Hérault de Séchelles, se couvre en signe de détresse, et marche le premier. Les membres, deux à deux, le suivent la tête découverte.

Le président, arrivé au premier poste, ordonne aux factionnaires de laisser sortir la représentation nationale; ils obéissent, se rangent en haie et portent les armes.

Descendus dans la cour, le président et la Convention aperçoivent des troupes armées et plusieurs canons placés en face du vestibule.

Avant de poursuivre le récit des événements qui résultèrent de la sortie de la Convention nationale hors du lieu de ses séances, je dois parler du nombre et de l'intention des troupes qui l'assiégeaient.

« La Convention était bloquée; quatre-vingt mille hommes « armés entouraient les Tuileries. Cent soixante-trois bou- « ches à feu, des grils et du charbon pour faire rougir les « boulets, tel était l'appareil avec lequel on venait de dicter « des lois à la représentation nationale. On croirait, à ce « récit, que tout Paris était armé contre nous!

« De ces quatre-vingt mille hommes, soixante-quinze mille « ignoraient pourquoi on leur avait fait prendre les armes. « Loin de nous attaquer, ils nous auraient défendus; mais « Henriot les avait placés dans l'éloignement, hors de portée « de nous secourir. Il nous avait cernés immédiatement « avec sa troupe d'élite, la seule qu'il eût introduite dans « les dépendances du château. Il l'avait séparée de la masse « des Parisiens, d'un côté par l'élèvement du Pont-Tournant, « de l'autre par une clôture de bois qui séparait le Carrousel « du château. Il résultait de cette disposition deux effets « immanquables : l'un, de donner à l'entreprise de quatre « ou cinq mille bandits l'apparence d'un mouvement général « du peuple; l'autre, de neutraliser ce même peuple pour « l'empêcher de croiser l'entreprise. »

Il est certain que les troupes commandées par Henriot, qui entouraient immédiatement le château des Tuileries, qui pénétrèrent même dans son intérieur, s'opposaient à ce que les députés sortissent, les violentaient, couchaient en joue ceux qui se montraient aux fenêtres du château. Il est certain, dis-je, que ces troupes, composées de volontaires retenus à Paris et de vagabonds soudoyés, dont chaque individu reçut ostensiblement un billet de cent sous, présentaient tout ce que la Commune et les agents de l'étranger du comité central d'insurrection avaient pu recruter. En évaluant leur nombre à quatre à cinq mille, l'auteur que je viens de citer ne s'éloigne pas de la vérité ; d'ailleurs il donne dans la suite des preuves satisfaisantes de la juste évaluation de ce nombre.

Après cette digression nécessaire, je reviens à la marche de la Convention. Arrivée dans la cour des Tuileries, elle s'avançait vers la porte qui s'ouvrait sur la place du Carrousel.

La tête de la colonne des députés s'aperçut bientôt que cette porte était défendue par plusieurs pièces de canon, et par des militaires, parmi lesquels figurait Henriot, commandant général provisoire.

Hérault de Séchelles, président, voyant cet obstacle, demande que le passage soit libre. Il s'établit, entre lui et le commandant général, un dialogue que peu de personnes ont entendu. Voici ce qui a été recueilli par divers députés à portée de bien voir, de bien entendre.

Le commandant est sommé de laisser le passage libre, et en même temps on lui crie « : Découvrez-vous, c'est le président de la Convention. » Henriot, en jurant, dit « : Je ne me découvrirai pas; je n'ai plus de ménagements à garder; ils m'ont manqué de parole; mais je ne les ménagerai pas. » Alors le président fait lecture du décret qui ordonne la levée des consignes. Henriot n'y répond que par des menaces. « La force armée, dit-il, ne se retirera que lorsque la Convention aura livré au peuple les députés dénoncés par la Commune; personne ne sortira. » Le président, au nom de la loi, ordonne aux soldats d'arrêter ce rebelle; le député Delacroix prend son pistolet et en menace Henriot. Celui-ci fait reculer son cheval de quelques pas, et crie : « Aux armes! Canonniers, à vos pièces! » L'état-major à cheval fait un mouvement, les sabres sont tirés, un des cavaliers s'avance sur la colonne de la Convention, un particulier l'arrête en saisissant la bride de son cheval; des fusiliers couchent en joue les députés. Des cris menaçants se font entendre.

Le président, convaincu qu'à cette porte le passage n'est pas libre, tourne à gauche, se porte vers une autre issue située au nord de la cour. Là, nouvelle sommation, nouvelle résistance. La colonne de la Convention se replie, revient sous le vestibule des Tuileries, descend dans le jardin, et se dirige vers la porte située presque en face du Pont-Royal. Là, même demande, même refus; le président n'insiste pas, et conduit la Convention, en longeant la terrasse du côté de la Seine, jusqu'à la porte du Pont-Tournant, porte qui s'ouvre sur la place Louis XV. Les troupes qui s'y trouvent opposent leur consigne aux ordres du président, et refusent constamment le passage.

Pendant que le président haranguait les officiers de ce poste pour en obtenir la liberté de sortir; pendant que la Convention attendait près du grand bassin l'issue de cette démarche, on entendit crier, et l'on vit arriver précipitamment, parmi les arbres du bosquet, Marat, escorté d'une cinquantaine d'hommes couverts de haillons, et qui semblaient être récemment échappés de Bicêtre. Marat, en approchant, s'écrie d'un ton impératif et menaçant : « Mandataires du peuple, je vous somme, en son nom, de vous rendre à vos postes et d'y reprendre vos fonctions. »

Après avoir inutilement, de porte en porte, sollicité sa liberté, et s'être bien convaincue qu'elle était prisonnière, la Convention, déconcertée et docile aux ordres de Marat, marchant entre deux haies de baïonnettes et de piques, se rendit à son poste, rentra dans sa prison. A peine est-elle rentrée que des volontaires s'emparent des avenues de la salle, et y détiennent de nouveau les députés.

Alors Couthon dit : « L'assemblée, par la démarche qu'elle « vient de faire, s'est enfin convaincue qu'elle est parfaite- « ment libre. »

Après avoir proféré cette assertion ridicule, parce que la fausseté en était trop évidente, Couthon demande que les vingt-deux députés dénoncés par la Commune soient mis en état d'arrestation à l'Abbaye, ainsi que les membres du comité des douze. Il demande, conformément au vœu de Marat, qu'on en excepte Ducos, Lanthenas et Dusaulx, et qu'on adjoigne aux proscrits Louvet, Valazé, et les ministres Clavière et Lebrun. Ces propositions excitent une vive opposition. Couthon en parut effrayé, et chercha à calmer l'effervescence en faisant des amendements à sa proposition. Il demande que les députés dénoncés, à l'exception de Ducos, Lanthenas et Dusaulx, soient mis en arrestation chez eux, et que ceux qui ont offert leur suspension aient la ville de Paris pour prison.

Cette proposition, convertie en décret, est brusquement mise aux voix. Une grande majorité refuse de prendre part à la délibération; néanmoins le président déclare que le décret est rendu; en voici la teneur:

« La Convention nationale décrète que les députés ses mem-
« bres, dont les noms suivent, seront mis en état d'arresta-
« tion chez eux, et qu'ils y seront sous la sauvegarde du
« peuple français et de la Convention nationale, ainsi que de
« la loyauté des citoyens de Paris. Les noms desdits députés
« mis en arrestation sont: Gensonné, Guadet, Brissot, Gorsas,
« Pétion, Vergniaud, Salle, Barbaroux, Chambon, Buzot,
« Birotteau, Lidon, Rabaut-Saint-Étienne, Lasource, Lan-
« juinais, Grangeneuve, Lehardy, Lesage (d'Eure-et-Loir);
« Louvet (du Loiret); Valazé, Clavière, ministres des contri-
« butions publiques, et Lebrun, ministre des affaires étran-
« gères. Auxquels noms il faut joindre ceux des membres
« de la commission des douze, à l'exception de ceux d'entre
« eux qui ont été, dans cette commission, d'un avis contraire
« aux mandats d'arrêts lancés par elle. Les noms des pre-
« miers sont: Kervelegan, Gardien, Rabaut-Saint-Étienne,
« Boileau, Bertrand, Vigée, Mollevault, Henri Larivière,
« Gomaire, Bergoeing, les deux autres exceptés : Fonfrède,
« Saint-Martin. »

Le décret fut à peine prononcé, qu'un grand nombre de députés vinrent au bureau réclamer contre et signèrent diverses déclarations portant qu'ils n'approuvent point ce décret et qu'ils n'ont point pris part à la délibération. Leurs protestations sont sans succès; aucune règle n'était observée, la violence présidait, et tous les actes de cette assemblée prisonnière se trouvaient frappés de nullité.

Sur la motion d'un membre, qui observa que la suspension offerte volontairement par Isnard et Fauchet méritait certains égards, on a demandé qu'ils ne fussent pas mis en état d'arrestation, mais qu'il leur fût seulement interdit de sortir de la ville de Paris, ce qui a été décrété.

Ces conspirateurs, incertains du succès, avaient un grand intérêt à convaincre le public de la nécessité du coup qu'ils venaient de porter contre la majorité de la Convention; mais, malheureusement pour eux, ils manquaient de preuves qui pussent amener cette conviction; dans leur embarras, ils eurent recours aux manœuvres suivantes.

Quelques heures avant que le décret fatal fût rendu, le comité révolutionnaire de la Commune fit afficher, dans toutes les rues de Paris, un placard portant que la patrie était sauvée, que le bonheur des Français allait commencer.

Un particulier, placé dans une tribune voisine de celle du président, se permettant d'élever la voix, eut l'impudence de dire : « Je suis député par le peuple entier du département « de Paris, qui me charge de vous dire que le décret que « vous venez de rendre a sauvé la patrie. »

Comment aurait-il pu recueillir les voix du peuple entier du département sur un décret qui venait d'être rendu à l'instant? Une lettre fut adressée au président de la Convention par les sieurs Laugier, Loys et Denoux; cette lettre, écrite au nom du peuple entier, porte que le décret rendu contre les députés dénoncés sauve la patrie; les signataires s'offrent pour servir d'otages aux députés mis en arrestation. Ces moyens grossiers, précipitamment imaginés pour calmer l'indignation, capter la bienveillance du public, prouvent le trouble et la frayeur des conjurés, et leur empressement à prévenir le châtiment de leurs crimes.

Après un siége de douze heures, la Convention, contrariée, épuisée par des secousses violentes, leva sa séance à dix heures du soir; mais les membres ne purent sortir que lorsque la consigne fut levée : il fallut attendre qu'il plût à la Commune de donner des ordres pour que la représentation nationale fût mise en liberté. Cette difficulté de sortir, cette permission de la Commune, suffiraient pour prouver l'état de captivité où les conspirateurs avaient réduit la Convention, et la nullité de ses délibérations.

Dans la séance du 3 juin, le député Grégoire s'éleva avec courage contre les insultes, les outrages que la représentation nationale avait subis dans la séance de la veille, et demanda qu'il en fût fait mention dans le procès-verbal, afin que les départements pussent juger si cette assemblée était libre lorsqu'elle a décrété l'arrestation de plusieurs de ses membres.

Dans la même séance, on fit lecture d'une lettre que Lanjuinais, député proscrit, adressait à la Convention : « Je viens « d'être mis en arrestation chez moi.... Je suis gardé par un « gendarme. J'aurais pu fuir et me soustraire à l'oppres- « sion ; mais loin de moi cette pensée. Je lutterai contre mes « calomniateurs avec le courage de l'innocence..... Vous avez « cédé hier à la nécessité ; je vous remercie d'avoir, par votre « condescendance, empêché peut-être de plus grands atten- « tats. Maintenant, je vous en conjure au nom de la patrie, « hâtez-vous de revenir à la justice et à la dignité du peuple « magnanime que vous représentez ; hâtez-vous d'étouffer « les ferments de la guerre civile que les factieux ont pré- « parée pour ressusciter la tyrannie ; que les départements « apprennent presque aussitôt la liberté que l'arrestation de « leurs représentants ; que le Comité du salut public, après « avoir communiqué aux détenus les faits que l'on a encore « pu articuler contre eux, et qu'on voudrait leur imputer, « vous fasse un prompt rapport qui appelle sous la hache de « la loi les traîtres, s'il s'en trouvait parmi vos collègues, et « fasse éclater l'innocence des autres. »

Barbaroux, Vergniaud écrivirent aussi pour avertir la Convention qu'ils étaient en arrestation chez eux, et qu'ils se soumettaient au décret. Ces lettres et les propositions qu'elles contenaient furent renvoyées au Comité de salut public.

Ces lettres sembleraient prouver que les députés proscrits croyaient ne devoir l'être que momentanément ; que le décret ne serait point exécuté à la rigueur ; que la Convention, rendue à la liberté, annulerait ce que la force lui avait commandé, et que les conjurés, bientôt confondus, recevraient le châtiment de leurs crimes. Si c'était leur espérance, ils furent grandement trompés. La faction, fortement appuyée par l'étranger, ne renonçait pas à ses succès, et n'aspirait qu'à les étendre, qu'à augmenter le nombre des proscrits, qu'à dévorer la proie dont elle s'était saisie, qu'à en saisir et à en dévorer beaucoup d'autres.

Cette faction laissa aux députés proscrits le rôle le plus intéressant et le plus beau, celui des innocents persécutés ; ils le remplirent avec un courage, une dignité qui les couvre de gloire ; elle se réserva le rôle odieux, celui de persécuteur, dont elle s'acquitta avec un acharnement et une fureur toujours croissants. Bientôt le décret d'arrestation du 2 juin fut converti en un décret de mort ; bientôt le nombre des députés proscrits s'accrut au point que la minorité acquit la force de la majorité.

Ce décret du 2 juin, quoique enlevé par violence, et par conséquent frappé de nullité, eut les conséquences les plus désastreuses. La faction qui l'arracha, en cédant à l'impulsion de nos ennemis, fit le malheur des Français de toutes les classes.

Ce décret rompit la digue, et des torrents de calamités, de crimes et de malheurs inondèrent la France entière. Il ouvrit la carrière au régime de la terreur, régime de prisons, d'échafauds, de ruines, de persécuteurs et de persécutés, de bourreaux et de victimes ; régime qui changea entièrement le but de la révolution, dénatura ses principes, détourna ses effets, et accomplit le vœu impie des ennemis qui désiraient la rendre insupportable. Que d'attentats à la morale, à la propriété, à la liberté individuelle, furent commis sous cet affreux régime ! Que de larmes, que de sang furent répandus pendant cette longue tragédie dont le 2 juin fut le premier acte !

LES 31 MAI, 1er ET 2 JUIN 1793.

# FRAGMENT

## PAR M. LE COMTE LANJUINAIS,

PAIR DE FRANCE, ANCIEN CONVENTIONNEL;

AVEC

# UN DE SES DISCOURS

PRONONCÉS LE 2 JUIN,

ET LE RÉCIT DÉTAILLÉ DE CETTE MÊME JOURNÉE, PUBLIÉ PAR LE MÊME, EN JUIN 1793.

LES 31 MAI, 1er ET 2 JUIN 1793.

# FRAGMENT

## PAR M. LE COMTE LANJUINAIS,

PAIR DE FRANCE, ANCIEN CONVENTIONNEL.

Décembre 1823.

On avait massacré à Paris, à Reims, etc., dans le mois de septembre 1792; on avait écrit de Paris à toutes les villes de France la fameuse lettre qui signifiait : *Tuez, nous avons tué.* Cette circulaire avait été remise aux clubs affiliés, par des orateurs de Paris, chargés de la commenter de vive voix. Les massacreurs signataires et d'autres complices étaient dans la Convention. Ils n'y étaient pas sans inquiétude; les procédures contre eux étaient ordonnées; malgré les efforts audacieux des chefs et des complices, elles arrivaient au ministère de la justice, qui avait été ministère de Danton, et d'où était parti l'ordre des massacres. Trois fois en un mois ou deux, le feu prit dans les bureaux de ce ministère, où j'avais vu ces pièces déposées en plusieurs liasses. Le nombre des coupables, leur audace même procurèrent enfin l'impunité. Ils voulaient se venger.

Arriva le 21 janvier; ce fut une nouvelle cause de discordes et de haines. La crête de la Montagne faisait établir le système des emprisonnements des suspects, à Lyon, Nantes, Marseille, Strasbourg, etc. La majorité des députés avait ordonné, pour la sûreté de la Convention, une garde départementale; la crête de la Montagne en frémit; et, pour contre-batterie, elle inventa le crime du *fédéralisme.* Elle ne voulait pas souffrir, elle ne souffrait pas qu'on travaillât à la constitution; si elle la voulait, c'était seulement anarchique, telle qu'elle fut ensuite votée. Depuis janvier jusqu'en juin 1793, au nom de la Commune de Paris, elle ne cessa de demander des victimes parmi les députés modérés et sans reproche, qu'elle affectait d'appeler *traîtres et infidèles*.

Danton, Marat et Robespierre, avec leurs affidés, conspiraient pour *épurer* la Convention. Pitt et les émigrés à Londres, et leurs correspondants à Paris, fomentèrent ce projet et y concoururent effectivement. La crête de la Montagne voulait régner par le sang, l'anarchie, la terreur et l'immoralité; les émigrés et la première coalition, *première Sainte alliance*, si l'on veut, prétendaient détruire la Convention, la dissoudre, et tout au moins déshonorer par des troubles et des excès *la cause de la liberté; il fallait ne rien laisser faire de bon à ces gens-là* [1]. Sept étrangers, sept agents du dehors, Desfieux, Proly, Pereyra, Dubuisson, les deux frères Frey, Gusman, etc., tirés du club des Cordeliers et de celui des Jacobins, furent par la Commune érigés en *comité d'insurrection*. Ils dirent bientôt dans leurs écrits séditieux que le peuple souverain avait retiré à lui ses pouvoirs et les leur avait confiés. Avant le 31 mai, une commission de douze conventionnels, chargée de prévenir les complots que l'on tramait dans la capitale, fut dissoute par suite d'intrigues et de procédés qui répandirent de plus en plus la terreur; *Pache*, maire de Paris, et *Chaumette*, procureur de la commune de Paris, tous deux ex-instituteurs d'émigrés, et tous deux grands acteurs dans les conciliabules anarchiques, firent publier, placarder, présenter des pétitions contre les députés *infidèles, contre moi* qui avais à Rennes mal parlé de la circulaire sanglante; qui n'avais point voté *la mort du tyran;* qui avais combattu les mesures acerbes; qui avais refusé à *haute voix*, et *en séance même*, de concourir à organiser le *tribunal révolutionnaire;*

1 Voyez *les Constitutions françaises*, par l'auteur; in-8°, t. I, p. 44.

enfin qui avais obtenu le décret de partage de la grande Commune en douze municipalités.

Des commissaires de cette grande Commune, accompagnés des secrétaires municipaux, avec tables, encre et des papiers et des registres, se promenèrent dans Paris au son d'un tambour d'alarme, et précédés d'une milice, demandant et recueillant les signatures des passants contre les vingt-deux dont les noms varièrent trois fois en peu de mois. Cela se faisait pendant les haltes solennelles où l'on déclamait contre les vingt-deux. J'ai entendu, j'ai vu cela de mes yeux; j'ai entendu Marat, se disant visiter les postes de la garde nationale, et suivi d'une troupe de déguenillés qu'il appelait le peuple; je l'ai entendu se rétournant leur dire très-haut : *Peuple! s.... ces b...... là ne peuvent pas te sauver; il te faut un roi.......* C'est avec cette audace qu'il avait écrit en ses feuilles incendiaires : *Il faut cent vingt mille têtes..... Peuple malheureux, pille les boutiques..... L'épouse de Roland a reçu hier Lanjuinais dans son boudoir et l'a caressé par de petits soufflets.....* Notez que je n'ai vu madame Roland dans aucune occasion; j'étais absent de la séance quand elle comparut à la barre de la Convention, et je ne lui ai jamais fait de visite.

Le 30 mai, j'allai à l'Évêché assister, dans le parterre, aux séances du comité insurrecteur de la Commune; j'entendis arrêter les dernières mesures, et notamment le son du tocsin pour le 31 mai, à l'heure de minuit prochaine; j'annonçai de suite ces projets, comme témoin, à la séance du soir de la Convention, ledit jour 30 mai ; les conjurés, entre autres Chabot, Legendre, etc., me traitèrent de peureux, de rêveur, de calomniateur, et firent passer à l'ordre du jour.

Cependant le 31 mai le tocsin est sonné, ensuite la générale bat, le canon d'alarme est tiré; cela recommence trois jours de suite. Les courriers de la poste et les administrateurs sont arrêtés par ordre du comité insurrecteur qui ose violer le secret des lettres; les barrières de Paris sont fermées; ce même jour 31 mai, la Convention s'assemble à six heures du matin; on cherche à la rassurer, cela est connu. Elle résiste deux jours de suite, et une grande partie du troisième, aux cris, aux pétitions, aux scènes violentes des insurrecteurs, et au spectacle de cent un mille hommes de cavalerie, d'artillerie et d'infanterie qui entourent les Tuileries, lieu des séances; on voyait en armes avec eux les fameux Marseillais, les *soi-disant défenseurs de la république* et tous les gardes nationaux trompés la plupart, ou marchant avec répugnance, et en vue de maintenir l'ordre; tous étaient commandés par le trop fameux Henriot.

Le 1er et le 2 juin [1] les scènes d'anarchie, les rassemblements, les menaces et les pétitions séditieuses continuent; le 2 juin la Convention rend son second décret en notre faveur, dont le sens est que les députés qu'on veut proscrire sont innocents. Ce jour je parlai deux fois contre les arrestations arbitraires dénoncées par des pétitions. A la seconde fois, Legendre, boucher, faisant avec effort le geste du merlin, me menaça et cria : *Descends,.... ou je vais t'assommer*. Son geste m'inspira; je le fis taire et s'asseoir en lui disant à regret : *Fais décréter que je suis bœuf et tu m'assommeras*. Revenu bientôt de son trouble extrême, il vient m'assaillir à la tribune avec Chabot, Turreau, Drouet, Robespierre jeune, et d'autres armés de pistolets; il m'applique le sien immédiatement sur la gorge, pour me forcer à descendre; d'autres viennent à mon secours armés aussi de pistolets : parmi ces derniers étaient Biroteau, Defermon, Leclerc (de Loir-et-Cher), Lidon, Pénières, Pilastre, etc. Ces derniers me protégent et les autres me saisissent, me poussent, m'injurient et me menacent; je demeure impassiblement cramponné à la tribune; enfin le tumulte s'apaise, tous se retirent, et je recommence à tonner contre l'affreuse théorie des suspects.

Dans une fameuse procession du soir en dehors de la salle, il fut constaté que la Commune, son général Henriot et son comité d'étrangers étaient en révolte contre la Convention,

1 J'ai vu, le 2 juin, distribuer publiquement des assignats à l'élite des cent un mille hommes.

et que ceux qui commandaient les troupes la tenaient précisément bloquée, bravaient ses ordres et la menaçaient en face. Alors nombre de députés perdirent courage, surtout quand ils virent des étrangers entrer dans notre salle, quand ils entendirent Couthon proférer cette impudente ironie : *Maintenant que vous êtes rassurés sur votre liberté, je demande qu'on fasse justice au peuple, qu'on arrête les députés conspirateurs*; quand ils virent des insurgés, non députés, siéger dans nos rangs et voter avec le parti factieux, jusqu'alors en minorité habituelle. Presque tous ceux qu'on appelait Girondins avaient jugé à propos de s'absenter. Seul je luttais contre la tempête. A la fin de la séance, Barbaroux et deux ou trois autres ayant paru et parlé, on injuria Barbaroux : c'était le prêtre capucin Chabot qui proférait les paroles outrageuses; je le repris exactement dans ces termes : *Je dis au prêtre Chabot : on a vu, dans l'antiquité, orner les victimes de fleurs et de bandelettes; mais le prêtre qui les immolait ne les insultait pas*..... et je continuai mon discours; je persistais à refuser ma démission, parce que j'étais innocent et que la Convention venait de le décréter itérativement; parce qu'elle n'était pas libre ; parce qu'au contraire elle était assiégée et menacée par des troupes d'anarchistes. La Montagne parut hésiter à me mettre en arrestation; quelques-uns lui faisaient honte de son projet à mon égard, et Chabot dit assez haut, répondant à Legendre : *Pourquoi Lanjuinais est-il dans la liste? f....., c'est un bon b.....* Tel était l'indigne langage des factieux. Alors deux montagnards égarés et que je pourrais nommer, luttèrent contre ceux qui me défendaient, en criant, en hurlant : *Lanjuinais catholique..... catholique..... catholique....* Le président, qui favorisait le complot, voyant l'assemblée très-faible et mêlée d'étrangers *à la chambre*, mit de suite aux voix mon arrestation. Les conjurés députés votèrent avec les étrangers ; les autres restèrent assis en grand nombre aux doux épreuves ; quelques-uns protestèrent contre le défaut de liberté, et la Convention fut non pas dissoute, comme on l'avait projeté à Londres, mais elle fut mutilée de vingt-deux membres, et successivement de cent trente-trois. A cette soirée du 2 juin commença le cours libre des horreurs législatives, administratives et judiciaires qui signalèrent la fatale période de 1793, terminée seulement en 1795, et pendant laquelle les armées, toujours fidèles à la patrie, souvent sans paye, sans vêtements et sans subsistances, triomphèrent de l'Europe conjurée.

---

# DISCOURS

## DE LANJUINAIS

DÉPUTÉ PAR LE DÉPARTEMENT DE L'ILLE-ET-VILAINE
A LA CONVENTION NATIONALE,

PRONONCÉ LE DIMANCHE 2 JUIN 1793, ET DÉTAILS TRÈS-CIRCONSTANCIÉS
DES FAITS LES PLUS MÉMORABLES DE CETTE JOURNÉE.

D'après la deuxième édition, corrigée et augmentée, publiée comme la première en juin 1793, par ce même député.

---

On délibérait (le 2 juin au soir) sur l'arrestation des vingt-deux en conséquence de la pétition déclarée *calomnieuse* par décret, et depuis réchauffée par des factieux, affamés d'or, de sang et de domination.

Ils avaient fait entourer la Convention par une force armée de plus de 100,000 hommes, commandés par le féroce septembriseur Henriot; et les députés qui se présentaient au dehors de la salle pour les besoins les plus urgents étaient repoussés avec violence.

Isnard, Fauchet, Lanthenas, Dusaulx, quatre des vingt-deux députés à proscrire, venaient de consentir leur suspension proposée comme *moyen conciliatoire*, par le trop complaisant Barrère, au nom du comité de salut public. Barbaroux avait seulement annoncé qu'il se soumettrait au décret, s'il était rendu.

Tout au contraire, Lanjuinais, appelé à son rang de la liste pour se démettre, demanda, par un discours énergique sur les circonstances, la cassation de toutes autorités soi-disant insurgées dans Paris, et de tous leurs actes, avec défense aux citoyens de les reconnaître, et autorisation de saisir et d'emprisonner tous ceux qui se prétendraient revêtus d'une telle autorité.

« Si j'ai montré, dit-il, jusqu'à présent quelque courage, je l'ai puisé dans l'ardent amour qui m'anime pour la patrie et la liberté. Je serai fidèle à ces mêmes sentiments, je l'espère, jusqu'au dernier souffle de ma vie. Ainsi, n'attendez pas de suspension..... (*Interruption.*)

« Je dis à mes interrupteurs, et surtout à Chabot qui vient d'injurier Barbaroux : On a vu, dans l'antiquité orner les victimes de fleurs et de bandelettes, mais le prêtre qui les immolait ne les insultait pas.....

« N'attendez de moi ni démission, ni suspension momentanée; n'attendez aucun sacrifice. Je ne suis pas libre pour en faire, et vous ne l'êtes pas vous-mêmes pour en accepter. La Convention est assiégée de toutes parts par de nombreuses troupes armées; les canons sont dirigés sur elle; des consignes criminelles vous arrêtent malgré vous aux portes de cette salle. On vient de vous insulter, de vous outrager, de vous menacer en vertu d'un édit du *comité d'insurrection,* de cette autorité rivale et usurpatrice qui prétend détruire la république et notre liberté naissante. Tout à l'heure on vient de faire charger les fusils contre vous, et il n'est pas permis, sans risquer sa vie, de se montrer seulement aux fenêtres qui environnent cette salle.

« Si vous étiez libres, je dirais : Je n'ai pas le droit d'abjurer, au gré des factieux, l'auguste mission qui m'est confiée; j'appartiens à la république entière et non à cette seule portion de citoyens, égarés ou intimidés, que de grands conspirateurs font mouvoir, et qui, s'ils s'expliquaient eux-mêmes librement, s'élèveraient pour moi contre ceux qui me persécutent; je n'abandonnerai point volontairement mon poste à l'époque des plus grands dangers de ma patrie.....

« Je me trompe, citoyens, si vous étiez libres, je n'aurais rien à dire... Je n'avais rien dit quand, après une longue discussion, vous prononçâtes dans cette même cause, et à la presque unanimité, ce décret célèbre qui imprima le sceau de l'infamie sur le front de mes calomniateurs... Je n'ai rien dit quand vous avez répété ce décret... Vous étiez libres alors... Votre jugement souverain et réitéré pourrait-il être rétracté? Le serait-il valablement sous les canons et les baïonnettes qui se dirigent contre la représentation nationale?

« J'ai encore la faculté de faire entendre ici ma voix. Eh bien! j'en userai pour vous donner un conseil digne de vous, qui peut vous couvrir de gloire et sauver la liberté. Osez manier avec vigueur le sceptre des lois déposé en vos mains; cassez dès ce moment toutes les autorités que les lois ne connaissent pas; défendez à toutes personnes de leur obéir; énoncez la volonté nationale : ce ne sera pas en vain; les factieux seront abandonnés des bons citoyens qu'ils abusent... Si vous n'avez pas ce courage, c'en est fait de la liberté. Je vois la guerre civile, qui déjà est allumée dans ma patrie, étendre partout ses ravages, et déchirer la France en petits États; je vois l'horrible monstre de la dictature ou de la tyrannie, sous quelque nom que ce soit, s'avancer sur des monceaux de ruines et de cadavres, vous engloutir successivement les uns et les autres, et renverser la république. »

*Récit des événements du 2 juin 1793.*

Un beau mouvement de l'assemblée avait précédé ce discours. La Convention, assiégée, *de l'aveu même de Delacroix et de Barrère*, par la force armée, et assiégée dans des desseins liberticides, avait cassé le matin, par un décret, la consigne qui la rendait captive.

Les sentinelles *extraordinaires* refusaient d'obéir. La Convention se présente en corps, le président Hérault à la tête; on regardait la séance comme levée. Alors les sentinelles des portes et des escaliers n'insistèrent plus, mais toutes les avenues extérieures, du côté de la cour et du jardin des Tuileries, étaient fermées en dehors et en dedans par la troupe armée.

Cette troupe était d'environ 100,000 hommes, parmi lesquels il y avait 3 000 canonniers avec 163 pièces de canon.

Là étaient des détachements de la garde nationale de Courbevoie, de Saint-Germain-en-Laye, de Melun et de Versailles, arrivés dans le jour, et auxquels le comité révolutionnaire avait fait distribuer l'étape.

On sait que Santerre avait été dénoncé à la commission des douze, comme devant ramener dans Paris les contingents de la Vendée.

On distinguait parmi les assiégeants une partie de ces hussards royalistes de la légion de Rozenthal. A leur tête étaient Henriot et ses aides de camp, choisis parmi ses complices de septembre.

Il y avait aussi dans les Champs-Élysées [1] des fourneaux avec des grils pour chauffer des boulets; un corps de réserve nombreux dans le bois de Boulogne, où il a bivaqué la nuit du samedi au dimanche, avec quatorze pièces de canon.

Les bataillons des sections les plus contre-anarchiques de Paris étaient aux postes les moins importants et les plus éloignés.

Le mot d'ordre était *insurrection et vigueur.*

Un militaire à cheval fut vu distribuant à des soldats des assignats de 5 livres [2].

Marat, avec Henriot et divers officiers, avait visité, le 31 mai, les principaux postes dans la ville; Marat avait, comme insurgent, donné des ordres militaires autour de la salle, pendant la séance même.

Un municipal révolutionnaire de Paris, avec son écharpe, s'était emparé du comité de sûreté générale de la Convention; il y faisait la police sur les gens suspects aux sentinelles de la faction. On connaît un député qui y a été conduit et interrogé, et raillé comme n'étant pas de *la montagne.*

Enfin les barrières étaient gardées, et Paris était cerné à

1 On en parla dans les discussions publiques de ces jours malheureux, comme d'un fait certain.

2 Je l'ai vu. Le maire Pache avait fourni, pour ces journées, 150,000 fr. destinés aux colons de Saint-Domingue. Voyez *Souvenirs sénatoriaux*, par M. le comte Cornet, p. 49.

cinq à six lieues à la ronde par un cordon de troupes armées. On croit que ce cordon existe encore.

La Convention se présente pour sortir par la grande porte sur la place du Carrousel; les députés avaient la tête nue; le président seul était couvert, en signe du danger de la patrie; les huissiers de la Convention le précédaient; il ordonne d'ouvrir le passage.

Henriot s'avance à cheval avec ses aides de camp, et, enfonçant son chapeau sur sa tête, il tire son sabre; il refuse le passage à peu près en ces termes : « Vous n'avez point d'ordre à donner ici, retournez à votre poste; *livrez les députés* que le peuple demande. »

Des députés insistent; Henriot recule de quinze pas et crie : *Aux armes!... Canonniers, à vos pièces.* La troupe qu'il commande se dispose à la charge; on a même vu les fusils en joue, dirigés sur les députés; les canonniers se préparent à tirer leurs canons; les hussards tirent leurs sabres.

A cette vue, le président se recule, et puis se présente avec l'Assemblée à toutes les troupes, successivement dans la cour et dans le jardin; il trouve partout résistance opiniâtre.

Cependant la plupart des troupes armées criaient, le chapeau à la pointe de la baïonnette, ou de la pique : *Vive la république! vivent les députés! La paix, la paix, des lois, des lois, une constitution!* Un petit nombre criait : *Vive la Montagne! vivent les bons députés!* un plus petit nombre encore : *A la guillotine Brissot, Guadet, Vergniaud, Gensonné!* et ceux-là paraissaient ne s'arrêter que faute de mémoire; d'autres enfin : *Purgez la Convention, tirez le mauvais sang...!*

Lorsque la Convention quitta la salle de ses séances, les députés qu'on appelle de la Montagne furent les derniers à partir. On leur criait de la tribune au-dessus d'eux, je ne saurais assurer dans quelle vue, mais on peut le deviner : *N'allez pas, n'allez pas; que les bons Montagnards restent!* La plupart sortirent.

Mais il en resta environ une vingtaine avec Marat. Ils lièrent conversation avec cette tribune affidée qui semblait fort instruite, qui annonçait hautement et la rentrée prochaine dans la salle, et le décret d'accusation contre les députés qu'on voulait proscrire.

Tout-à-coup Marat, craignant sans doute qu'on eût obéi à la Convention, à quelqu'un des postes, et que la troisième journée fût encore inutile au succès des conjurés, sort avec précipitation. Il apprend que la Convention, repoussée près le Carrousel, se rend vers le Pont-Tournant; il y accourt très-vivement, suivi bientôt d'environ cent cinquante hommes déguenillés qui criaient : *Vive Marat!* Il s'écrie, parlant aux députés : *Je vous somme, au nom du peuple, de retourner à vos postes que vous avez lâchement abandonnés.*

Là on entendit crier : *Sacr.... il nous faut un roi, f.... vous ne pouvez pas nous sauver.*

L'Assemblée dévore en silence ces humiliations, ces outrages, elle rentre; elle trouve les tribunes occupées par des hommes de l'insurrection, armés de fusils et de baïonnettes. Les députés sont de nouveau consignés aux avenues de la salle.

Couthon, le déloyal Couthon, dit que chacun, maintenant, doit être bien rassuré sur la liberté de la Convention, et qu'il faut faire justice au peuple.

Couthon achève son rôle hypocrite en dictant aux représentants du peuple, en corrigeant en société, en tiers avec Marat et Chabot, la liste des proscrits. Ils en retranchent trois, Dusaulx, Ducos et Lanthenas; ils en proposent quatre, Defermon, Valazé et les ministres Clavière et Lebrun, et toujours sans aucuns motifs; ils n'osent pas insister contre Defermon. Ils veulent d'abord que ceux qui ne se soumettent pas à la suspension, et ceux qui sont absents, soient envoyés à l'Abbaye; cédant ensuite à des répugnances très-manifestées, ils se contentent de demander que tous soient mis en arrestation chez eux. De généreux députés s'indignent et protestent hautement contre la violence et contre ce qu'on va faire. La liste est décrétée en masse, et fort lestement, par le président Hérault, quoique le côté droit ne prît point de part à la délibération, ou n'en prît que pour réclamer.

La séance est levée : mais il était défendu de sortir. Il fallut reprendre quelques vains débats, et attendre une demi-heure pendant qu'on allait solliciter la levée des consignes, soit auprès du commandant Henriot, soit auprès du comité insurgent.

O Parisiens! Voilà ce que les factieux appellent une superbe journée, une belle insurrection *morale;* et moi je vous dis que c'est le plus horrible attentat qu'on puisse commettre; c'est un grand mouvement contre-révolutionnaire; c'est la dissolution de la Convention; c'est la mort de la république et de la liberté. Il ne suffit pas d'agiter vos chapeaux au bout de vos piques et de vos baïonnettes, et de crier *vive la république!* Les tyrans arrêtent maintenant par centaines vos parents, vos voisins, vos amis; ils les massacreront demain comme en septembre; ils vous désarmeront; ils vous pilleront, comme ils se tuent de le dire depuis si longtemps, et vous feront bientôt crier *vive le roi!* Vous deviendrez ainsi la risée de l'Europe, le jouet des puissances coalisées et des départements qui s'éveillent enfin. Votre ville superbe, on voudra en faire un désert, et vous l'aurez mérité par votre faiblesse. Debout, Parisiens! il est temps encore de sauver la liberté; mais il n'y a plus qu'un moyen.

Faites rentrer dans le néant les autorités insurgentes qui vous oppriment, qui vous calomnient en vous prêtant leurs desseins liberticides, et ralliez-vous sans délai à l'intégrité de la représentation nationale.

---

# LE 13 VENDÉMIAIRE

## PAR LACRETELLE

---

# LE 13 VENDÉMIAIRE

## PAR LACRETELLE

Mon récit va se rembrunir; mes souvenirs, un moment colorés par des actes d'humanité où j'eus le bonheur de prendre une part indirecte, assez souvent efficace, me retracent des scènes cruelles où la révolution réagit d'abord sur ses auteurs, et ensuite sur ses adversaires. C'est un torrent qui n'est pas encore rentré dans son lit, que tantôt des vents furieux refoulent en arrière, et que tantôt ils reportent en avant, mais avec une violence ralentie dans son cours. Il n'était pas bien sûr de se trouver sur son passage, et moins sûr encore de lui opposer une digue.

La Convention s'était vue à regret obligée de sévir contre quelques-uns des Montagnards qui avaient pris une part flagrante à la sédition réprimée. Chacun sait à quelle scène d'horreur donna lieu leur condamnation prononcée par une commission militaire. On a encore l'imagination frappée de ce couteau, de cet unique couteau que Goujon, le premier, plonge dans ses entrailles, qu'il retire tout fumant pour le donner à Romme, et qui passant de main en main, de poitrine en poitrine, frappe les six martyrs d'une démocratie délirante, et qui du moins ont rappelé, par leur mort, les Romains, objet de leur admiration fanatique. Mais trois seulement avaient eu le bonheur de s'arracher la vie : c'étaient Goujon, Romme et Duquesnoi. Les trois derniers, Duroi, Bourbotte et Soubrani, survivaient à leurs profondes blessures, et la Convention eut l'inhumanité de faire traîner au supplice ces moribonds ensanglantés. Leur aspect eût fait baisser les yeux à l'ennemi le plus vindicatif; un tel supplice n'était digne que d'être appliqué à un bourreau de l'espèce humaine tel que Robespierre, et encore n'est-il propre qu'à entretenir la férocité des mœurs. Ces députés n'étaient pas au nombre des proconsuls les plus sanguinaires, mais peut-être dans leur zèle montagnard avaient-ils vu froidement, après le 31 mai, la mort du Girondin Valazé qui leur avait donné l'exemple de ce suicide en face d'un tribunal.

Eh quoi! même après le 9 thermidor, faut-il que je sois encore poursuivi par ces images sanglantes? Je voudrais ménager les lecteurs, mais on me ferait le reproche de paraître impassible ou de dissimuler, dans l'intérêt d'un parti, des crimes que j'attaque sévèrement dans le parti contraire. Comme je ne veux point ici entrer dans des récits sombres et désespérants, je puis, pour ces massacres, m'en rapporter à l'horreur que j'en ai exprimée dans le temps même où ils se commettaient, et, depuis, dans mon *Histoire de la Convention.*

Je m'abstiendrai également de tout détail sur les massacres de Quiberon. J'appelle *massacres* toutes les grandes immolations collectives, soit faites au mépris de toutes les lois, soit faites en exécution de lois barbares. Mais je dois dire encore quelques mots sur l'état des esprits. C'était un problème difficile que de tenir enchaînées des passions qui malheureusement prenaient la teinte des sentiments généreux. Mais le malheur avait assoupli les âmes et, pour calmer leurs ressentiments, le plaisir s'offrait au plus grand nombre. La religion faisait de nouveaux prosélytes. La philosophie avait été trop profanée pour exercer beaucoup d'empire; cette boussole du XVIIIe siècle était un peu folle, comme disent les marins, mais il y avait moyen de corriger ses erreurs et de s'en servir encore : c'est là ce que certains esprits commençaient à entrevoir; cette réforme devait appartenir au XIXe siècle, et puisse-t-elle y prospérer!

Il est évident, d'après ce tableau, que les fureurs des partis étaient assoupies plutôt qu'éteintes. La politique étrangère avait beau jeu pour tirer encore une flamme sinistre de ces cendres toutes chaudes. Je me suis convaincu, d'après les débats publics, que les chefs des assassins du Midi étaient des hommes soudoyés comme ceux du 2 septembre, ou comme les *bravi* d'Italie; par qui l'étaient-ils? je le sais mal, et n'ai point à m'en occuper ici.

Je reviens à notre petit conciliabule d'écrivains politiques. Nos succès nous avaient tourné la tête; nous nous étions trop habitués à considérer la Convention réformée comme un instrument docile, et que nous pourrions non pas briser, mais écarter dès qu'elle cesserait de se prêter à nos vœux. Nous voyions de la magie dans le mot d'*opinion publique*, nous lui prêtions en quelque sorte une force matérielle, et le prestige que nous cherchions à répandre réagissait d'abord sur nous-mêmes; nous ne savions pas voir que la Convention exerçait encore une puissance supérieure à celle des rois les plus absolus, que sa vieillesse était celle de politiques rusés, et qu'elle saurait bien se garder du vertige du désintéressement patriotique qui avait eu pour l'Assemblée constituante l'effet du plus lamentable suicide.

L'expédition de Quiberon, et surtout les supplices qui la suivirent, rompirent ce qui restait de bonne intelligence entre la Convention et l'opinion publique. Bientôt il fallut opter, et l'on juge bien que nous nous rangeâmes du côté de l'opinion, nous qui avions quelquefois la fatuité de nous appeler ses magistrats. Ce n'était pas à beaucoup près que l'expédition de Quiberon fût suivant nos vœux; nous la jugions comme depuis des légitimistes ont jugé l'expédition de M^me^ la duchesse de Berri dans la Vendée. Rien n'était préparé, l'opinion tendait au repos et non au mouvement. On faisait halte après être sorti d'un régime exécrable, mais on ne voulait pas être entraîné trop en arrière. L'opinion royaliste ne se prononçait que dans les départements de l'Ouest, encore n'était-ce que dans les villages; un sentiment contraire dominait dans les villes de cette même région de l'Ouest : c'était celui d'une aversion profonde contre le parti royaliste, dont les armées ou les bandes les avaient souvent rançonnées, saccagées ou tenues captives dans leurs murs. L'ardeur des paysans était fort ralentie par une paix qui, pour eux, était presque un témoignage de gloire; ils avaient à réparer les vastes ruines d'un pays livré aux flammes. Ce fut une idée bien fatale que de faire appuyer par des vaisseaux anglais une expédition d'émigrés composée surtout de ces officiers de marine qui, dans les guerres d'Amérique, venaient de se mesurer avec honneur contre les forces navales de l'Angleterre et de venger les longs affronts du pavillon français. Il est vrai que cette expédition était sollicitée avec ardeur par les émigrés et par le comte d'Artois; mais un homme d'État tel que Pitt pouvait-il l'ordonner sur la foi de quelques hommes livrés à toute la crédulité de la haine et de l'espérance, et surtout de quelques émissaires qui vivaient de mensonges soldés à grands frais? Il est à présumer que ce ministre comptait fort peu sur un succès auquel il s'intéressait médiocrement, car le rétablissement des Bourbons a toujours paru fort indifférent au fils du superbe lord Chatham. Tout autorise à croire qu'il voulait perpétuer la guerre en réveillant la plus cruelle de nos discordes civiles. Ces expédients de la politique me sont aussi odieux que les guerres les plus déloyales et les plus acharnées.

Tous les écrivains capables de quelque mesure et de quelque prévoyance furent consternés en apprenant la descente des émigrés à Quiberon; mais ils le furent encore plus en apprenant un désastre dont les Anglais, sur leurs vaisseaux, restèrent les spectateurs immobiles. Nous attendions en frémissant quel serait le sort de huit cents émigrés dont la plupart étaient d'excellents officiers de marine, et que l'on regardait comme victimes des impitoyables calculs des dominateurs des mers. Il y avait eu capitulation; serait-elle respectée? Un long et impitoyable massacre, ordonné par les lois révolutionnaires de 93, allait-il succéder à un fait d'armes qui ajoutait encore à la gloire du général Hoche et de nos armées? A qui pouvait profiter l'immolation de ces compagnons de Suffren? était-ce à la France? n'était-ce pas à l'Angleterre?

Les supplices étaient connus dans leurs sinistres détails lorsqu'eut lieu un de nos dîners hebdomadaires. Une gaîté assez vive les avait toujours accompagnés, mais cette fois nous arrivâmes consternés, et notre long entretien ne fit que nous exaspérer encore plus. C'était une horrible pensée, surtout après le 9 thermidor, que celle de huit cents Français fusillés, lorsqu'ils étaient sans armes, par des soldats français; fusillés au mépris d'une capitulation verbale qui leur avait fait poser les armes; fusillés lorsque leur chef, Sombreuil, digne frère de l'héroïne de la piété filiale, avait cru racheter le sang de tous ses compagnons en venant offrir le sien; et c'était l'homme du 9 thermidor, celui à qui l'amour et un noble désespoir avaient confié le rôle de libérateur de la France comme pour une grande expiation, c'était Tallien qui avait ordonné cette nouvelle effusion de sang. Les juges des commissions militaires avaient paru épouvantés du nombre des condamnations et frappés involontairement des beaux souvenirs qui se rattachaient au nom de plusieurs victimes; mais ils n'avaient à reconnaître qu'une identité manifeste; ils avaient accordé un sursis pour ceux des captifs qui n'avaient point atteint l'âge de seize ans. Eh bien ! le Comité de salut public régénéré avait refusé de le ratifier.

Nous pesions toutes ces circonstances avec une douleur et une colère toujours croissantes. Voici un résumé de toutes les réflexions qu'elle nous suggéra; je suis fâché de présenter sous la forme d'un discours suivi, un dialogue de douze ou quinze interlocuteurs, et dans lequel la vivacité des esprits se soumettait peu aux formes oratoires; mais ma mémoire ne peut aujourd'hui que s'en retracer les résultats qui devinrent importants.

« Eh bien ! disions-nous, la Convention revient à sa féro-
« cité première. Un nouveau deuil va frapper tant d'illu-
« stres familles dont quelques membres à peine viennent
« d'être arrachés à l'échafaud; M<sup>lle</sup> de Sombreuil, l'hon-
« neur du nom français, est frappée encore une fois dans
« son frère. Ce nom de Lamoignon-Malesherbes, dont nous
« nous servons sans cesse pour faire le plus cruel reproche
« aux décemvirs, n'a pu faire épargner un jeune Lamoignon
« qui, après avoir sauvé son frère, est venu se présenter à

« des juges barbares. Ils ont en vain réclamé une capitula-
« tion verbale qui n'a pu être désavouée. C'est sur la foi de
« cette capitulation qu'ils ont fait cesser le feu d'un vaisseau
« anglais. Sombreuil a cru qu'il périrait seul et que son dé-
« vouement sauverait l'élite de la marine française qui pour-
« rait être encore utile à la patrie; prêt à paraître devant
« Dieu, il l'a déclaré solennellement. Oui, elle existait cette
« capitulation; ces guerriers si habitués à braver la mort
« n'eussent-ils pas préféré la recevoir dans un combat qui
« offrait encore des chances de salut pour plusieurs et de
« vengeance pour tous? Mais quand elle eût été équivoque,
« peu formelle, il fallait la reconnaître, il eût fallu la sup-
« poser même pour sauver à la France l'horreur de huit cents
« nouvelles exécutions faites en quelques jours. N'était-ce
« pas une belle occasion de couronner le 9 thermidor et de
« montrer à l'Europe tout le prix, toute l'étendue de cette
« journée, pour faire rougir l'Angleterre d'une expédition ou
« perfide, ou insensée, et surtout du lâche abandon de ceux
« qu'elle a paru livrer? C'est ainsi que l'on peut marcher
« à la paix générale; la mort de Louis XVI a armé l'Europe
« contre nous; un acte de magnanimité aurait été du moins
« un heureux prétexte pour lui faire avouer sa lassitude;
« car, après tout, cette guerre n'amène plus pour elle que
« des défaites, et met les trônes en péril.

« Aujourd'hui sommes-nous avant ou après le 9 thermi-
« dor? Quoi! le Comité de salut public refuse un sursis
« pour la mort de quelques adolescents qui ont suivi leur
« père! Est-il un soldat français qui, dans la chaleur du
« combat, maître de leurs jours, ne leur eût dit: Va-t'en,
« mon pauvre enfant? Des militaires ont voulu les épargner
« et le Comité de salut public les égorge de sang-froid et
« les sacrifie à la politique, à la peur; on a voulu effrayer
« par là les Vendéens, mais c'est les forcer à reprendre
« les armes qu'ils ont déposées. Est-ce un moyen de ter-
« reur qu'on a voulu employer contre les assassins qui ont
« promené la mort dans les prisons de Marseille, de
« Lyon, de Tarascon? Mais n'est-ce pas les irriter que de

« faire égorger huit cents prisonniers après une capitulation ?
« Ainsi se trouve renversé le mur de séparation que nous « avons voulu établir entre la Convention de Robespierre « et la Convention du 9 thermidor. Cette fiction officieuse « va disparaître ; l'opinion publique ne l'accepterait plus. « La Convention, par un seul acte, vient de faire revivre « un passé qui ne trouvera jamais grâce aux yeux de la « morale et de l'honneur. Nous avons été ses précurseurs « et souvent ses appuis dans le bien qu'elle vient de faire. « Elle témoigne qu'elle veut s'arrêter dans cette carrière « ou même rétrograder, et cependant le Code révolutionnaire « n'est ébréché que dans quelques parties ; il offre « encore un arsenal de terreur tel que le gouvernement « le plus despotique n'en eut jamais à sa disposition ; elle « veut l'accoupler à sa constitution nouvelle ; mais l'un des « deux étouffera l'autre : c'est un Code qui s'est identifié « avec la Révolution même et qui sert encore d'égide à ses « auteurs. »

C'est là, je le répète, un résumé de tous les propos qui nous échappaient et auxquels je pris une assez forte part ; il m'a toujours été plus commode de discourir que de dialoguer, et je vois que ce défaut de mon esprit est devenu assez commun aujourd'hui. Le vin de Champagne, qui, d'ordinaire, nous suggérait les idées les plus gaies, ne faisait qu'animer notre colère, de telle sorte que nous en vînmes à dire : il faut renverser la Convention, et que nous répétâmes en chœur : *delenda Carthago*, très-mauvaise devise, quoiqu'elle appartienne à Caton l'Ancien. On sait combien, pendant douze ans, Napoléon, alors le Jupiter de l'Europe, la répéta et la fit répéter contre l'Angleterre. Vaine jactance du dépit ! nous ne détruisîmes point la Convention, et Napoléon ne détruisit point l'Angleterre.

Nous convînmes cependant, et j'insistai beaucoup sur ce point, de ne pas nous déclarer trop brusquement, quoique les supplices de la Bretagne n'appelassent que trop une explosion subite. J'étais navré de douleur en pensant que la direction nouvelle que nous allions suivre allait faire la désolation de Mme Tallien, et peut-être terminer ses jours de gloire et de salutaire influence. Mais n'était-ce point son mari qui lui enlevait cette couronne? J'avais eu le bonheur de la voir souvent chez elle et dans les cercles où elle était alors fêtée par la reconnaissance. Ses rapports avec moi avaient une assez jolie nuance d'amitié; j'en restai près d'elle à l'éblouissement et ne m'aventurai point jusqu'à l'amour. Souvent il nous était arrivé, lorsqu'elle revenait de ses soirées triomphantes au spectacle, de jouer, soit chez elle, soit chez d'autres dames, parmi lesquelles figurait la jolie vicomtesse de Beauharnais, depuis impératrice des Français, de jouer à des jeux innocents dans un lieu, dans une société qui ne rappelaient pas une innocence complète, et le sort m'avait favorisé d'un baiser innocent. Elle fut un jour si contente de l'un de mes articles, qu'elle me permit de baiser un bras digne de la Vénus du Capitole; mais peu de temps après, je vis la même faveur accordée à un député montagnard converti, ce qui me fit revenir à moi-même.

Maintenant je me présentais à elle avec un visage consterné, et la pâleur inaccoutumée du sien me révélait toutes ses souffrances et ses cruelles insomnies; je ne sus l'aborder qu'avec les lieux communs de la conversation. « Est-ce là, me dit-elle, ce que nous avons à nous dire « après un si cruel événement? ah! sans doute vous me « comprenez aussi bien que je vous comprends vous-même. » Puis, en versant un torrent de larmes : « Ah! que n'étais-« je là? me dit-elle. — Eh! mon Dieu, repris-je avec feu, « est-il une de ces victimes des guerres civiles qui n'ait « dit cent fois : Ah! que Mme Tallien n'est-elle ici! — Oui, « sans doute, je serais parvenue, je crois, à faire différer « le supplice; nous aurions gagné du temps, et, revenue « à Paris, j'aurais été à la tête des mères, des filles et des « sœurs de ces malheureux émigrés, ou plutôt à la suite de « Mlle de Sombreuil auprès de laquelle je ne suis rien; oui, « j'aurais été frapper à la porte de tous nos Thermidoriens, « j'aurais été avec elle à la barre de la Convention. Tout

« ce que Paris a de plus distingué par l'âme aurait peuplé « les tribunes, et un grand acte de clémence bien avoué « par la politique aurait été une nouvelle victoire des femmes « et le plus grand honneur de la Convention ; voilà le plan « que je méditais lorsque j'appris la défaite des émigrés qui « m'avait toujours paru inévitable. J'allais partir lorsque « j'ai vu revenir mon mari effaré et me perçant l'âme par « ces mots : *tout est fini*; et voilà que je me dis mainte- « nant, tout est fini pour moi et pour une influence que les « malheureux ont souvent bénie. Le cruel événement de « Quiberon va servir de prétexte à l'ingratitude pour se « dispenser de reconnaissance envers l'auteur du 9 thermi- « dor; mais moi je ne me dispenserai pas de mes devoirs : « je ne gémirai qu'en secret. Je n'accuserai point celui « qui a donné quelque gloire à mon nom : il faut dire adieu « à cette gloire dont j'étais trop enivrée. Attendez-vous, mon « ami, à voir tomber sur moi autant de calomnies que « naguère il pleuvait de bénédictions, et ceux qui croiront « me devoir encore quelque reconnaissance se contenteront « de dire : — Pauvre Mme Tallien ! »

Ne reconnaissez-vous pas, d'après de telles paroles, que c'était là une belle âme que le ciel s'était plu à orner des formes les plus ravissantes? Ce fut un grand tort au public que de la désenchanter sur la gloire et sur la reconnaissance.

En s'exprimant ainsi, elle avait repris tout l'éclat de sa beauté. Je partageai trop tous ses pressentiments pour pouvoir les combattre. « Pour moi, repris-je, il y a un culte au- « quel je serai toujours fidèle, c'est celui de *Notre-Dame de* « *Bon Secours* »; c'est le nom que nous nous plaisions à lui donner. Son mari entra, je ne pus lui dire que des paroles glacées et je me hâtai de sortir.

Cependant les hostilités contre la Convention se déclaraient dans nos journaux, plus brusquement que nous n'en étions convenus. La discrétion n'est pas une qualité fort à l'usage des journalistes, et moi qui aurais le plus conseillé la gradation, je l'observais assez mal. La Constitution s'achevait. Les Thermidoriens, qui avaient peu de goût pour les institutions constitutionnelles et qui aimaient beaucoup mieux l'allure révolutionnaire, soit à gauche, soit à droite, ne prenaient qu'une part assez froide à cette discussion. Le parti girondin entendait un peu mieux ces questions; il prenait un tel ascendant qu'il réussit à faire ordonner par la Convention une fête expiatoire en l'honneur des victimes du 31 mai. Qu'on juge de la confusion des Thermidoriens qui, tous, avaient contribué à leur chute et presque tous à leur supplice; ils gardèrent un silence qui révélait le trouble de leur âme.

La Constitution se présentait comme le terme d'une dictature toujours empreinte d'anarchie et même de servitude chez les dictateurs, dans ses phases diverses. C'était un port où nous brûlions d'arriver; mais le Code révolutionnaire en gênait l'entrée et rendait le passage périlleux, surtout s'il était gardé par des hommes habitués aux coups d'État de la révolution. Nous comprîmes bientôt que la Convention s'était réservé de l'inaugurer elle-même, et qu'elle prétendait au moins conserver les deux tiers de ses membres; bientôt, elle prononça nettement sa pensée par les décrets des 5 et 13 fructidor : on peut juger de la vivacité ou plutôt de la violence de nos réclamations : nous pouvions les porter ailleurs que dans nos écrits. D'après la rigueur des principes, la Constitution, ses nouveaux décrets, qui prolongeaient en grande partie son règne, devaient être soumis à la sanction du peuple. Nous allions à notre tour faire acte de souverains; les quarante-huit sections de Paris prenaient une large part dans cette souveraineté. Depuis le 9 thermidor, elles venaient en aide à la Convention, qui trouvait très-bon de recevoir, à chacun de ses actes réparateurs, des adresses congratulatoires. Les sections de Paris prenaient, dans cette souveraineté du peuple, la part du lion. Les classes aisées succédaient au pouvoir de la multitude qu'elles avaient appris à dominer ou à contenir, et s'appelaient *peuple* à leur tour.

Rien ne fut plus facile que de suggérer aux sections de Paris la fièvre des délibérations, quand elles avaient à prononcer sur ces décrets des 5 et 13 fructidor où la Convention venait, après de si terribles actes, se soumettre au jugement national; elle avait repoussé la formidable attaque des rois, et fini, mais bien tard, par détruire ses propres tyrans. C'était là son apologie, mais répondait-elle au cri des familles? Tous les jeunes gens étaient saisis de la fureur de pérorer, et certes le texte était assez beau : les avocats apportaient le tribut abondant de leur élocution et tâchaient de donner de la légalité à la guerre civile qu'on pouvait craindre, à peu près comme le Parlement de Paris l'avait fait pour la guerre civile de la Fronde. Je figurais parmi les orateurs de sections et ne manquais pas de véhémence; nous allions souvent de l'une dans l'autre, en qualité de commissaires, pour mettre de l'unité dans nos délibérations et de l'harmonie dans notre anarchie : je n'ai pu éviter ce mot que la raison vient placer sous ma plume.

Nous étions au plus fort de ce bouillant exercice de la souveraineté du peuple, lorsque M^me^ de Staël me témoigna le désir d'avoir avec moi un entretien. J'avais depuis six mois le bonheur de la connaître et de recevoir ses éloges, et, ce qui n'était pas moins précieux, ses inspirations pour mes écrits politiques. Il fallait vivre d'enthousiasme auprès d'elle, tant son éloquence se répandait sur les sujets les plus arides, animait les interlocuteurs les plus froids, ou s'échappait en saillies, en éclairs. Elle savait à propos briser l'entretien ou lui donnait parfois une tournure oratoire. Je savais qu'elle condamnait le mouvement des sections; je m'en étonnais et j'en étais presque courroucé. Je me rendis auprès d'elle, déterminé à subir et à repousser de mon mieux tout le feu de son artillerie; mais je m'aperçus bientôt qu'il était plus facile d'entraîner les ouvriers de la pompe de Chaillot dans ma section des *Champs-Élysées*, que de sortir honorablement d'une controverse avec M^me^ de Staël.

Elle donnait un dîner nombreux, et le choix de ses convives, quoiqu'elle y comptât plusieurs amis et quelques adorateurs, était tel, qu'elle devait se trouver à peu près le seul avocat de la Convention, ou du moins des décrets qui formaient son testament impérieux. Elle y fit quelques escarmouches pour préluder au grand combat qu'elle devait nous livrer dans son salon. Je ne puis m'empêcher de rapporter quelques-unes des objections qu'elle nous adressa.

« Vous parlez, Messieurs, d'en finir avec la révolution, « et vous prenez la meilleure marche pour la recommencer. « Avez-vous affaire à des hommes tout prêts à vous céder « la place? ces disciples de Danton, ces *vieux Cordeliers* ne « voient-ils pas qu'il s'agit ici, pour eux, de vie ou de mort? « Ils vous combattront avec un pouvoir absolu qu'ils gar- « dent encore, et avec des armes que vous ne connaissez pas, « celles de révolutionnaires. Vous êtes bien neufs à parler « *souveraineté du peuple*; vous bégayez une langue qu'ils « connaissent mieux que vous et qu'ils ont fabriquée pour « leur usage. Ne voyez-vous pas qu'ils se sont rendus les « seuls vérificateurs, les seuls arbitres du scrutin qui va « s'ouvrir pour les décrets des 5 et 13 fructidor? Je présume « qu'en dépit de Paris, qui marche pour quelques jours « sous vos lois, ils auront la majorité; mais, ne l'eussent-ils « pas, ils se la donneront. Eh! qu'aurez-vous à dire? Vien- « dront-ils soumettre le dépouillement du scrutin aux sec- « tions de Paris? D'où vous viendrait ce droit? Ils sont les « représentants du peuple dont Paris n'est qu'une fraction. « Est-ce à la partie à décider pour le tout? C'est un débat « qui ne pourra se terminer que par les armes. Vous voulez « finir la révolution, et il faudra combattre dans les rues « de Paris. La Convention, qui a dû sa naissance au 10 août, « s'affermira par un 10 août nouveau. Ne voyez-vous pas « ces régiments qui bordent vos murs? Croyez-vous qu'il « leur sera difficile de vous représenter aux soldats comme « les émissaires des rois qu'ils ont vaincus? Les faubourgs et « tout le peuple jacobin ont des griefs récents contre la « Convention; mais ils ont contre vous une antipathie plus an- « cienne et plus violente; ils lui porteront leur secours dans « l'espoir de la soumettre à leur joug : je ne vois que du « sang, et le sang de mes amis inutilement versé!

« Tout à l'heure, M. de Laharpe ne doutait pas de la victoire, parce que l'opinion publique est de votre côté; mais « gardez-vous bien de la compromettre avec la force matérielle; les sections de Paris ont, après la victoire du 4 « prairial, rendu leurs canons à la Convention nationale, « parce qu'elles se défiaient très-justement de leurs canonniers; ces canons vont être tournés contre vous; je demande à M. de Laharpe de quel calibre sont les canons de « l'opinion publique.

« Eh! Messieurs, gardez et ménagez cet ascendant de l'opinion publique; c'est elle qui renversera, mais par degrés, « les lois révolutionnaires pour lesquelles je partage votre horreur. Un tiers de la Convention doit être éliminé par ces « mêmes décrets que vous maudissez. Eh bien! doutez-vous « que l'expulsion ne tombe sur les plus atroces et les plus « obstinés Montagnards, et qu'ils ne soient remplacés par « des Modérés? ceux-ci viendront se joindre aux membres de « la Convention avec lesquels vous avez fait route depuis le « 9 thermidor : voilà une majorité qui doit vous délivrer de « toute inquiétude. Cinq directeurs vont être nommés; doutez-vous que dans les dispositions actuelles, les premiers « choix ne portent sur MM. Lanjuinais, Boissy d'Anglas, Daunou, qui ont reçu souvent vos justes éloges? mais après « votre défaite, telle que je la prévois, on aura recours à des « hommes d'une énergie révolutionnaire prononcée et qui « pèsera tout entière sur vous.

« Vous vous irritez à ce mot de défaite; mais je pousserai « la franchise jusqu'au bout; je craindrais votre victoire « même; j'y vois le signal de bien des vengeances qui ne « sont pas encore assouvies par les massacres de Lyon et de « Marseille. Ignorez-vous que beaucoup de royalistes, et j'entends par ce mot des partisans du pouvoir absolu, marchent dans vos rangs? je sais qu'ils sont en minorité, « mais serez-vous toujours assez forts pour les contenir? « Vous allez rallumer tous les feux de la guerre civile dans « l'Ouest et dans le Midi. Dans un état de fermentation, toutes « les opinions extrêmes tendent à prévaloir, et vous, Consti-

« tutionnels modérés, après avoir été victimes sous le règne « d'une faction sanguinaire, vous le serez encore sous le rè-« gne d'une faction violente. »

Nul de nous ne profita de ces bons avis; mais depuis, et surtout dans le silence de la retraite, ils me sont revenus en mémoire.

Cependant ces troupes que la Convention appelait à Paris, étaient pour nous un grand sujet d'inquiétude. Nous convînmes, dans un comité, qu'il fallait en demander le renvoi, et je fus chargé de rédiger et de lire cette arrogante pétition à l'Assemblée; c'était parodier la fameuse adresse de Mirabeau, pour le même objet, avant la prise de la Bastille. Il est rare que ces imitations réussissent. Je m'étais étudié à pallier, dans la rédaction de l'Adresse, tout ce que le fonds avait de rude; malheureusement, un membre du comité, M. de Vaines, y glissa une phrase où l'on avertissait l'Assemblée *de ne pas faire flotter dans Paris le drapeau de la Terreur*. Je lus la pétition d'une voix ferme et mesurée; le président, Marie-Joseph Chénier, y fit une réponse amère et dédaigneuse; Tallien alla plus loin : il profita de la métaphore banale *sur le drapeau de la Terreur*, pour accuser les sections de voir dans ces soldats français des Terroristes, et moi, il me dénonça comme un déserteur de ce drapeau glorieux; c'était me dénoncer à un conseil de guerre. Je répondis, trois jours après, par une brochure, où je vengeais avec véhémence le sang versé à Quiberon; elle fut lue avec avidité.

—La Convention avait proclamé le résultat des suffrages qui se trouvait être favorable à ses décrets, à une majorité assez grande, mais fort suspecte. Les sections de Paris refusèrent de la reconnaître; c'était déclarer le combat. A la veille d'un engagement qui devait être fort sérieux, j'eus avec Richer Serisi une conversation que je vais résumer en peu de mots :

« Eh bien! Lacretelle, me dit-il, vous apprêtez-vous à combattre? — Sans doute. — Comptez-vous sur la victoire? — Peut-être. — J'aimerais mieux un ton plus affirmatif. — Je serais exempt de doute si nous n'avions livré nos canons. —

Nous aurons vingt cinq mille hommes bien armés et bien déterminés; occupons-nous, il en est temps, du résultat de la victoire; ne voyez-vous pas que c'est le rétablissement des Bourbons? Si la Nation le veut; mais elle ne les appellera que conditionnellement. — Je vous entends, vous êtes un Feuillant encroûté. — Ce que je puis vous assurer, c'est que les sections de Paris ne marchent pas sous l'étendard du drapeau blanc, et qu'elles ne veulent pas avoir traversé une révolution pour rentrer sous un régime qui tombait de vétusté, et que nos armées veulent un autre fruit de leurs victoires. — Que voulez-vous donc? — La Constitution actuelle, qu'on fortifiera par degrés et qu'on approchera, le plus possible, des formes monarchiques. — C'est-à-dire que tout l'effort de notre génie est d'appliquer sur nos maux *un emplâtre constitutionnel et même républicain*. Je les juge mieux et je ne vois pour les guérir qu'un remède héroïque. — Sans disputer sur le mot, je ne veux pas, du moins encore, d'un remède que le malade repousserait avec emportement. — Ainsi les Constitutionnels s'engagent dans un terrible combat pour rester à peu près au poste où ils se trouvent. — Mais en se mettant à l'abri des lois révolutionnaires et de la dictature conventionnelle. — Je reconnais, dans ce programme, permettez-moi de vous le dire, un peu de *la niaiserie feuillantine*. Pour moi, je vois un autre prix de nos périls et pour mon parti et pour moi-même. J'ai stipulé qu'en réussissant à remettre le diadème sur la tête du Roi, je demanderais un *poste éminent et le cordon bleu*. » A ce mot de cordon bleu, si loin alors de nos pensées, je ne pus m'empêcher de rire. « Nous ne sommes donc unis, reprend Serisi, que pour quatre ou cinq jours. — Du moins nous ne serons pas politiquement unis plus longtemps, suivant toute apparence. »

Je fournis ici quelques compléments anecdotiques à l'*Histoire de la Révolution*, telle que je l'ai écrite, mais j'évite de la répéter; ainsi je parlerai succinctement des faits que j'ai rapportés ailleurs.

Les électeurs déjà nommés voulaient succéder à ce pouvoir révolutionnaire dont ceux de 1789 s'étaient emparés avant la prise de la Bastille. Une idée malencontreuse leur fut suggérée : celle de se réunir dans la salle du Théâtre français, aujourd'hui l'Odéon, sous une escorte assez puissante de gardes nationaux. C'était une déclaration de guerre assez manifeste par le fait.

Avant l'heure de la réunion nous dînâmes chez un restaurateur du Luxembourg, au nombre de vingt ou trente. A chaque verre qui s'avalait, une ardeur belliqueuse nous montait à la tête; et moi, pour payer mon écot d'héroïsme, je m'avisai de citer le mot de Léonidas aux Thermopyles : *Dinons-bien, mes amis; nous souperons ce soir chez Pluton.* L'abbé Morellet, électeur comme nous, se trouvait l'un des convives. Accoutumé à des repas plus substantiels que ceux que l'on prend dans l'empire des ombres : « Que signifie, s'écrie-t-il, « ce *fatras de collége?* je ne veux ni du brouet noir, ni des sou- « pers de Pluton. M'attaque avec la plume qui voudra. Un « abbé octogénaire ne connaît point d'autre arme. Je pour- « rais bien, en restant chez moi, prier pour les combattants, « mais je crains que les prières d'un philosophe ne vaillent « pas grand'chose. »

Cette boutade, peu ecclésiastique, ne déconcerta point des hommes qui avaient mesuré tous les dangers de leur résolution et qui se montrèrent dignes de la soutenir.

La réunion fut nombreuse et la délibération confuse; la salle qui n'était presque point éclairée avait quelque chose de sépulcral. Je me souviens d'y avoir prononcé un discours plus théâtral que logique, et plus propre à échauffer les esprits qu'à procurer des moyens de victoire. Notre manifeste fut rédigé vaille que vaille; la Convention fit proclamer sur la place de l'Odéon l'ordre de nous dissoudre; ses commissaires furent insultés, et, ne sachant plus que faire, nous nous retirâmes vers deux heures du matin.

La section Lepelletier, établie dans un vieux couvent, lieu où s'élève aujourd'hui le palais de la Bourse dans tout son orgueil, était notre quartier général. La Convention venait d'ordonner le désarmement de cette section, comme elle avait ordonné auparavant celui du faubourg Saint-Antoine :

c'était le quartier de l'argent et pourtant du courage. Si toutes les sections avaient été animées du même esprit, le 10 août n'aurait point eu lieu. Cette section avait protesté et s'était déclarée en permanence. Le Comité de salut public voulut profiter du moment où la nuit avait dispersé le plus grand nombre de sectionnaires, pour faire cette conquête importante; il avait confié cette expédition au général Menou, accompagné de deux ou trois mille hommes de troupe. Ils s'avançaient, s'emparaient de toutes les avenues; et cependant le jeune président Delalot n'avait pas voulu quitter son poste; quelques gardes nationaux l'accompagnaient encore, et le nombre s'en grossissait à l'approche du danger. Le général Menou pénètre dans la section avec ses troupes; Delalot n'est point déconcerté à l'aspect même des canons qui roulent dans la salle; il harangue les troupes avec autant d'autorité qu'un premier Président, Harlai, aurait pu le faire. Les soldats sont étonnés, et, frappés de ces imposantes paroles d'un homme désarmé, ils restent immobiles ainsi que leurs officiers. On entendait battre le rappel dans toutes les sections; tout présentait l'horreur d'un combat nocturne. Le général Menou se retira, mais en exigeant que les troupes de la section se retirassent aussi. Malgré cette réciprocité, c'était une victoire qu'une telle retraite. Toutes les sections s'enflammaient au récit de ce triomphe remporté par l'éloquence; il nous semblait qu'une victoire complète pouvait se décider par le même moyen : nous étions mieux fournis d'orateurs que de canons.

Mais nous connaissions mal nos dangers. Ce n'est plus le général Menou, c'est le géant du siècle, c'est Bonaparte qu'il s'agit d'affronter, de repousser. Barras a fait confier la défense de la Convention à cet officier qui, tout à l'heure, sous le règne de cette même Convention, a été destitué avec une rigueur aveugle et barbare. Il sort d'une disgrâce qui a fait bouillonner pendant six mois cette âme altière; il sort de l'indigence et de l'humiliation pour monter au commandement des armées et bientôt sur le trône. Son génie s'est déjà déclaré; c'est lui qui, commandant l'artillerie au siége de Toulon, a foudroyé les Anglais dans des forts qu'on aurait crus inexpugnables. Il est en outre doué d'une faculté au moins égale à celle de son génie même : c'est une volonté que rien n'étonne et ne désarme.

Le 13 vendémiaire tout était sous les armes; les sections pouvaient offrir une armée de vingt-cinq mille gardes nationaux parmi lesquels sept ou huit mille étaient bien déterminés, et c'étaient ceux qui appartenaient aux sections du centre. La Convention, forte de cinq mille hommes de troupes de ligne et d'un bataillon de vieux Jacobins nommés alors terroristes dont la vue nous remplissait de rage, mais forte surtout de ses canons et de Bonaparte, se laissait bloquer dans son enceinte avec beaucoup de flegme. Les troupes se retiraient devant nous; nous étions maîtres des ponts, de presque toutes les avenues des Tuileries, et maîtres du Trésor public, qui fut scrupuleusement respecté. A quatre heures du soir, la scène changea : un coup de fusil, tiré par le conventionnel Dubois Crancé, de la maison d'un restaurateur sur la garde nationale postée sur les degrés de l'église de Saint-Roch, fut le signal de l'attaque, et bientôt, par l'étroit cul-de-sac Dauphin, des décharges d'artillerie bien soutenues vinrent foudroyer nos grenadiers qui ripostèrent en vain par des décharges de mousqueterie. Plusieurs canonniers furent tués ou blessés, mais les autres débouchèrent avec leurs pièces sur la rue Saint-Honoré, qui bientôt se trouva vide de combattants, à l'exception de ceux qui se réfugièrent dans l'église Saint-Roch, et, de là, continuèrent de temps en temps leur feu peu meurtrier : je fus de ce nombre. Il fallait aller chercher du secours et une direction à notre quartier général de la section Lepelletier où siégeait une espèce de comité militaire composé au hasard.

Je m'y rendis avec plusieurs de mes compagnons. Il fut résolu par nos chefs militaires qu'on tenterait une attaque sur la Convention, en débouchant par le Pont-Neuf et en suivant le quai jusqu'au Pont-Royal, occupé par les troupes et les batteries de la Convention. On avait alors la tête tournée des exploits des paysans vendéens qui s'étaient maintes fois emparés des canons de l'ennemi sans autre arme que des bâtons. Le général Danican, qui croyait avoir appris le secret des Vendéens en combattant contre eux, s'offrit pour conduire cette expédition et fut accepté avec enthousiasme. Nous nous mîmes en marche, pleins du sentiment le plus belliqueux, et j'avais l'honneur de siéger au premier rang des grenadiers. Notre colonne se grossit au point de former une masse de quinze mille hommes; mais les derniers arrivants n'étaient pas les plus déterminés et n'avaient qu'un courage d'emprunt ou de parade. Le général Danican nous fit défiler sur les quais depuis le Pont-Neuf jusqu'auprès du Pont-Royal, comme pour offrir une plus large proie au canon, et Bonaparte, général d'une tout autre espèce, nous laissait patiemment approcher. Nous ne vîmes pas avec plaisir Danican et son état-major se jeter dans la rue de Beaune; c'était mal imiter les Larochejaquelein, les Bonchamp, les Lescure, qui, dans de telles attaques, ne se laissaient précéder par personne. Le canon tonne quand nous ne sommes plus qu'à cinquante ou soixante pas; c'était le moment de nous élancer, mais notre général n'était pas là pour nous en donner l'ordre et l'exemple. Nous tenons ferme cependant, et nous répondons par deux décharges dirigées sur le Pont-Royal. Nous avions gagné même un peu de terrain, lorsqu'en nous retournant nous voyons l'immense quai dégarni de gardes nationaux, à l'exception des deux ou trois mille qui avaient ouvert la marche. Nous fûmes forcés de nous retirer par la rue de Beaune où le canon ne nous poursuivit pas; mais la victoire de la Convention était décidée.

Je ne parlerai pas des vaines tentatives qui furent faites, soit dans la nuit, soit au matin, pour élever des barricades; elles étaient trop à la portée du canon pour n'être pas bientôt renversées, et puis la multitude, loin de nous seconder, se tournait du côté des vainqueurs.

La République crut triompher ce jour-là, mais elle triomphait sous la protection d'un guerrier qui devait bientôt la détruire. La Convention s'honora par l'usage modéré qu'elle fit de sa victoire; elle prouva que nos alarmes étaient exagérées quand nous ne lui supposions d'autre appui, d'autre vœu qu'une terreur plus ou moins sanguinaire. Elle parut honorer, dans la garde nationale, le courage malheureux; car enfin c'était du courage que de sortir, soit d'un ménage heureux, soit d'un cabinet paisible, ou d'un atelier florissant, pour présenter sa poitrine à tant de bouches à feu habilement dirigées. Le courage était excité par les souvenirs du règne de la Terreur. Ah! pourquoi ne venait-il qu'après une tyrannie qu'il eût pu prévenir!

---

# NOTES

SUR LE

# SÉJOUR DE COLLOT-D'HERBOIS

ET DE

# BILLAULT-VARENNES A LA GUYANE.

## I.

« Rentré en France après le 9 thermidor il (Jeannet) fut réintégré dans sa place peu de temps après l'installation du Directoire : les propriétaires le reçurent avec plaisir, et il justifia leur confiance en réprimant les terroristes. Les conventionnels Billaud-Varennes et Collot-d'Herbois, déportés à Cayenne, y jouissaient de leur liberté et loin d'expier leurs forfaits, ils en méditaient de nouveaux sous les auspices d'un commandant (Cointet). Le retour inattendu de Jeannet prévint l'explosion d'une conjuration tramée par les nègres et dirigée par Collot-d'Herbois pour faire massacrer à la fois tous les blancs. Une négresse vint révéler le secret qu'elle avait surpris; Jeannet fit arrêter et conduire au fort de Sinnamari Collot-d'Herbois et son collègue Billaud-Varennes, qui, dit-on, n'étaient pas dans le complot [1]; mais il ne put empêcher la rébellion des nègres, qui ne fut réprimée qu'après qu'on en eut fait un grand carnage. Collot-d'Herbois étant tombé malade peu de temps après fut transporté à l'hôpital de Cayenne où il mourut. Billaud-Varennes vit encore au fort de Sinnamari. »

(*Journal de l'adjudant-général Ramel*, p. 72-73.)

1 L'impartialité nous fait un devoir de constater que cette restriction de Ramel détruit son affirmation précédente. Il ne reste donc de la participation des deux conventionnels au complot qu'un bruit assez plausible, portant sur des gens qu'il paraît difficile de calomnier.

## II.

« Billaud-Varennes est dans le même village que nous. M. Brottier le voit; il est le seul; et tout le monde en murmure. Cet homme, dont le nom rappelle tant de crimes, ne manque de rien. D'abord, il est entièrement libre, et nous ne le sommes point; il n'est assujetti à aucune comparution et nous sommes soumis, tous les cinq jours, à une inspection de l'officier qui commande le poste. Ensuite, le Directoire lui donne les mêmes vivres qu'à nous; mais de plus, il touche 1800 livres en numéraire par année. Ce n'est pas tout. Les gens de son parti lui font parvenir des denrées coloniales, tant de Saint-Dominique que de la Guadeloupe : vin, sucre, cacao, indigo, etc., pour plus de mille écus annuellement et souvent de l'argent. Il n'a pas le temps de désirer. De qui sais-je tout cela? De M. Brottier; ainsi je puis y ajouter foi, puisque la meilleure maison ici est celle où mange ce Billaud [1]. »

(*Journal inédit de la Villeurnoy*, publié par M. Honoré Bonhomme. Lettre du 1er janvier 1798, p. 326-327.)

## III.

« Les hommes en place à Sinnamari étaient moins réservés dans les marques de leur intérêt, que ceux de Cayenne, gênés par la présence de l'agent. Nous dînions chez eux et eux chez nous, en toute liberté; on donna même une espèce de festin aux déportés. Vous ne comprendrez sûrement pas parmi les convives un autre déporté fameux, qui nous a tous précédés de quelques années : c'est Billaud-

1 L'étude de la déportation et des mœurs et habitudes des déportés ne serait pas moins curieuse au point de vue philosophique et politique qu'au point de vue historique et pittoresque. On y verrait étalés en traits dramatiques cet amalgame, résultat ordinaire de toutes les catastrophes, et ce caprice du fléau révolutionnaire condamnant à la promiscuité de la prison, du vaisseau commun, de l'exil partagé des conspirateurs royalistes, d'anciens constitutionnels, républicains modérés au besoin, et des terroristes convertis et réactionnaires comme Bourdon et Rovère, impénitents et implacables comme Billaud-Varennes. Or qu'arrive-t-il en vertu de la loi que les contraires s'attirent et que les semblables se repoussent? C'est que les divisions politiques survivent à l'exil et que Barbé-Marbois, Pichegru, Bourdon, Rovère, la Villeurnoy forment des catégories distinctes, vivant ensemble sans se mêler. Mais le plus curieux c'est que l'abbé Brottier et Billaud-Varennes se lient ensemble, et que le royaliste et le terroriste confondent leurs haines, leurs regrets et leurs espérances.

Varennes, et puisque je vous l'ai nommé, autant vaut ajouter quelques circonstances relatives à cette déportation. Vous savez qu'on y condamna Collot, Billaud et Barrère, à la suite d'un jugement où ils eurent du moins la faculté de se défendre. Barrère s'évada ; les deux autres apportèrent au gouverneur de la Guyane des lettres de recommandation. Celles du ministre de la marine étaient conçues d'une manière fort équivoque. On pouvait juger à son style qu'il redoutait l'instabilité de la fortune qui, ainsi que d'autres que moi l'ont dit, relève souvent ceux qu'elle a renversés et rend à la vertu les faveurs qu'elle ôte au crime.

« Après la mort de Collot-d'Herbois, Billaud-Varennes fut envoyé de Cayenne à Sinnamari. Il y débarqua le 27 octobre 1795. Le tonnerre, à cette époque, se fait rarement entendre ; mais il gronda et éclata sur Sinnamari au moment de son débarquement. Les colons et les Indiens virent un prodige dans un accident naturel, et prétendirent que le ciel tonnait contre un grand coupable. Cet homme parvint difficilement à trouver une pension et la maison où on le reçut fut aussitôt abandonnée par les amis qui la fréquentaient auparavant. Il la quitta quelque temps après notre arrivée et fut, dès ce moment, réduit à une profonde solitude. Il s'amusait à faire parler une perruche, qu'il portait sur le poing dans ses promenades. Un jour un oiseau de proie, appelé pagani, fondit sur elle et la dévora à ses yeux. Cette mort fit verser des larmes à celui qui prononça tant d'affreuses exécutions, et les vit d'un œil sec.

« Vous voudrez savoir comment il se comporte ici ; sa conduite a toujours été réservée, décente, égale et sans bassesse comme sans arrogance. Je ne lui ai jamais parlé ; mais quatre fois par jour il passait devant ma case : c'était sans éviter et sans chercher ma vue ; il me saluait d'un air simple et courtois. Son isolement devait être un supplice, quand il songeait à la cause qui éloignait de lui tout le monde. Si nous eussions ignoré son histoire, nous aurions pu le prendre pour un philosophe chagrin, mécontent de la race humaine et qui, sans la haïr, se borne à la dédaigner. »

(*Journal d'un déporté non jugé*, par Barbé-Marbois, t. I, p. 152-153.)

## IV.

« *Vendémiaire an VII* (octobre 1798). — La présence des prêtres arrivés en si grand nombre à Sinnamari frappa d'épouvante Billaud-Varennes. Il nous quitta, cherchant un refuge d'habitation en habitation. On lui permettait de tendre son hamac sous les galeries ; on lui faisait donner à manger, et il n'était point reçu à la table des maîtres du logis. Ce n'est pas sans peine qu'il obtint un refuge dans le canton de Macouria.

« J'ai raconté qu'un pagani, se précipitant sur sa table, lui enleva sa perruche, et volant sur un arbre voisin, la dévora à ses yeux. Il fut vivement ému de cette perte. Il y avait donc en son cœur quelque germe de sensibilité?. Qui oserait dire qu'il ne se croyait pas doué d'une vertu sublime en immolant ceux qu'il appelait les ennemis de la liberté? Cet homme est criminel à nos yeux comme je le suis aux siens. Entre nous deux, quel est le vrai coupable? O conscience! ô vertu! non, vous n'êtes ni de vains noms, ni des guides trompeurs. Billaud ne peut trouver d'asile, c'est parce que l'effusion du sang humain inspire une horreur générale, qu'il soit répandu par l'ambition, la vengeance, par le fanatisme religieux ou politique.

« Billaud, repoussé de toutes parts, a essayé, pour se distraire, de s'occuper de jardinage, et il a dû y renoncer dès les premiers jours...... »

(*Journal d'un déporté*, etc., t. II, p. 45.)

## V

« Ces deux déportés, membres du formidable comité de salut public de 1793, arrivèrent ici en juillet 1795. Après avoir essuyé à leur bord le même traitement que nous sur la *Décade*, ils comptaient si bien sur un prompt rappel, qu'ils demandaient en route au capitaine si un bâtiment parti après eux pour venir les chercher, pourrait les devancer à Cayenne.

« Cointet avait succédé provisoirement à Jeannet. La colonie était en combustion; ils s'attendrirent d'abord sur le sort des nègres que le gouverneur protégeait d'un côté et punissait de l'autre Chaque jour voyait éclore de nouvelles conspirations. Cointet ouvrit les yeux, sonda les deux déportés l'un après l'autre; comme ils s'étaient divisés sur le bâtiment, il les avait séparés à Cayenne. Collot fut mis d'abord au collége et Billaud au fort. Celui-ci refusa de faire la cour au gouverneur; l'autre, plus insinuant, lui communiqua quelques projets de correction fraternelle pour les noirs. Les voies de douceur n'ayant fait qu'empirer le mal, Collot proposa l'établissement des maisons de correction où les nègres rebelles ou conspirateurs reçoivent des centaines de coups de nerf de bœuf.

« Il tomba malade et son collègue aussi, et ils furent mis à l'hospice. Les sœurs frissonnaient à leur aspect, comme un voyageur sans armes à la vue d'un lion ou d'un gros serpent qui passent fièrement à sa rencontre en levant leur tête écaillée ou leur crinière à demi hérissée ; les curieux les visitaient comme des bêtes fauves dans une cage de fer. Les observateurs les approchaient pour les approfondir et les juger. Un soir, Billaud vint se joindre à des colons qui faisaient l'office de gardes-malades auprès d'un habitant qui avait été très-tourmenté pendant la journée de crises très-violentes ; un léger sommeil l'ayant surpris avec la nuit, ses gardiens s'étaient retirés à l'embrasure d'une croisée voisine ; la conversation était peu animée, et Billaud, à chaque minute, allait, sur la pointe du pied, entr'ouvrir doucement les rideaux du malade, revenait sans bruit, la main sur les lèvres, en disant : *Taisons-nous, il dort!* Un des colons le prend par la main, fait signe aux autres..... Tous se réunissent au bout de la salle...

— « Citoyen Billaud, lui dit-il, comment montrez-vous tant de sensibilité pour un vieillard qui vous est inconnu, après avoir fait égorger, de sang-froid, tant de milliers de victimes parmi lesquelles vous deviez avoir quelques amis ?

— « Il le fallait d'après le système établi ; si vous en connaissiez les ressorts, vous ne verriez aucune contradiction dans ma conduite.

— « Ne nous parlez pas d'un système qui ne peut être cimenté que par le sang ; un gouvernement de cette sorte, le crime à part, ne pose que sur des bases ruineuses ou, pour mieux dire, sur des échasses, et vous ne pourrez disconvenir que les architectes d'un pareil édifice ne soient responsables même de son succès momentané ; à plus forte raison, de sa chute et enfin de son entreprise.

— « Faites le procès à la république, si vous voulez faire le mien.

— « Quelle identité, s'il vous plaît ?

— « Quand la moitié de l'État dispute des droits à l'autre moitié, quand la guerre intestine communique ses flammèches à celle de l'extérieur, quand l'airain de toutes les nations vomit la mort sur nos têtes, quand le bronze retentit jusque dans l'enceinte des lois, quel parti faut-il prendre ?

— « Il n'est plus temps de choisir en ce moment, mais il fallait prévoir ces crimes.

— « Nous ne l'avons pas fait et, la rage dans le cœur, nous nous sommes battus comme des lions ; des mesures énergiques ont étouffé les séditieux de l'intérieur tandis que nous portions nos regards au dehors.

— « Bien raisonné ; mais qui vous a confié cette autorité suprême ?

— « Le peuple.

— « Mais le peuple qui vous l'a refusée, a été emprisonné, égorgé, en proie à la guerre civile ; la majorité de vos collègues a été chassée et suppliciée par vous ; vous vous trompez donc, en mettant le peuple de votre côté ?

— « S'il n'y était pas, pourquoi avons-nous été les plus forts pour décréter la république, fixer le sort de Capet et de sa famille, pour organiser le gouvernement révolutionnaire ; enfin, pour pousser nos opérations, sinon à leur fin, du moins à un terme qui empêche tout le monde de rétrograder ?

« — Ce *pourquoi* fut votre droit tant que personne ne put vous faire rendre compte. Le *pourquoi* du vainqueur est la loi du plus faible. La mort de Lucrèce servit de prétexte à Brutus pour s'élever contre Tarquin. La mort d'Isménie assura le triomphe de Léonide. L'autorité des trente tyrans fut légitime à Athènes, tant qu'ils purent la maintenir. L'origine des différentes formes de gouvernement est presque toujours l'effet de la témérité, du hasard, et quelquefois de la nécessité. A Rome, une femme violée renverse le trône ; à Carthage, la guerre civile et la mauvaise foi changent le siége des suffètes en dais royal. En Égypte, un oracle mal interprété ou mal entendu donne à Psamménit seul les douze palais de ses collègues, au moment où ceux-ci allaient l'égorger. A Syracuse, l'inconstance et l'esprit remuant de la populace forcent Gélon de forger un sceptre et de porter le diadème. De nos jours, les cantons helvétiques, à la voix d'un personnage obscur, se révoltent, se coalisent, et se délivrent de l'autorité impériale ; partout le succès légitime l'entreprise. Le vainqueur ayant essuyé un revers, dit ensuite comme vous : Vous me punissez : *Pourquoi ai-je été maître ?* C'est que le peuple était de mon côté ; s'il n'y est plus aujourd'hui, dois-je en être victime ?

« Non ; mais quand j'ai reconquis mes droits, dit le souverain, j'examine quel usage vous avez fait de votre victoire. Le *pourquoi* devient un chef d'accusation quand vous avez abusé du droit de vie et de mort que vous aviez usurpé. L'arbitraire de votre conduite illégitime vos succès. De l'acte je remonte à la cause, quand l'une et l'autre sont également injustes. Vous avez volé le pouvoir au parti même qui succombe avec vous, et l'abus qui a suivi votre triomphe est une accusation générale contre vous (ici suivit le tableau de la Terreur avec des apostrophes vives et injurieuses à cet exilé). Vous avez donc visiblement abusé d'un pouvoir que vous pouviez mériter par un bon usage. Nous ne concevons rien à votre flegme ! Si vous avez puisé dans la philosophie moderne le secret d'anéantir les remords, c tte philosophie est le plus grand fléau de l'univers. Mais comment concilier votre logique et votre innocence avec le trouble de votre collègue? Peut-il être coupable d'avoir exécuté vos ordres?

« A ces mots, Billaud, tournant fièrement la tête vers Collot qui dormait sur un lit voisin, s'écria :

— « C'est un lâche, il a fait son devoir comme moi; j'ai voulu être républicain, et si j'étais à recommencer, je ne dis pas ce que je ferais, je n'aurais plus la folie de prodiguer la liberté à des hommes qui n'en connaissent pas le prix. Pour nos intérêts et pour le bonheur des deux mondes, je voudrais modifier à l'infini le *décret du* 16 *pluviôse an II.* Ce fatal décret, qui met la bride sur le col aux nègres, est l'œuvre de Pitt et de Robespierre! »

« La conversation reprit avec plus de chaleur sans que Billaud refusât son estime à ceux qui lui parlaient si durement.

« Jeannet, retourné en France auprès du Directoire installé à la fin de 1795, fut renvoyé à Cayenne avec le titre d'agent. Son retour fut un coup de foudre pour ces deux exilés.

—« Hélas! s'écria Collot, nous sommes perdus; Jeannet croit que nous avons trempé dans la mort de Danton; pour moi, j'en suis innocent.

« Cointet part; Jeannet les consigne chez eux; au bout de cinq jours, ils doivent quitter l'île... Ils ne sortaient jamais sans une escorte. C'était une garde d'honneur sous Cointet qui se changea en janissaires sous son successeur; leurs guides leur chantaient le *Réveil du Peuple* et les jeunes gens qui les entouraient faisaient chorus.

« Victor Hugues, agent de la Guadeloupe, qui devait sa promotion à ces exilés, apprit en frémissant la manière dont Jeannet se conduisait à leur égard. Une goëlette de Cayenne arrive à la Guadeloupe.

« — Il ne tient à rien que je ne vous traite en ennemi, dit Hugues au capitaine. Votre Jeannet est un royaliste que j'aurais du plaisir à faire fusiller. Il se venge sur les plus purs patriotes. »

« Il remit des malles, des fonds et des lettres pour ces deux exilés, avec une grande semonce à Jeannet qui ne fit qu'en rire et leur intima l'ordre de sortir de Cayenne sur-le-champ.

« Leur système avait donné une si odieuse célébrité à leurs personnes, qu'au moment de leur départ, toute la ville accourut au rivage, en élevant les mains au ciel avec des transports de joie.

« Collot couvrait sa figure de sa longue redingote lisérée de rouge.

« Billaud tranquille marchait à pas comptés, la tête haute, un perroquet sur son doigt qu'il agaçait d'une main nonchalante, se tournant par degrés vers les flots de la multitude à qui il donnait un rire sardonique, ne répondant aux malédictions dont on le couvrait que par ces mots à qui l'accent donne beaucoup d'expression dans la bouche d'un homme de son caractère :

— « *Pauvre peuple!.... Jacquot! Jacquot!.... Viens-nous-en, Jacquot !*

« Quelques partisans les suivaient de loin, la larme à l'œil, plaignant l'un et admirant l'autre.

« Dans ce moment, Billaud avait tant d'expression dans ses traits, que, d'un même regard, il disait au peuple : Vous brisez mon idole, parce qu'on vous l'ordonne ; et à ses affidés : Ne vous découragez pas, notre parti triomphera, et ces malédictions se changeront en hommages. Il marchait à quelque distance de Collot, le fixant toujours d'un air de pitié et d'indignation.

« Jeannet les relégua d'abord sur la sucrerie de Dallemand, séquestrée alors au profit de qui de droit, parce que la propriétaire était restée en France où elle avait fait un long séminaire en prison durant le régime de la Terreur. Billaud voyait son collègue avec indifférence ; ils étaient souvent en rixe au milieu de l'abondance, car le gouvernement leur donnait douze cents livres de pension, le logement et les vivres.

« Malgré ces prérogatives, ils ont toujours été exécrés des blancs et des noirs, qui ont constamment refusé tout ce qu'ils leur offraient. Ils écrivaient souvent ; ils savaient toutes les nouvelles, malgré la surveillance de Jeannet. Collot avait commencé l'histoire de la révolution. Il la suspendait souvent pour envisager son sort...

— « *Je suis puni*, s'écriait-il, *cet abandon est un enfer.*

« Il attendait son épouse ou son retour. Son impatience lui occasionna une fièvre inflammatoire. M. Fouron, chirurgien du poste de Kourou, fut mandé ; il ordonna des calmants et, d'heure en heure, une potion de vin mouillé de trois quarts d'eau ; le nègre qui le gardait pendant la nuit, s'éloigna ou s'endormit. Collot, dans le délire, dévoré de soif et de mal, se leva brusquement, et but d'un seul trait une bouteille de vin liquoreux ; son corps devint un brasier ; le chirurgien donna ordre de le porter à Cayenne, qui est éloigné de six lieues. Les nègres chargés de cette commission le jetèrent au milieu de la route, la face tournée sur un soleil brûlant. Le poste qui était sur l'habitation fut obligé d'y mettre ordre. Les nègres disaient :

— « *Jè pas vlè poté monde-là qui tuè bon Dieu que hom.*

(Nous ne voulons pas porter ce bourreau de Dieu et des hommes.)

— « Qu'avez-vous ? lui dit en arrivant le chirurgien Guisouf.

— « *J'ai la fièvre et une sueur brûlante.*

— « *Je le crois bien, vous suez le crime.*

« Collot se retourna et fondit en larmes ; il appelait Dieu et la Vierge à son secours.

« Un soldat à qui il avait prêché en arrivant le système des athées, s'approche et lui demande pourquoi il invoque ce Dieu et cette Vierge dont il se moquait quelques mois auparavant ?

— « *Ah! mon ami, ma bouche en imposait à mon cœur.*

« Puis il reprenait :

« — *Mon Dieu ! mon Dieu ! puis-je encore espérer un pardon? Envoyez-moi un consolateur, envoyez-moi quelqu'un qui détourne mes yeux du brasier qui me consume... Mon Dieu! donnez-moi la paix.*

« L'approche de ce dernier moment était si affreux qu'on fut obligé de le mettre à l'écart : pendant qu'on cherchait un prêtre, il expira le 7 juin 1796, les yeux entr'ouverts, les membres retournés en vomissant des flots de sang et d'écume. *Discite justitiam moniti et non temnere divos.*

« Jeannet faisait une partie de billard, quand on vient lui annoncer cette mort.....

— « Qu'on l'enterre, il aura plus d'honneur qu'un chien », dit-il, sans déranger son coup de queue.

« Son enterrement se fit un jour de fête. Les nègres fossoyeurs, pressés d'aller danser, l'inhumèrent à moitié ; son cadavre devint la pâture des cochons et des corbeaux.

« Il avait quarante-trois ans, était d'une taille avantageuse, d'une figure commune, mais spirituelle ; il avait d'excellentes qualités du côté du cœur, beaucoup de clinquant du côté de l'esprit ; un caractère faible et irascible à l'excès, généreux sans bornes, peu attaché à la fortune, bon ami, et ennemi implacable.

« La révolution a fait sa perte ; il se proposait d'expier ses torts dans l'histoire de sa vie qu'il avait commencée ; il travaillait aussi à la rédaction des annales de la révolution ; ses notes ont disparu à sa mort ; Billaud s'en est emparé suivant quelques-uns ; d'autres disent qu'ils les a brûlées.

« Pendant la maladie de Collot, Billaud fut envoyé à Sinnamari, à vingt-quatre lieues au nord-est de Cayenne. Tous les Sinnamaritains se donnèrent le mot pour le traiter comme une bête fauve. Bosquet seul, pour lui donner asile, brava l'animadversion publique ; sa maison fut redoutée comme celle d'un lépreux ; peu après, Billaud loua une case avec les deniers de l'État, travailla sans relâche à l'histoire de la révolution et se consola de sa solitude par une correspondance active avec Hugues.

« En 1796 et 1798, au moment où nous arrivions, ses amis publièrent secrètement, pour relever son crédit, qu'il était rappelé au Corps législatif. Quelques jeunes gens, indignés d'un pareil choix, l'attendirent un jour à l'écart, au milieu du bois qui conduit au bord de la mer, au moment où il passait d'un air triomphant. Il fut interdit par ces mots : *Arrête, scélérat!* Il se jeta à genoux, demanda très-humblement la vie à quatre chasseurs qui le mettaient en joue avec une carabine qui n'avait pas de chien. Il regagna le village à pas de géant. De ce moment il ne sortit plus de sa case que pour prendre son dîner, et se barricada avec soin.

« A la fin de 1797, les seize déportés de la *Vaillante* le rejoignirent. Il était sur la galère de la case de Bosquet, quand ils traversèrent la rue; il en salua quelques-uns, qui lui rendirent son salut sans le reconnaître. Pichegru le fit rentrer par une apostrophe énergique. Les seize se logèrent comme ils purent.

« Au bout d'un mois, l'un d'eux (l'abbé Brottier) se trouva chez Bosquet au moment du dîner de Billaud. Il s'ouvrit, Brottier en fit autant, et Billaud retrouva un antagoniste plutôt qu'un compagnon; les autres n'ont eu avec lui aucune relation ni directe ni indirecte.

« A la mort de Brottier, le 12 septembre 1798, il rentra dans sa case. A la fin de novembre de la même année, lorsque les déportés de Konanama furent transférés à Sinnamari, il obtint la permission d'aller à Cayenne. L'agent Burnel, qui ne faisait alors que d'arriver, le garda trois jours caché chez lui, pour prendre secrètement des conseils, et ne pas s'aliéner l'esprit des habitants. Il lui loua l'habitation de Lambert au mont Sinery, où toute la suite de l'agent se rendait souvent en grande pompe.

« L'arrivée de Hugues en 1800 a mis Billaud sur le pinacle. Ce dernier agent a commencé par lui faire visite, lui donner tous les moyens de venir à Cayenne, lui allouer dans l'île l'habitation d'Orvilliers, afin de le voir à son aise.

« Quoique nous soyons déportés pour des causes différentes, et que nous fassions deux corps, je dois dire que Billaud n'a jamais profité de son crédit auprès de Burnel et de Hugues pour influencer en rien notre existence; qu'il soit innocent, qu'il soit coupable, il a droit à la vérité. »

(*Voyage à Cayenne, dans les deux Amériques et chez les anthropophages*, etc., par Louis-Ange Pitou, etc., Paris, an XIII-1805, 2 vol. in-8°, t. II, p. 5 à 19.)

Ceux qu'intéresserait la suite de la vie et la fin de Billaud-Varennes mort seulement, toujours déporté, toujours superbe (il avait refusé de rentrer après le 18 Brumaire), le 3 juin 1819, peuvent consulter sur ses dernières années les deux opuscules intitulés : *Dernières années de Billaud-Varennes* et *Billaud-Varennes à Cayenne*, par le général Bernard. (*Nouvelle Minerve*, t. Ier, p. 351 à 358, et t. II, p. 288.)

---

# SUPPLÉMENT

## AUX MÉMOIRES DE GOHIER.

*Note sur Sieyès.*

Quel pouvait être l'objet de Bonaparte en faisant annoncer par Lagarde, en répétant lui-même, qu'il avait, en vertu du pouvoir dont le conseil des Anciens l'avait investi, *mis en surveillance* un des cinq directeurs (Sieyès) ?... On ne met en surveillance que les hommes dangereux. Voulait-il donc le signaler comme tel au corps législatif ?... avait-il le dessein de se ménager un moyen de revenir à son premier projet, si la majorité des deux conseils persistait à vouloir maintenir le gouvernement constitutionnel ?... Dans toutes les entreprises de Bonaparte, sa conduite a toujours été si peu franche, qu'elle donne le droit de tout soupçonner.

Quoi qu'en dise la *Biographie des contemporains*, Bonaparte n'aimait ni n'estimait Sieyès ; il n'en parlait jamais qu'avec mépris. Il savait d'ailleurs qu'à l'exception d'un petit nombre de députés, tous les autres le regardaient comme un homme dangereux, qui, mécontent de tout ce qui existe, avait toujours quelque plan de contre-révolution dans ses poches.

Quelles que soient les vues que l'on puisse supposer à Bonaparte, en mettant Sieyès en surveillance, Sieyès en était d'autant plus satisfait, que cette mesure s'accordait parfaitement avec son caractère. Ne se dissimulant pas les efforts des républicains pour faire échouer l'entreprise des conjurés, il eût voulu, s'il était possible, pouvoir, en cas de non-réussite, se dire, sinon étranger à la conspiration, forcément du moins entraîné dans le complot ; position qui laissait tout le péril sur la tête de ses complices, en lui réservant sa part dans les bénéfices du succès.

On est d'autant mieux fondé à envisager sous cet aspect son accession à sa prétendue mise en surveillance, que le 19 brumaire il avait fait toutes les dispositions nécessaires pour assurer sa retraite. Pendant le moment le plus critique, nous dit Bonaparte, Sieyès était resté dans sa voiture à la grille de Saint-Cloud, afin de pouvoir suivre la marche des troupes.

On assure que ce fut lui qui donna le conseil de faire évacuer la salle des Cinq Cents par la force des baïonnettes. Cela nous expliquerait comment Bonaparte peut ajouter : « La conduite de Sieyès dans le danger fut convenable ; qu'il fit preuve de fermeté, de résolution et de sang-froid, » lorsqu'il le représente ayant le pied à l'étrier dans le moment de la crise.

Ce qu'il y a de bien certain, c'est que la voiture de Sieyès, attelée de six chevaux de poste, attendait l'issue du siége de Saint-Cloud, et qu'il ne s'est montré qu'après que la résistance du Conseil des Cinq-Cents fut vaincue par la force des baïonnettes, que pour s'associer à la victoire de Bonaparte, et se faire proclamer consul provisoire avec lui.

(*Mémoires de Gohier*, t. II, p. 419.)

---

## ACTE DU 19 BRUMAIRE.

« Le Conseil des Cinq-Cents, considérant la situation de la république, déclare l'urgence, et prend la résolution suivante

ARTICLE PREMIER.

« Il n'y a plus de directoire ; et ne sont plus membres de la représentation nationale,

« Pour les excès et les attentats auxquels ils se sont constamment portés, et notamment le plus grand nombre d'entre eux, dans la séance de ce matin, les individus ci-après nommés :

« JOUBERT (de l'Hérault), JOUENNE, TALOT, DUPLANTIER (de la Gironde), ARÉNA, GARAU, QUIROT, LECLERC-SCHEPPERS, BRISCHE (de l'Ourthe), POULLAIN-GRANDPREY, BERTRAND (du Calvados), GOUPILLEAU (de Montaigu), DAUBERMESNIL, MARQUEZY, GUESDON, GRANDMAISON, GROSCASSAND DORIMOND, FRISON, DESSAIX, BERGASSE-LAZIROULE, MONTPELLIER, CONSTANT (des Bouches-du-Rhône), BRIOT, DESTREM, CARRÈRE-LAGARRIÈRE, GORAND, LEGOT, BLIN, BOULAY-PATY, SOUILHÉ, DEMOOR, BIGONNET, MENTOR, BOISSIER, BAILLY (de la Haute-Garonne), BOUVIER, BRICHET, HONORÉ DECLERCK, HOUSSET, GASTAING (du Var), LAURENT (du Bas-Rhin), BEYTS, PRUDHON, PORTE, TRUCK, DELBREL, LEYRIS, DOCHE-DELISLE, STEVENOTTE, JOURDAN (de la Haute-Vienne), LESAGE-SENAULT, CHALMEL, ANDRÉ (du Bas-Rhin), DIMARTINELLI, COLLOMBEL (de la Meurthe), PHILIPPE, MOREAU (de l'Yonne), JOURDAIN (d'Ille-et-Vilaine), LETOURNEUX, CITADELLA, BORDAS.

ARTICLE II.

« Le corps législatif crée provisoirement une commission consulaire exécutive, composée des citoyens Sieyès, Roger-Ducos et Bonaparte général. Ils porteront le nom de consuls de la république française.

ARTICLE III.

« Cette commission est investie de la plénitude du pouvoir directorial, et spécialement chargée d'organiser l'ordre dans toutes les parties de l'administration, de rétablir la tranquillité intérieure, et de procurer une paix honorable et solide.

ARTICLE IV.

« Elle est autorisée à envoyer des délégués, avec des pouvoirs déterminés et dans les limites du sien.

ARTICLE V.

« Le corps législatif s'ajourne au Ier ventose prochain, et se remettra de plein droit à cette époque, dans ses palais.

ARTICLE VI.

« Pendant l'ajournement du corps législatif, les membres ajournés conservent leur *indemnité et leur garantie constitutionnelle.*

ARTICLE VII.

« Ils peuvent, sans perdre leur qualité de représentants du peuple, être employés comme *ministres, agents diplomatiques, délégués de la commission consulaire exécutive, et dans toutes les autres fonctions civiles.* ILS SONT MÊME INVITÉS, AU NOM DU BIEN PUBLIC, A LES ACCEPTER.

ARTICLE VIII.

« Avant sa séparation, et séance tenante, chaque conseil nommera dans son sein une commission composée de vingt-cinq membres.

ARTICLE IX.

« Les commissions nommées par les deux conseils *statueront*, AVEC LA PROPOSITION FORMELLE ET NÉCESSAIRE de la commission consulaire exécutive, sur tous les objets de police de législation et de finance.

ARTICLE X.

« La commission des cinq-cents exercera l'initiative, la commission des anciens l'approbation.

ARTICLE XI.

« Les deux commissions sont encore chargées de préparer, *dans le même ordre de travail et de concours*, les changements à porter *aux dispositions organiques*, dont l'expérience fait sentir les vices et les inconvénients.

ARTICLE XII.

« Les changements ne peuvent avoir pour but que de consolider, garantir et consacrer inviolablement la souveraineté du peuple français ; la république une et indivisible, le *système représentatif*, la division des pouvoirs, la liberté, l'égalité, la sûreté et la propriété.

ARTICLE XIII.

« La commission consulaire exécutive pourra leur présenter ses vues à cet égard.

ARTICLE XIV.

« Enfin les deux commissions sont chargées de préparer un code civil.

ARTICLE XV.

« Elles siégeront à Paris, dans le palais du corps législatif, et elles le pourront convoquer extraordinairement pour la ratification de la paix, ou dans un grand danger public.

ARTICLE XVI.

« La présente sera imprimée, envoyée par des courriers extraordinaires dans les départements, et solennellement publiée et affichée dans toutes les communes de la république. »

# TABLE DES MATIÈRES

## CONTENUES DANS CE VOLUME.

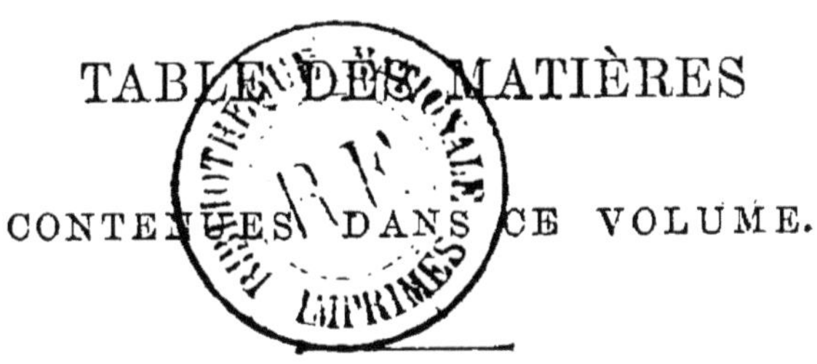



FIN DE LA TABLE DU TOME DEUXIÈME.

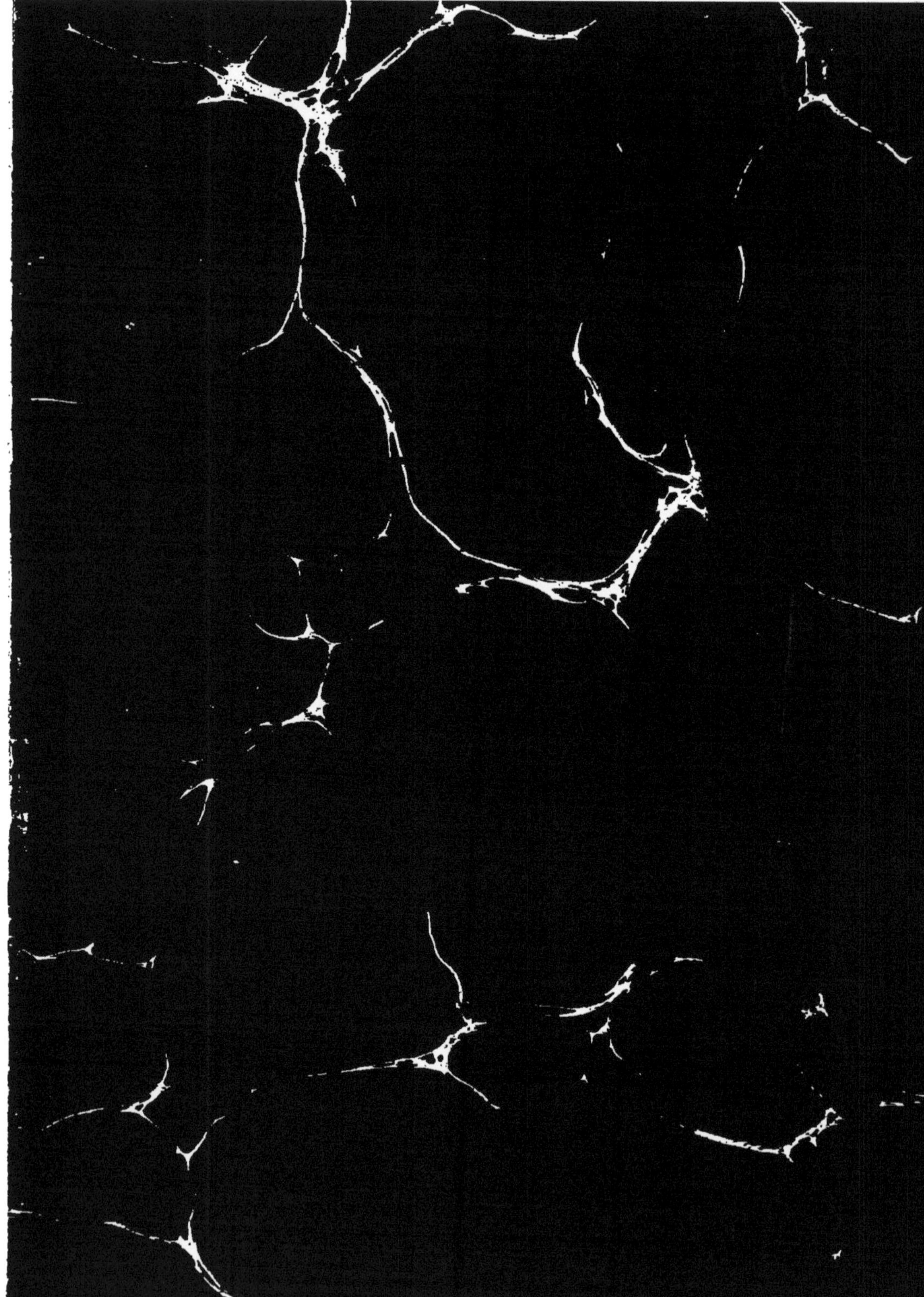

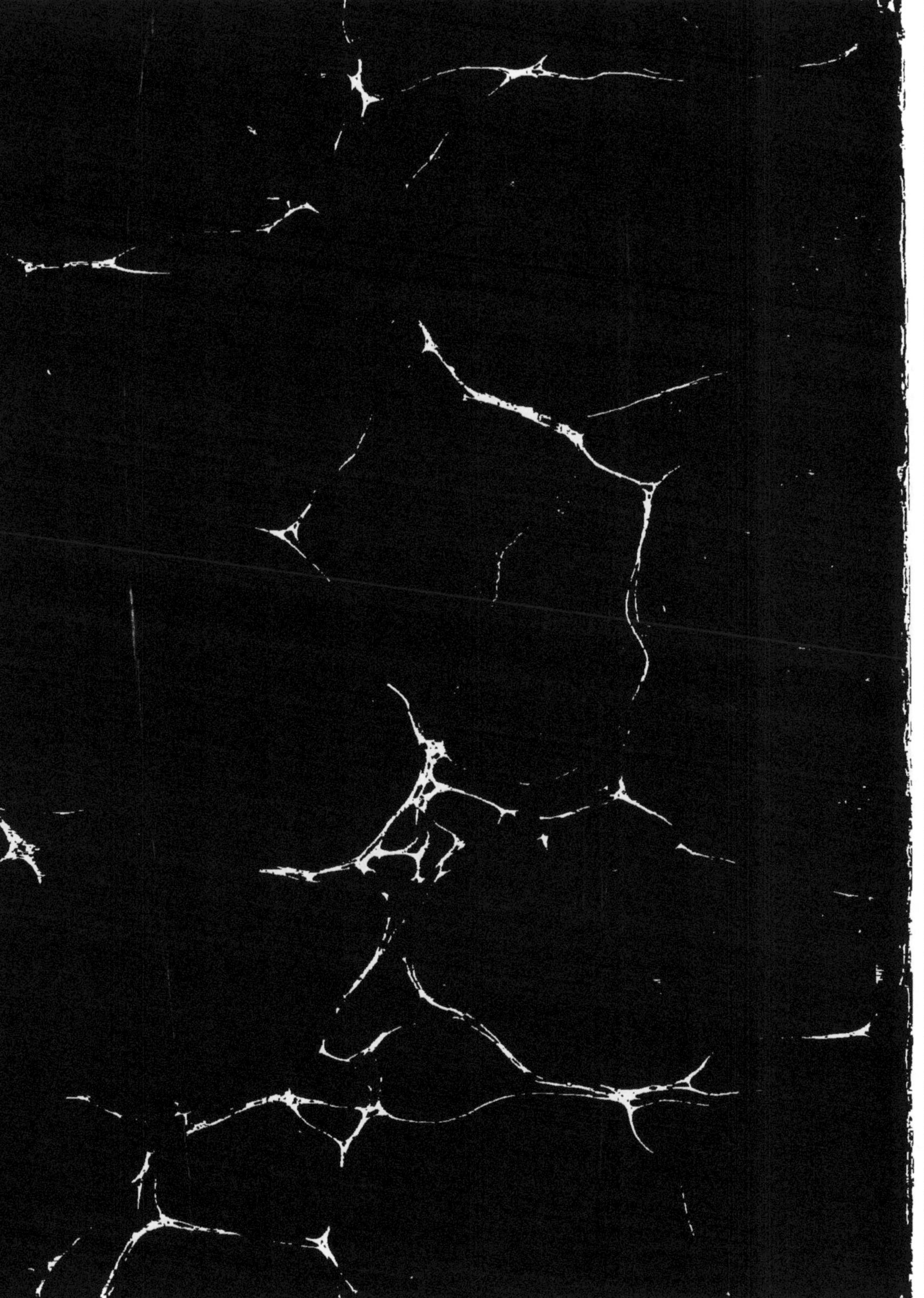

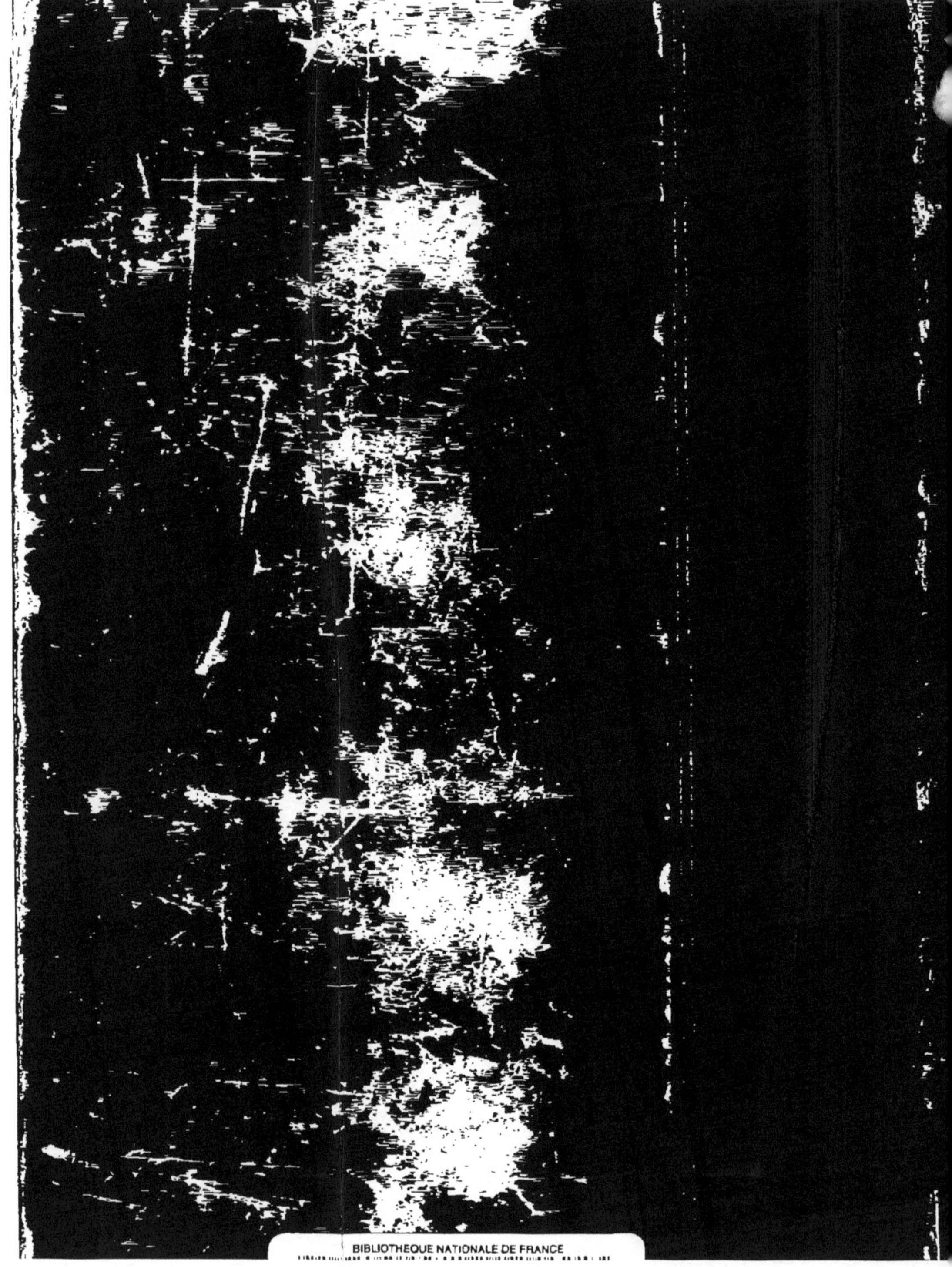

www.ingramcontent.com/pod-product-compliance
Ingram Content Group UK Ltd.
Pitfield, Milton Keynes, MK11 3LW, UK
UKHW021845190726
13855UKWH00001B/154

9 782013 187442